全国高等学校教材

供本科临床生殖医学、妇幼保健、计划生育等专业方向用

人口学

主　编　**许彦彬**

副主编　**唐贵忠**

编　委（以姓氏笔画为序）

刘均民（泰山医学院）

许彦彬（泰山医学院）

周　涌（吉林医药学院）

周学馨（重庆市委党校）

唐贵忠（重庆医科大学）

陶瑞卿（四川生殖学院）

人民卫生出版社

图书在版编目（CIP）数据

人口学/许彦彬主编. —北京：人民卫生出版社，2007.7

ISBN 978-7-117-08724-7

Ⅰ. 人… Ⅱ. 许… Ⅲ. 人口学 Ⅳ. C92

中国版本图书馆 CIP 数据核字(2007)第 069740 号

门户网：www.pmph.com　出版物查询、网上书店

卫人网：www.ipmph.com　护士、医师、药师、中医师、卫生资格考试培训

人　口　学

主　　编： 许彦彬
出版发行： 人民卫生出版社（中继线 010-59780011）
地　　址： 北京市朝阳区潘家园南里 19 号
邮　　编： 100021
E - mail： pmph @ pmph. com
购书热线： 010-67605754　010-65264830
010-59787586　010-59787592
印　　刷： 保定市中画美凯印刷有限公司
经　　销： 新华书店
开　　本： 787×1092　1/16　**印张：** 10. 25
字　　数： 231 千字
版　　次： 2007 年 7 月第 1 版　2012 年 1 月第 1 版第 3 次印刷
标准书号： ISBN 978-7-117-08724-7/R・8725
定　　价： 19. 00 元

打击盗版举报电话：010-59787491　E-mail：WQ @ pmph. com

（凡属印装质量问题请与本社销售中心联系退换）

出版说明

生殖医学是研究两性生殖健康的现代医学科学的重要分支，是近年来迅速发展起来的一门新兴的综合性学科，也是本世纪最具发展前景的学科之一。生殖医学内容涉及生殖生物学、生殖病理学、生殖免疫学、生殖药理学、生殖毒理学、生殖流行病学、生殖健康学和人口学等多个学科，是当今临床妇产科学、男科学、泌尿科学以及性病学等难以涵盖的新学科。生殖医学作为一门新兴边缘学科，不仅在临床诊断、治疗方面不断有新技术和新手段，在生殖基础理论研究及应用方面也有了新发现、新认识，为生殖理论增添了新内容，更为临床应用提供了理论依据。同时一些与生殖相关的研究发展迅速，突破性的成就层出不穷，如试管内受精、克隆技术、胚胎干细胞等，将为新世纪生殖医学事业的腾飞开创更美好的前景。

1994 年世界卫生组织全球政策委员会正式通过了生殖健康的定义。妇幼保健、新生儿及保健、计划生育和防治性病是生殖健康的四大要素。目前，妊娠、分娩、避孕等健康问题，不安全性行为引发的非意愿妊娠，青少年性行为的提前和未婚性行为的增加，人工流产、不孕症以及生殖道感染和性传播疾病等，使生殖健康面临着前所未有的严重威胁。

据有关资料表明，各级生殖医学研究与教学机构、各类不孕不育门诊的研究人员、教师或医师，几乎没有接受过系统的生殖医学教育。这些都将可能成为制约生殖医学发展的因素。由于历史的原因，我国的生殖医学教育隐藏在计划生育教育之后，在很长的时间内没有走到台前。首先走到台前的是研究生教育，生殖医学本科教育起步晚，从近年来生殖医学发展以及社会需求量来看，生殖医学教育，尤其是本科教育正在迅速崛起。

目前，国内已有一些院校根据临床需求，开展了生殖医学专业的本科生教育，但缺乏具有权威性的系列教材。2005 年底，全国高等医药教材建设研究会与卫生部教材办公室根据国内医学教育与临床医学发展的需要，组织专家充分论证后，决定组织编写并出版五年制临床医学生殖医学方向卫生部规划教材。2006 年 4 月卫生部教材办公室在重庆召开了主编人会议，详细讨论并通过了 10 本教材的编写大纲与编写计划；从 2006 年开始编写该套系列教材，2007 年用于教学，同时审定列为卫生部“十一五”规划教材。

在编写教材时，仍然坚持“三基”、“五性”和“三特定”的原则；适量增加英文词汇量；注意联系人文学科内容；强化学生的法律意识。通过教学实践与不断改进，力争将本套教材建设成为精品教材。本套教材即可作为临床医学（本科）生殖医学方向的专业教材，也可作为从事生殖医学研究和临床工作人员的参考书。

在本套教材中，由于学科特点，有些内容在不同的教材中保留了必要的重复，但重复的层次与重点各不相同。在使用过程中，各院校、各位授课教师可根据实际情况，对教学内容作适当调整。哪本书作为必修课或选修课，由各院校自行选择。

教材目录

教材名称	主　编	副主编
1.《生殖生物学》	窦肇华	江一平
2.《发育生物学》	张远强	李质馨
3.《生殖系微生物与免疫学》	徐　晨	宋文刚
4.《生殖病理学》	周作民	杨宁江
5.《生殖药理学》	朱长虹	任　旷
6.《临床生殖医学》	熊承良	王　冬
7.《生殖健康学》	王应雄	王心如
8.《性医学》	徐晓阳	黄勋彬
9.《生殖工程学》	乔　杰	苏　萍
10.《人口学》	许彦彬	唐贵忠

临床医学（本科）生殖医学专业方向卫生部“十一五”规划教材评审委员会

主任委员　窦肇华

副主任委员　熊承良　周作民

委　　员（按姓氏拼音为序）

江一平　乔　杰　王应雄

徐　晨　许彦彬　张远强

办公室主任　李质馨

前 言

《人口学》教材在国内已经有不少版本，但适用于生殖医学专业学生的教材还不多见。在“必需、够用、留有余地”的编写思想指导下，本书试图用较短的篇幅给学生提供相对完整的人口学知识体系，并尽量多地将人口学领域新的研究成果吸纳进来，从而体现出“精练、严密、深入浅出”的特点。

本书共分8章，第一章　绪论；第二章　生育与死亡；第三章　人口再生产；第四章　人口分布迁移与城市化；第五章　人口素质；第六章　人口结构；第七章　人口与可持续发展；第八章　人口政策与计划。

本书适用于临床医学生殖医学方向的学生学习，也可以作为其他专业的学生学习人口学知识的自学教材。

各章的作者分别是许彦彬（绪论、第二章）、唐贵忠（第三、七章）、陶瑞卿（第四章）、周学馨（第五章）、周涌（第六章）、刘均民（第八章）。作为主编，我对参与本书写作的各位作者在写作过程中表现出来的勤勉、钻研精神和才干深表敬意，本书是集体合作的成果。

人口学是一个充满生机、快速发展的学科，该教材是对人口学基础知识的概括。由于时间仓促，水平有限，书中难免会有不当之处，请专家和读者批评指正。

主　编

2007年7月

目录

第一章　绪论……………………………………………………… 1
第一节　人口学的形成与发展………………………………………… 1
一、人口学的产生和发展…………………………………………… 1
二、古代人口思想…………………………………………………… 3
三、近代人口思想与人口理论……………………………………… 5
四、马克思主义人口理论…………………………………………… 8
五、当代世界人口思想……………………………………………… 9
第二节　适度人口理论 ……………………………………………… 10
第三节　人口学的基本范畴 ………………………………………… 12
一、人口学的基本范畴 ……………………………………………… 12
二、人口学的研究对象和方法 ……………………………………… 14

第二章　生育与死亡 ………………………………………………… 18
第一节　生育的基础知识 …………………………………………… 18
一、生育、生育率与出生率………………………………………… 18
二、影响生育率的因素 ……………………………………………… 19
三、我国的低生育率的问题 ………………………………………… 23
第二节　死亡分析 …………………………………………………… 26
一、死亡现象与死亡率的分析……………………………………… 26
二、生育模式与死亡模式 …………………………………………… 30
第三节　生育观 ……………………………………………………… 31
一、生育观的概念与内容 …………………………………………… 31
二、影响生育观转变的因素 ………………………………………… 32

第三章　人口再生产 ………………………………………………… 34
第一节　人口再生产的基本概念 …………………………………… 34
一、人口再生产的概念 ……………………………………………… 34
二、人口再生产的分类 ……………………………………………… 35
三、人口再生产的特点 ……………………………………………… 36
四、影响人口再生产的因素 ………………………………………… 37

第二节 人口再生产类型及其转变 …… 38
一、人口再生产类型的涵义 …… 38
二、人口转变的内涵及条件 …… 38
第三节 人口转变理论简介 …… 40
一、西方人口学家的人口转变论 …… 40
二、孩子成本——效用理论 …… 45

第四章 人口分布、迁移与城市化 …… 50
第一节 人口分布 …… 50
一、人口分布的概念 …… 50
二、人口分布的特征 …… 51
三、影响人口分布的因素 …… 53
四、世界人口和中国人口分布概况 …… 54
第二节 人口迁移 …… 55
一、人口迁移的概念 …… 55
二、人口迁移的类型 …… 56
三、世界人口迁移概况 …… 57
四、制约人口迁移的因素 …… 58
五、人口迁移的社会经济影响 …… 60
六、当代人口迁移的相关问题 …… 61
第三节 人口城市化 …… 64
一、人口城市化 …… 64
二、世界人口城市化的国家类型 …… 65
三、影响人口城市化的因素和人口城市化的社会经济作用 …… 65
四、中国的人口城市化 …… 67

第五章 人口素质 …… 71
第一节 人口素质及其基本内容 …… 71
一、人口素质的概念 …… 71
二、人口素质的基本内容 …… 72
三、人口素质的指标体系 …… 73
第二节 人口素质在社会经济可持续发展中的作用 …… 74
一、人口素质对社会可持续发展的作用 …… 74
二、人口素质对经济可持续发展的作用 …… 75
三、我国人口素质现状及对策建议 …… 76
第三节 影响人口素质的因素 …… 78
一、优生与人口素质 …… 78
二、社会经济的发展从根本上制约着人口素质 …… 80
三、教育是提高人口素质的重要途径 …… 82

四、自然环境影响人口素质 …… 85
五、其他社会要素 …… 87

第六章 人口结构 …… 88
第一节 人口结构及其分类 …… 88
一、人口结构的概念 …… 88
二、人口结构分类 …… 88
第二节 人口的自然结构 …… 89
一、人口的性别结构 …… 89
二、人口的年龄结构 …… 91
三、中国人口自然结构演变的历史和未来趋势 …… 95
第三节 人口的社会经济结构 …… 98
一、人口社会经济结构的基本概念及其构成 …… 98
二、人口民族结构的构成与发展 …… 99
三、人口教育结构的构成与发展 …… 101
四、人口在业结构的构成和与发展 …… 103

第七章 人口与可持续发展 …… 108
一、人口在社会发展中的作用 …… 108
二、人口与自然资源的关系上的几种观点 …… 111
三、人口与可持续发展 …… 118

第八章 人口政策与计划 …… 125
第一节 人口政策 …… 125
一、人口政策的性质 …… 125
二、人口政策的种类 …… 126
三、人口政策的制定 …… 127
四、人口政策与人权 …… 128
第二节 中国的计划生育政策 …… 130
一、中国的计划生育道路 …… 130
二、计划生育政策的内容 …… 132
三、计划生育政策的制定 …… 134
四、中国计划生育的特点 …… 136
五、计划生育的成就 …… 136
第三节 人口与计划生育法 …… 137
一、《人口与计划生育法》颁布实施的重要意义 …… 137
二、《人口与计划生育法》的立法指导思想和主要特点 …… 138
三、《人口与计划生育法》的立法基本精神 …… 140
四、《人口与计划生育法》的若干授权性规定 …… 142

第四节　人口计划…………………………………………………………………… 143
一、人口计划的概念…………………………………………………………… 143
二、人口计划的特点…………………………………………………………… 144
三、人口计划的作用…………………………………………………………… 144
四、人口计划的编制…………………………………………………………… 145
五、人口计划的分类…………………………………………………………… 148
六、人口计划的组织实施……………………………………………………… 149

主要参考文献……………………………………………………………………… 152

第一章 绪 论

人口学一词最早出现于法国人口学家 A·基亚尔（Achille Guillard）所著的《人类统计或比较人口学大纲》一书中。他在书中认为，人口学是关于人类或人口的一般变化和他们体质、文明、智力和精神条件的自然和社会的历史或数学知识。人口学（Demography）在联合国国际人口学会编的人口学词典里面被界定为“对人口，主要是对其数量、结构和发展进行科学研究的一门学科”。① 英语中的 demography 是拉丁语 demos（人民）和 graphein（描述）两字复合而成的，在 1882 年日内瓦国际卫生学和人口学大会上被正式认可。20 世纪 30 年代以后，人口学这一术语被广泛使用于教科书中。但是，人口学理论随着社会发展正向深度和广度发展，人口学的研究对象越来越复杂，人口学的分支学科也越来越多。作为教材，首先要阐明是其学科性质、研究对象和研究方法。在学科交叉趋势越来越明显的背景下，准确认识一个学科的实质具有更加重要的意义。著名社会学家英格尔斯指出：认识一个学科的研究对象，必须从三个角度探讨即：历史昭示了什么；理性指示了什么；当代人正在做什么。遵循这个思路，我们可以更加清楚地认识人口学的学科性质、研究对象和研究方法。因此，在认识人口学学科性质时，考察其萌芽、成长的历程以及当前理论界争论的问题是十分必要的。

第一节 人口学的形成与发展

一、人口学的产生和发展

人口学的形成和发展经历了一个漫长的过程，它是随着社会生产方式的发展而逐步形成并不断发展的。人口是社会生活的主体，它涉及到一个国家的政治、经济、军事以及社会生活的各个方面。各个时代的思想家、政治家、军事家都曾经从不同的方面关心过当时那个社会所拥有的人口数量以及存在着的人口问题，进行过这样那样的人口调查，提出过这样那样的人口思想。作为人口理论形成早期的人口思想早已有之。在我国先秦时期，管子、孔子、墨子、商鞅、韩非子等人都对当时的人口和政治、经济、军事、文化之间的关系进行研究，提出过不同的主张。墨子从发展生产增

① 联合国国际人口学会编著，人口学词典，商务印书馆，1992 年，7 页。

加财富，使人们丰衣足食出发，主张增加人口；管子和商鞅从富国强兵的角度主张增加人口。而韩非子则提出人口多财富少的观点，认为人口要与土地相平衡。在古希腊，柏拉图和亚里士多德主要是从城邦国家的防务、安全出发提出人口的“适度”问题。这些朴素的人口思想反映了当时社会生产力发展水平所决定的人口和经济、军事之间的关系以及当时社会生产关系所决定的统治阶级利益对人口的要求。随着奴隶制国家的产生，原始的人口统计随之产生。但是，由于受当时社会经济发展条件的限制，当时既未形成科学的人口思想，也未形成系统的人口理论。

到了资本主义时代，随着资本主义生产方式的确立和发展。相应的人口思想和人口统计也得以产生和发展。英国古典经济学家威廉·配第和格兰特（Jhon Grant）在人口学的两个主要组成部分——人口理论和人口统计学，特别是后者的形成中起了巨大的作用。单从人口思想上看，威廉·配第认为，从事生产的人口是真正的财富，在两个拥有同等土地数目的国家，一个有 800 万人口的国家要比只有 400 万人口的国家富裕一倍。重商主义者则把人口视为国力和财富的源泉。他们认为，人口多，工资低，竞争力就强，财富就会增长，国力也会强大。重农主义者则认为，人口不是财富的源泉，而是财富增加的结果。

随着产业革命的兴起，资本主义基本矛盾愈来愈突出，特别表现在大批人口失业上，无产阶级和资产阶级的矛盾愈来愈尖锐。英国教会牧师马尔萨斯（Thomas Robert Malthus）于 1798 年出版了他的《人口论》，为资本主义人口过剩进行辩护。他反对英国葛德文（Willian Godwin）和法国孔多塞（Condorcet）关于资本主义私有制是无产者贫困和失业的根源，主张建立一个公平的理想社会的学说。他从纯生物学的观点出发，在人有食欲和性欲所谓两个公理的前提下，提出了所谓人口在无所防碍时按几何级数增长，生活资料按算术级数增长，人口增长必然超过生活资料增长的所谓人口自然规律。在他看来，人口增长必然为罪恶、灾荒和战争所抑制。马尔萨斯的《人口论》一出版，立即得到资产阶级的喝彩，也立即为资产阶级所利用，并成为当代资本主义国家人口理论界中的“经典”之作。格兰特根据伦敦的人口资料于 1662 年出版了《关于死亡表的自然的和政治的观察》一书。他第一次发现了许多人口学的数量规律，他使人口统计学有了划时代的发展，该书的发表被人口学界普遍认为是人口学产生的标志。之后，人口统计方法和根据人口统计资料研究人口数量变动的人口学也随之日益发展。法国学者基亚尔于 1855 年在《人类统计或人口学比较纲要》一书中开始使用“人口学”一词，从而使得人口理论的研究和应用得以丰富和发展。从十九世纪下半叶到二十世纪初，在人口理论方面又出现了许多新的流派，如英国社会学家斯宾塞的社会学派人口理论，英国坎南等人提出的适度人口论，法国学者兰德里、诺特斯坦等人创立的人口转变理论等。20 世纪以来，随着人口问题日益涉及经济、社会、环境诸领域，并愈来愈为人们所重视，许多学者不仅从一般理论上，而且愈来愈从应用的角度研究人口与其他领域之间的关系，逐步产生了人口经济学、人口社会学、人类生态学等学科，从而使得人口学的发展日益深入，使得人口理论的研究范围日益扩大。

二、古代人口思想

（一）中国古代人口思想

1. 中国古代人口思想基本脉络

中国的人口思想在很早之前就产生了，考古发现证实：殷墟甲骨中已有“多子孙甲”也即以多子多孙为福的祝辞；这些思想深刻地影响到后世人们的生育意愿。

春秋战国时期是中国传统人口思想的形成期。当时的一些思想家也竭力提倡早婚早育，以尽快增殖人口。生活在春秋末年的墨子说过：什么最难成倍增长？唯有人最难成倍增长。但是人也还是可以成倍增长的。人口众多本是人们所竭力追求的目标。为了增殖人口，雄心勃勃的秦国为此曾强令分家，禁止父子兄弟“同室内息”，家里有两个男子而不分家的，则“倍其赋”[①]。但仅仅依靠人口的自然增殖，还是缓不济急。一些政治家、思想家又提出“徕民”的各种主张，以加强对人力资源的争夺。韩非提出了著名的“民众财寡”说，他指出：古时候男人不用去耕种，草木的果实就足够吃的了；妇女也不用去纺织，禽兽的毛皮就足够穿的了。人民众多而物资少，花费很多力气也没有充足的供应，所以人民必须竞争，虽然加重赏赐和处罚也不免要出现动乱[②]。汉代的人口观中，贾谊的“民本”思想是极为突出的。秦汉作为大一统的中央王朝，都很注意人口在整体上的合理分布。秦曾采取强制性移民的措施充实首都所在的关中地区以及边境地区。汉继承了秦的实关中和实边的作法，但有所改进。政治家晁错深刻分析总结了秦王朝移民实边的经验教训，废弃强迫命令，改以自愿招募，并实行了一系列经济、政治上的优惠待遇[③]。

一些探讨养生与治病以及论述人之身体素质之类的论著也在汉代应时而生。大约最后成书于秦汉之间的《黄帝内经》，全面系统地探讨了人之生长发育以及疾病的机理，是中国传统医学的经典之作。成书于西汉前期的《淮南子》，在其《地形训》中相当详尽地描述了不同地区居民的体态特征。思想家贾谊在其所撰的《新书》中甚至专门列有《胎教篇》，阐述怀孕的母亲通过自己的行为对子女进行先天教育的重要意义。在西汉后期，已有人公开对早婚习俗提出质疑。宣帝时的王吉认为：夫妇是人伦的大纲，人之寿命的长短也由此决定。世俗嫁娶太早，还不懂得如何做父母就已经有了孩子，教育感化不明，所以人民往往早夭[④]。

东汉前期的思想家王充曾著文认为：人少也有人少的好处，因为“民寡则用易足，土广则物易生”。

初唐人士王梵志却有着完全不同的想法，认为如果听任人口增长，就会造成“人满”之患，因此竭力主张少生少养。中唐时代的政治家、史学家杜佑以“富国安人之术为己任”，十分重视处理好粮食、土地与人口三者之间的关系。他重视户口人丁的统计，在其所著《通典》中多次提及徐干的“民数周为国之本”之说，并提出以食盐

① 《史记·商君传》。
② 《韩非子·五蠹》。
③ 《汉书·晁错传》。
④ 《汉书·王吉传》。

消费推算人口的办法①。

明清两代人口的增长迅速，明代末年的人们则对“人满”之患有了较多的思考和忧虑。文学家冯梦龙说：如果每对夫妇总是生一男一女，永远没有增减，可以长久维持下去；倘若生二男二女，每一代就加一倍，只增不减，如何来养活他们?② 科学家徐光启根据宗室贵族人口的增长为依据，得出结论说：所谓古代人民多，后世人民少是没有根据的。人的增长率，大抵每30年增加1倍。如果没有大的战争，决不可能减少③。另一位同是明末的科学家，以《天工开物》的作者宋应星，则对人们只求多子多孙，而不顾及后果充满忧虑。

到了清代的康熙年间，尤其是“三藩之乱”平息以后，社会经济再次得到恢复和发展，人口也有了极为迅速的增长。但清王朝此时作为纳税“法人”单位的“人丁”却根本不能反映出实际人口的增长变化。18世纪初，康熙帝在多次巡视南方后，觉得有必要对人丁的实数加统计。

著名政论家、文学家洪亮吉也在文章中明确提出了关于人口增长带来危险的警告：治平的时间长了，天地不能不生人，而天地所以用来养人的资源是有限的；治平的时间长了，国家也不能不让人出生，而政府为人民所能采取的手段也是十分有限的。1人居住的地方，让10个人来住就已不够了，何况让百人来居住呢。1人的食物让10个人来吃也已不够了，何况让百人来吃呢。④ 曾亲眼目睹太平天国占领南京的文人汪士铎，把太平天国革命爆发的原因直截了当地归结于中国的“人多”，并提出了一系列超越当时人们的情理所能接受的减少人口的措施。

2. 古代中国人口思想的特点

综观中国历代的人口观，大体说来，有这么两个特点：

(1) 一是发轫早，起点高。这种传统的人口观，概而言之，宏观上，可大体归结为“人众”，也即人口多多益善，当然在人口出现相对过剩之时，也会出现一些不同的声音，但从没有人说人口越少越好的；微观上，则是追求男性子嗣，其最典型的说法便是“不孝有三，无后为大”，也从没有说是可以不要后代，尤其是不要男性后代的。

(2) 二是后世重复“发现”多，较少有突破性的进展。这与中国历史人口的波动性增长或周期性发展有关。大体说来，每当新旧王朝鼎革之际，几乎总要发生破坏性极强的社会大动乱，在战争、灾荒、瘟疫等因素的综合影响下，中国人口可在极短时间内降至最低点。经过一段休养生息，人口便迅速增长。但这一时期不可能维持很久。随着总人口的增多，可供方便利用的自然资源，主要是宜耕荒地减少，各种社会矛盾冲突开始激化，人口增长的速率逐步放慢。但人口的绝对数还在缓慢增长，人口的峰值一般也在这一阶段之末出现。不过人口达到峰值后很快便“盛极而衰”，又因社会危机的爆发而再次跌落到谷值。因此，对于某一具体王朝来说，处于不同人口发展阶段的人们固然会形成其不同的人口观，但与前代相比，便较少有突破性的认

① 《新唐书·杜佑传》，杜佑：《通典·食货门》。
② 冯梦龙：《太平广记钞》卷7。
③ 徐光启：《农政全书》卷4《玄扈先生井田考》。
④ 《洪北江诗文集·意言》。

识了。

(二) 西方古代人口思想

1. 古希腊人口思想

古希腊时代，随着生产力的缓慢提高，剩余产品的出现，人口也缓慢增长到一定规模，人口与社会之间出现新的矛盾。此时，主张控制人口和实行稳定人口的早期“适度人口”思想便应运而生。他还强调人口质量，主张优生、优育、优教，认为国家应该规定结婚年龄，干预配偶的选择。柏拉图（Plato）认为人口不能过多也不能过少，应当适度。他在《法律篇》一书中强调，稳定人口是社会存在和发展的关键因素。亚里士多德（Aristotle）的著作中包含了许多人口思想，他认为人口过少难以自给自足人口过多又难以维持秩序，所以他认为：“凡以政治清明著称于世的城邦无不对人口有所控制”①。

2. 早期的宗教人口思想

早期基督教著名的思想家奥古斯丁的人口思想带有浓厚的神学色彩，他认为上帝有权决定人类的生死。人口及一切世间事物的支配权归属上帝，一个地区或一个国家的人口是否不断增长并不重要，重要的是已婚人口不能人为地进行避孕、任意中止妊娠或离婚，这些做法违背了上帝的意愿。

三、近代人口思想与人口理论

近代是西方人口思想丰富繁荣时期，在这个时期，人口学初步形成了相对完整而清晰的理论体系，并且不同理论流派的人口学思想之间的碰撞为大大促进了人口学学科的发展和繁荣。中国由于战乱频仍，国势日衰，人口学研究大大落后于西方，但对中国人口过多的忧虑仍可以散见于一些学者的著作当中。

(一) 西方近代人口思想

1. 古典经济学派的人口思想

17 世纪中叶至 19 世纪初，英法古典政治经济学家分析了资本主义人口现象并表达了他们的基本观点。配第的《赋税论》、《政治算术》、魁奈的《人口论》、李嘉图的《政治经济学及赋税原理》、西斯蒙第的《政治经济学新原理或论财富同人口的关系》等著作，阐述了他们的人口思想。古典经济学派人口思想的特征是重视从经济、财富生产的角度研究人口现象。

(1) 人口是财富的观点。配第把土地和人口看作是构成社会经济生活的两个首要因素，其中特别重视人口的作用。他认为，人口少是真正的贫穷，有 800 万人口的国家，比面积相同而只有 400 万人口的国家不仅富裕 1 倍。魁奈也把人口看成是财富的第一个创造因素，但强调人口数量必须与财富相适应，如果人口的数量与从土地和对外贸易取得的财富数量比较起来显得过多的话，那么就不可能促进财富的增加。斯密继承了魁奈这个思想，认为经济上的需求是调节人口生产的决定性因素，如果经济发展对劳动需求增加，必然促进人口增殖。相反，经济停滞，对劳动需求减少，必然使人口增殖减少。经济的发展可以使人口自发地与之相适应。李嘉图进一步认为，劳动

① 亚里士多德，《政治学》，商务印书馆，1983，353 页。

的自然价格，就是维持劳动者的生活必需品的价值，当劳动市场供不应求，劳动市场价格会超过自然价格，高额工资会刺激人口增加。反之，劳动市场供过于求，劳动市场价格低于自然价格，工资下降，又会抑制人口增长。劳动人口随工资涨落而发生变化，使人口与经济的需要相适应。古典经济学派还十分重视生产人口和非生产人口的区别。他们都主张增加生产人口，减少非生产人口。配第提出以增加人口中生产者比重，来增强国家的力量。魁奈明确指出，只有生产物质财富的人口才是生产人口。一个国家如果非生产人口超过了生产人口，那就是对资源使用不当，会使国家贫穷。但他对生产理解得十分狭隘，只把农业人口看成是生产人口，除此以外都是非生产人口。斯密从生产劳动和非生产劳动的学说出发，扩大了生产人口的范围，认为社会上某些最受尊敬的阶层，如君主、官吏、军人、教士，以及属于这些阶层的文人、律师、演员、家仆等等，都是非生产人口。他猛烈地抨击封建上层人物，认为他们是社会的累赘，并主张把非生产人口减少到最低限度，否则就会影响国家财富的增长。古典经济学派的这些观点，代表了当时主张发展生产力的新兴资产阶级的要求。

(2) 对人口阶级构成的分析。古典经济学派的对人口的阶级构成进行的分析。布阿吉尔贝尔认为，社会有富裕阶级和贫穷阶级，富裕阶级本身一点不劳动，却享受着应有尽有的快乐，贫穷阶级从早到晚的劳动着，却难得温饱。魁奈根据他的生产劳动和非生产劳动学说，把社会划分为生产者阶级，不生产者阶级和土地所有者阶级。斯密十分明确地把资本主义社会的人口。划分为工人、资本家、土地所有者 3 个阶级，认为它们是构成文明社会的三大主要的和基本的阶级。李嘉图还进一步分析了这三大阶级在经济上的矛盾。

(3) 人口自由流动思想。古典经济学派从经济自由思想出发，主张人口的自由流动。斯密认为，劳动力的自由迁移，可以用一个地区劳动力的剩余去弥补另一个地区劳动力的不足。李嘉图进一步指出，劳动力的自由流动，可以使劳动得到最有效和最经济的分配。他们都反对限制劳动力的自由流动。古典经济学派还分析过资本主义社会中机器排挤工人的现象。李嘉图认为，机器的使用虽然增加了国家财富，但是对劳动的需求必会减少，人口就会过剩。西斯蒙第指出，由于工业中所有工序几乎都用机器代替了人，从前有工作做的同样数目的劳动者，现在有些人就可能找不到工作。然而他们并没有认识到问题的根源不是机器而是资本主义生产方式。古典经济学派的人口论，有一定的历史进步性，同时也有明显的局限性，如把资本主义人口问题看成是永恒存在的问题等观点。

2. 马尔萨斯人口思想

马尔萨斯（Thomas Robert Malthus，1766～1834 年），出生于英国工业革命开始的年代，他 1784 年进入剑桥大学学习历史、英语、拉丁语和希腊语，并专攻数学。1788 年毕业，并获得神职。1805 年担任伦敦附近的东印度学院的历史与经济学教授。1798 年出版了著作《人口论及其对未来社会的进步的影响》。1799 年他到瑞典、挪威、芬兰和俄国调查土地、粮食与人口的关系。1802 年，他访问了法国和瑞士。次年，对其著作做了修改补充，出了第 2 版。

马尔萨斯的人口论，有 4 个主要的观点，就是“两个公理”、“两个级数”、“两种抑制”和 3 个命题。

“两个公理”：第一是“食物是人类生活所必需的”；第二是“两性间的情欲是必然的，在将来也是如此”。

“两个级数”：“人口在没有阻碍的条件下是以几何级数增加，而生活资料只能以算术级数增加。稍微熟悉数量的人就会知道，前一量比后一量要大得多”；“根据自然规律，食物是生活所必需，这两个不相等的量就必须保持平衡”。

“两种抑制”：当人口增长超过生活资料增长，二者出现不平衡时，自然规律就强使二者恢复平衡。恢复平衡的手段，一种是战争、灾荒、瘟疫等，对此，马尔萨斯称其为“积极抑制”；另一种是要那些无力赡养子女的人不要结婚，马氏称其为“道德抑制”。

三个命题：一是人口增长必须要受到生活资料的节制；二是只要生活资料增长，人口一定会始终不渝地增长，除非受到某种有力的抑制；三是抑制人口增长的力量使现实人口数量与生活资料相平衡。

马尔萨斯人口论是根据农业社会与工业社会初期的人口现象提出来的，当时，对他的理论存在着不同看法，在马尔萨斯的两个公理中，把人与自然界的动物等同起来，当作超社会的自然规律，从而忽视了人口问题的社会性，至于“两个级数”，虽然他说是在“没有限制的条件下”的增长规律，但是，从整个人类历史看，没有限制的条件是不存在的，所以从总的情况来说，“几何级数”增长也是不存在的。最后“两种抑制”的办法中，“积极抑制”的战争、灾荒和瘟疫其实质都是社会原因为主而引起的；“道德抑制”更是不切实际的。

虽然马尔萨斯的人口论存在一些问题，但是，它是第一部较为系统的人口学著作。所以，长期以来吸引各方面学者的注意。有些西方学者根据历史发展，认为该学说尽管反映了 18 世纪及其以前历史上人口发展的若干现象，但不能反映当时人口现象的社会原因，更没有预见到现代科学技术在提高工农业生产与科学避孕的作用。因此，也有学者认为马尔萨斯的人口学说在反映农业社会人口增长的规律基本上是正确的。总之人口问题是个社会问题，随着生产的发展而有不同的表现。

（二）中国近代人口思想

1891 年，出使欧洲的中国外交官、政论家薛福成指出：当年造反的“寇盗”们都已被镇压下去了，至今已休养了 20 多年，户口也已渐渐恢复旧观。他估计当时“中国人民在四万万以外”。[①] 整个 19 世纪 90 年代，沉寂了数十年的“人满为患”的呼声也日盛一日。1894 年，孙中山在《上李鸿章书》中即强调：“盖中国已大有人满之患矣，其势已岌岌不可终日。”[②] 1897 年，章太炎也发表议论说：古代之人喜欢人口繁盛，近世之人却以人满为虑，常惧怕疆宇狭小，物产不能满足衣食的需要[③]。身为外交官的薛福成，属于较早“以人满为虑”的人之一，但由于对西方资本主义有了较多的亲身感受，他所提出的解决问题的方案已有新的视角和新的内容。所以他认为中国只要建立和发展近代的铁路、采矿和机器大工业，同样可以解决人口过剩的问

① 《出使四国日记》，湖南人民出版社，1981 年，237—238 页。
② 《孙中山选集》，人民出版社，1981 年，11 页。
③ 《章太炎政论选集》，中华书局，1977 年，51 页。

题[1]。维新派思想家梁启超也与薛福成一样，认为人口过剩是相对的，是有办法加以解决的。而且他比薛更前进了一步，即认为首先要"以西国农学新法"经营中国的农业，否则工商业的发展会受到很大限制[2]。他于1902年所写的《禁早婚议》，列数了早婚的若干危害，如有害于养生传种，有害于养蒙修学，有害于国计民生，等等，被认为是中国近代第一篇提倡晚婚的人口学论文[3]。另一位维新派思想家，《天演论》的翻译者严复，立足于宏观的人口与历史的考察，认为人口的消长确实与国家的治乱有关。

四、马克思主义人口理论

马克思主义人口理论是马克思恩格斯创立的，以辨证唯物主义和历史唯物主义为基础，经过马克思主义理论家发展和完善的关于人口问题的科学理论体系。其主要理论观点有

1. 两种生产理论　马克思主义人口理论以辩证唯物主义和历史唯物主义为理论基础，把物质资料生产和人类自身的生产联系起来考察，认为社会生产有两种，即物质资料的生产和人类自身的生产。两种生产的对立统一是人类社会存在和发展的前提。两种生产相互联系、相互渗透、相互制约，因此，必须相互适应。马克思主义人口理论认为，社会发展决定于社会生产方式，人口增长不是社会发展的主要力量，人口增长不能说明社会面貌和社会制度变革的原因。相反，人口发展也要由社会生产方式的发展来说明。但人口增长对社会发展有促进和延缓的作用。马克思主义人口理论既反对人口决定社会性质、决定社会面貌的资产阶级观点，也反对忽视人口在社会发展中的作用的形而上学观点。两种生产理论揭示了两种生产的关系，在许多教科书中将该理论看作人口学学科体系的基础。该理论在我国人口学重建过程中发挥了其他理论不可替代的作用。

2. 社会生产方式决定人口发展理论　马克思主义人口理论还认为，人口现象本质上属于社会现象，人口的发展变化过程是以人的生理条件和其他自然条件为基础的社会过程，人口规律是受生产方式制约的社会规律。生产方式对人口的运动、发展和变化起决定性作用，社会生产方式决定人口的增殖条件和生存条件。每一种特殊的、历史的生产方式都有其特殊的历史地起作用的人口规律。马克思主义人口理论反对离开社会制度、离开生产方式抽象地解释和说明人口现象，反对把人口规律说成是永恒不变的自然规律。

3. 过剩人口原理　马克思主义人口理论认为，资本主义人口过剩是相对过剩，是相对于生活资料再生产条件的过剩，而不是马尔萨斯所谓的人口绝对过剩；认为资本主义社会的人口问题，根源于资本主义私有财产制度，只有变革资本主义制度，才能解决资本主义的人口问题。

4. 人是生产者和消费者统一原理　马克思主义人口理论认为，人是生产者和消费者的统一。作为生产者，人能创造社会财富；作为消费者，人需要消费社会财富。

---

① 薛福成，《庸庵海外文编》卷3，《西洋诸国导民生财说》。
② 梁启超，《饮冰室文集》卷4，《农会报叙》。
③ 吴申元，《中国人口思想史稿》，中国社会科学出版社1986年版，P270。

人在社会经济生活中的这种二重作用，是正确认识人口与社会经济相互关系的出发点。

5. 社会主义社会人口有计划发展的必然性　认为共产主义社会对人的生产将象对物的生产一样进行计划调节；在生产资料公有制的社会主义国家，人口要有计划地发展，并应与经济发展相适应。

马克思主义人口理论是无产阶级用以认识人口现象、解决人口问题的理论武器，是为无产阶级服务的。同时，它又极端尊重客观事实，从社会存在本身探索人口规律，揭示人口问题的本质，提出解决人口问题的科学方案。马克思主义人口理论是我国制定人口政策的理论基础。

五、当代世界人口思想

人口学研究在当代在广度和深度上取得长足进展，人口学的研究视角也从人口与经济的关系转向更为宏观的人口与资源环境的关系。

二战结束以后的西方发达国家中，一些人口学家、经济学家和生态学家也纷纷结合西方发达国家和广大发展中国家面临的人口问题，提出自己的看法和主张，并出版了很多这方面的著作。他们往往运用现代西方经济学、生态学和计算机科学的理论和方法分析当代人口社会问题，从而寻求解决人口社会问题的途径。但是，在基本理论问题上，现代马尔萨斯主义与新老马尔萨斯主义是一脉相承的。他们大多认为，人口增长超过了粮食供应的增长，人口的迅速增加是广大工人和劳动群众贫困、饥饿和失业的主要原因，是人口增长的压力造成了资源枯竭、环境污染乃至现代战争。

（一）福格特的“资源枯竭”论

美国学者威廉·福格特是50年代、60年代初期马尔萨斯主义的主要代表人物。他在1949年出版的《生存之路》一书被认为是现代马尔萨斯主义人口理论的代表作。该书的主要理论观点为：现代世界人口增长已经超过了土地和自然资源的承载能力，认为“地球上大部分地区的‘资源资本’都正面临着严重的枯竭”，如果人们不采取措施，人类就有可能面临灭绝的危险；人类生存的道路在于控制人口增长，恢复并保持人口数量和土地、自然资源之间的平衡；防止人口过剩的基本途径是降低出生率，提高死亡率。

为了说明人口与土地资源之间的关系，威廉·福格特提出了一个公式：

$$C=B:E$$

公式中，C表示任何一定面积土地的承载能力，即“土地向动物提供饮食和住所的能力。如果专指人类，则表示土地为复杂的文明生活服务的能力”；B表示生物潜力，即土地上的植物为人类提供住所、衣着，尤其是粮食的能力；E表示环境阻力，即任何环境，其中包括被人类破坏的环境，对生物潜力或生产能力所产生的限制。

（二）赫茨勒的“人口危机”论和埃利奇的“人口爆炸”论

美国人口学家J·H·赫茨勒与威廉·福格特是同时代的现代马尔萨斯主义者，他在1956年出版了《世界人口危机》一书。

在该书中，赫茨勒认为，世界人口的加速增长，给人类造成了一场世界性的人口危机，这场人口危机对人类生活的威胁，还没有任何一次历史上的重大事件可以相比。人口危机主要表现在人口数量已经超过了资源以及技术和经济状况所允许的人口适度点。美国生态学家保罗·R·埃利奇在1968年出版的《人口爆炸》一书和1970年出版的《人口、资源、环境》一书中继续鼓吹马尔萨斯主义，认为环境污染、资源耗费加快、能源危机的主要原因在于“人口爆炸”，呼吁世界各国把人口问题作为头等重要问题加以对待，否则世界将面临毁灭性的灾难。

在《人口、资源、环境》一书中，埃利奇指出“人类人口爆炸性的增长是数千年来最重大的事件，……正如同各种各样的热核武器爆炸一样，如此大量的人口现在正威胁着甚至要毁灭地球上绝大多数生命。”

（三）梅多斯等人的“增长极限”论

“增长极限”论是罗马俱乐部就当代的人口增长和经济增长进行多次讨论，并委托梅多斯等人将这些讨论和研究的结果整理成一篇报告《增长的极限》，提出了以“增长极限”论为主要内容的世界发展模型。在这篇报告中，梅多斯等人认为，世界的人口、农业生产、自然资源、工业和污染这五种因素是相互影响和相互联系的。他们用计算机对世界模型演算的结果是：如果维持现有的人口增长率和资源耗竭费率不变的话，那么，由于世界的粮食短缺、资源耗竭、环境污染，世界人口和工业生产能力将可能发生非常突然和无法控制的崩溃。“早在公元2100年来到之前，增长就会停止”。唯一可行的解决办法是在1975年停止人口增长，到1990年停止工业投资的增长，以实现“增长为零”的“全球性的均衡”。

综上所述，现代马尔萨斯主义者的人口理论把当代存在的人口社会问题摆在了世界各国政府和人们面前，引导人们的注意和思考，从而解决这些问题，有着一定的参考价值。同时，在作具体分析时，这些理论注重对相关的参数进行定量分析，这种分析方式和方法对于分析各个国家或者是整个世界中人口、经济、社会之间的关系及其变动趋势，有着十分重要的借鉴意义。但是，现代马尔萨斯主义者人口理论却存在着明显的缺点和不足。这主要体现在：现代马尔萨斯主义者抽掉了社会生产方式和社会生产条件对人口变动的决定作用，把人口发展对社会经济发展的延缓或促进作用过分夸大了，这显然是十分荒谬的。

第二节　适度人口理论

（一）适度人口理论概述

适度人口理论是继马尔萨斯人口理论之后，适应资本主义从自由竞争向垄断过渡时代的社会经济条件和人口的发展变化的趋势而产生的一种资产阶级人口理论。作为一种独立的人口理论，适度人口理论形成于19世纪末20世纪初。以第二次世界大战为时间界限，适度人口理论的发展可以分为两个大的时期：早期适度人口理论和现代适度人口理论。早期适度人口理论的主要代表人物有：英国经济学家E·坎南、与坎南同时代的瑞典经济学家K·威克塞尔和英国人口学家卡尔-桑德斯。现代适度人口理论的主要代表人物主要是法国著名人口学家阿尔弗雷·索维。

1. 早期适度人口理论述评

E·坎南是早期适度人口理论的代表，在其著作《初等政治经济学》一书中，就已经明确的提出了适度人口的思想，他认为"在任何一定时期内，在一定的土地上生存的达到产业最大生产率的人口是一定的"。

K·威克塞尔的适度人口理论　威克塞尔提出的适度人口理论主要是讨论一个国家的适度人口规模、工农业生产供养人口的能力和达到适度人口规模的途径。威克塞尔认为，一个国家应该有理想的人口密度、适度的人口规模，超过适度人口规模的人口则为过剩人口。

卡尔-桑德斯提出了适度人口密度的理论。他所讲的适度人口密度，是指一个国家的人口在所支配的环境范围内，达到居民获得最好生活水平的人口密度，或获得最高生活水平的人口密度。

通过对早期适度人口论者思想的阐述，我们可以看出，他们研究的主要对象是"经济适度人口"。同时，由于他们假定科学技术等条件不变，只是对人口数量和生产收益量两个因素作静态的数量分析，因此他们的适度人口理论被看作是"静态适度人口理论"。

2. 现代适度人口理论　现代适度人口理论的主要代表人物是法国著名的人口学家阿尔弗雷·索维。他在1952年出版的《人口通论》中，阐述了他的适度人口理论。他一方面继承前人从经济的角度来分析"适度人口"的传统，另一方面也把"适度人口"的概念扩大到非经济领域，考察许多非经济的社会因素同人口增长的关系。他比坎南等人进一步的地方，主要是考察了技术进步等经济增长变量对"适度人口"的影响，提出了人口"适度增长"的概念，把"静态适度人口论"推向"动态适度人口论"。

（二）人口转变理论

人口转变理论产生于20世纪30年代，60年代盛行于西方，至今仍有很大影响，是西方当前最主要的人口理论之一。它是一种联系社会经济发展、以人口发展过程及其演变的主要阶段为研究对象的人口理论。与其他人口理论不同，它的主要观点主要来自对历史经验和实际资料的分析，而不是纯粹理论演绎的结果。最先提出人口转变理论的西方学者是法国人口学家A·兰德里。兰德里洞察了法国自十九世纪后半期开始的人口停滞和衰退，并把这种从人口持续增长到持续停滞、衰退称为人口自身发展中的革命。他在1934年出版的《人口革命》一书中，对"人口革命"产生的原因以及特点，"人口革命"之后人口发展变化的可能趋势作了详细的论述，系统地提出了人口转变理论。

第二次世界大战后，人口转变理论体系形成，美国人口学家弗兰克·诺特斯坦着重从社会经济发展的角度来分析人口转变，在战后最先论述了人口转变的条件和原因，成为当代人口转变理论的主要代表人物。联合国出版的《人口趋势的决定因素与后果》总结了欧美学者关于人口转变的观点，这部著作认为：西方国家死亡率的下降是由于社会经济条件的改善，农业革命和工业革命导致了人民生活水平的提高，以及医疗、教育水平的提高，这都是死亡率下降的决定因素，而生育率的下降则是复杂而相互联系的社会经济因素作用的结果，如人口城市化，个人欲望、妇女地位、宗教兴趣和死亡率的下降等。

（三）凯恩斯主义人口理论

凯恩斯主义人口理论是一种以现代英国经济学家J·M·凯恩斯的“有效需求不足”的理论为基础来探讨人口增长对经济发展影响的理论。凯恩斯主义人口理论的主要代表人物除了凯恩斯本人以外，还有英国经济学家H·R·F·哈罗德、J·罗宾逊和美国经济学家A·汉森、P·A·萨缪尔森等。1936年凯恩斯在《就业、利息和货币通论》一书中，提出了一套与资产阶级传统经济学不同的所谓新理论，后来被称为“凯恩斯主义”。它以“有效需求不足”理论为核心，着重考察了经济危机和失业问题，分析了人口增长和经济发展之间的关系。哈罗德、罗宾逊、汉森和萨缪尔森等人继承了凯恩斯理论的基本观点，用来分析人口对经济增长的影响，从而最终形成了凯恩斯主义人口理论。该理论的基本特征是：把资本主义国家大量的失业人口归因于“有效需求不足”，强调人口下降不利于经济增长，主张以国家干预经济的办法来实现充分就业，解决过剩人口问题。

第三节 人口学的基本范畴

一、人口学的基本范畴

（一）人口

人口是人口理论的研究客体，是人口理论中最基本的范畴。所谓人口是指生活在一定社会生产方式下，在一定时间、一定地域内，由一定社会关系联系起来的，有一定数量和质量的有生命的个人所组成的不断运动的社会群体。

首先，人口是生活在一定社会生产方式下的社会群体，而不是独立于社会生产方式之外的超历史的抽象的生物群体。确定人口是社会群体还是生物群体的复杂性，是由于人口有着两重属性，即生物属性和社会属性。人口作为有生命活动的个人的总和，有其出生以至死亡的全过程，也有着为生物学规律所支配的一切生物所具有的遗传变异及其全部生理机能。人口的生物属性不依社会生产方式为转移，它是任何社会生产方式下的人口生存和发展的自然基础。人口不仅具有自然属性，更为重要的是它具有社会属性。因为作为社会生活主体的人与动物在获取生活资料的方式上有着本质区别。人类的生存和发展以从事物质资料的生产为基础，而人类从事物质资料的生产又总是在一定的社会生产方式下进行的。人们怎样从事生产劳动，生活资料怎样在社会成员间进行分配，所有这些都不是人口的生物属性决定的，而是由不同社会生产方式下生产力的发展水平和生产关系的性质决定的。人口是社会的基本生产力，又是生产关系及一切社会关系的承担者。“人的本质并不是单个人所固有的抽象物在其现实性上，它是一切社会关系的总和。”这就决定了人口的本质属性是社会属性，而不是生物属性。人口的生物属性是社会属性的自然基础，生物属性要通过社会属性来实现。正是由于人口的本质属性是社会属性，因而，人口是生活在一定社会生产方式下由有生命的个人所组成的社会群体，而不是超历史的抽象的生物群体。

其次，生活在一定社会生产方式下的人口既有量的规定性，也有质的规定性。在任何社会生产方式下，人口都不是单独的个人，而是一定时间、一定地域，由一定社会关系联系起来的人们的总和。人口总是一定数量的人口，数量多少则为当时社会生产力发展水平和社会生产关系的性质所制约。一定数量的人口是由具有一定质量的个人所组成。人口质量随着社会生产力的发展，随着社会由低级向高级阶段的发展而稳步提高。人口数量和质量不是彼此分割的，而是历史的辩证的统一体。

最后，一定数量和质量的人口决不能超时空而存在，他们总是在某一社会生产方式下，在一定时间、一定地域范围内生存的人口。在不同历史时期内，随着时间的推移，人口处于不断运动和发展之中。在不同地域范围内，由于生产力发展水平不同，社会经济文化条件不同，作为社会群体的人口，不论数量和质量也会不同。因此，在考虑人口范畴时，不仅不能脱离社会生产方式把它视为一个生物群体，也决不能离开人口赖以存在的具体时间和空间，把它看成超时空的抽象的社会群体，而应如实的把人口看作是在一定生产方式下，在一定时间、一定空间范围内，由一定社会关系联系起来的用以实现生命活动的个人所构成的社会群体。

(二) 人口变动

人口变动是人口理论中另一基本的范畴。所谓人口变动是指人口状况随着时间的推移，随着人口自身和社会经济诸因素的变化而不断发生的变化。人口是生活在一定时间、一定空间的具体的历史的人口。随着时间的推移和空间的范围的变化，或由于生物学的原因，或由于社会经济的原因，或由于政治、军事、民族、宗教信仰的原因而引起人口发生一定的变动。人口变动按其性质分为自然变动、迁移变动和社会变动三种类型。

1. 人口的自然变动是指由人口出生和死亡而引起的数量增减和人口性别年龄构成变化的过程。人口作为生物群体必然有出生、死亡和性别年龄构成的变动，但引起变动的原因，却是为一定社会的、经济的、文化的、政治的、意识形态的因素所决定。人口自然变动对人口再生产的规模和速度有直接的决定性的影响。

2. 人口的迁移变动是指人口在空间上的一切移动，包括改变定居点的移动和暂时的移动。迁移变动使得人口地区分布发生变化，也使迁入迁出人口的年龄、性别构成，人口的行业和职业构成发生变化。人口的迁移变动受地理环境和资源分布的影响，更受社会生产力发展水平和社会经济发展程度的影响。如城市的发展、新工业基地的建设，经济、政治、文化中心的转移等，都会引起人口迁移。

3. 人口的社会变动是指人口从一个社会集团转入另一个社会集团的变动。社会集团是指按某一社会经济标志将人口分成若干个集团。如按阶级、民族、语言、文化程度、行业等标志将人口划分为不同的阶级集团、民族集团、职业集团等。人口的社会变动根源于社会经济条件的变化，它又将改变人口的社会构成。如随着工业化的发展，城乡人口构成、行业人口构成、职业人口构成都或迟或早发生变动。

人口变动是上述三种人口变动的有机总和。上述 3 种变动相互交织，特别是迁移变动常常导致人口自然变动和社会变动，社会变动也常常导致自然变动和迁移变动。人口变动是人口理论研究的一项重要内容。

(三) 人口发展

人口发展是人口理论中另一重要范畴。人口理论要研究人口发展和社会经济发展之间的相互关系，必须全面、正确的理解人口发展范畴。任何人口都是历史发展的产物，又是今后历史发展的起点，没有也不可能有绝对静止、永恒不变的人口。人口时时刻刻处于永不停息的运动之中。所谓人口发展是指作为社会生活主体的人口，随着社会生产方式的进步、社会经济条件的变化，其数量、质量和结构及其与外部的关系不断由低级向高级运动的过程。

人口是质和量的统一体，人口发展既有数量的发展变化，也有质量的发展变化，人口量变和质变错综复杂交织在一起。人口发展也意味着作为社会生活主体的人口，特别是劳动人口征服自然能力的发展，科学技术水平和文化教育水平的全面提高，认识和运用自然规律、社会规律不断改造自然、改造社会的能力的发展。人口数量的增减、质量的提高以及人口变动过程都会导致人口结构的变化，人口结构是人口发展的内在机制力量。

人口发展也包括作为社会基本生产力和消费力的人口和经济相互制约关系的发展。人口作为基本生产力，必须用生产资料装备起来。社会生产力发展水平不同，作为生产力的两要素，人口和生产资料的性质和比例也不同。作为消费力的人口，与满足人们物质文化生活需要的消费资料有着相互制约的关系。随着生产力的发展，人们的消费水平、消费内容、消费结构有着很大的不同，其中有量的变化，更有质的变化。人口发展意味着构成人口运动重要内容的劳动内容和消费内容的不断发展，作为基本生产力的人口与生产资料生产，以及作为消费力的人口与消费资料生产之间的不断发展。

（四）人口问题

人口问题是影响人口生存和发展的各种问题的总和，比如人口数量问题、环境破坏问题、人口流动问题等等。从系统论的观点出发，人口问题归根结底是人口要素与其他社会要素的矛盾。社会系统的运行需要各要素之间协调发展，当某个要素过分繁荣时，系统的运行就会紊乱，问题就产生了。

1. 人口问题具有时代性。人口问题是广泛存在的，但在社会发展的不同历史时期，人口问题具有不同的内容，在不同的地域人口问题也不同。决定人口具体内容的根本因素是不同的社会经济活动。因此，各个国家在人口问题上的政策走向会因为人口问题的内容不同而有所差异。在这个问题上，任何国家都不应该去指责其他国家。

2. 不同学科或不同的价值体系对人口问题的关注侧重点是不同的，对解决人口问题的主张在不同学科或不同的价值观面前也不相同。同样一个人口问题，在不同学者那里解决的思路或者对问题的前途认识，竟然可以相反，比如在人口和社会经济发展问题上“罗马俱乐部”的持悲观论调而美国经济学家朱利安.L. 西蒙等则表现出盲目的乐观主义。

二、人口学的研究对象和方法

（一）研究对象

1. 从人口学的定义来看人口学的研究对象

从对人口学的定义，可以发现人口学者对人口学研究对象具有不同认识。西方人口学家主要有两种看法，一种是将人口学定义为用实验的、统计的、数学的方法研究人口规模、结构、分布、变化（由出生、死亡、结婚、离婚，迁入、迁出组成）的科学。有人将此称为形式人口学。也有人把形式人口学定义为关于人口变化及构成因素的计量和分析（特别是人口出生和死亡，以及作为人口变化内在因素的年龄、性别结构等），把它看作是人口分析技术。

另一种是将人口学理解为有狭义和广义之分。狭义人口学是研究人口规模、分布、结构和变化的科学，即形式人口学或人口学分析。广义人口学被理解为不仅包括狭义人口学所研究的人口变量本身的变化，还研究人口变量变化和其他变量（如社会的、经济的、政治的、遗传的、地理的等等）变化的相互关系。西方人口学家P·M·豪瑟和OD·邓肯对狭义人口学和广义人口学所下的定义为：人口学分析是关于人口变量及其变化的构成要素的研究。人口研究不仅与研究人口变量有关，而且还研究人口变量和其他变量（社会的、经济的、政治的、生物的、遗传的、地理的等等）之间的相互关系。

有人还将广义人口学分为广义和最广义两种。前者是把狭义人口学理解为只研究人口自然变量（出生、死亡……）的科学，不研究人口的社会变量（如宗教、民族、语言……）和经济变量（如人口的职业、行业、收入）。认为广义人口学除研究上述内容外，还包括研究人口的社会、经济标志。最广义的人口学除包括广义人口学内容外，还研究和人口学过程有关的问题（如人口对资源的压力、人口不足问题、城市化问题）。还有人把人口学看作是对人类人口的数量研究。也有人把人口学笼统地定义为研究人口的科学。

前苏联人口学界把人口学普遍地看作是：研究受社会历史制约的人口再生产规律的科学。人口学在研究人口变化的诸因素与人口构成之间的相互联系及决定这些变化的生活条件和社会关系的基础上，既阐明人口运动的一般规律，也阐明这些规律在一定的具体人口总体中，在一定时间、地点、条件下表现的特点。苏联人口学者认为人口再生产恰恰是人口学研究领域的特殊性，人口作为生产力要素是历史唯物主义和有关科学的研究对象，人口作为生产关系承担者是政治经济学的研究对象。将人口学定义为研究人口再生产的规律性不仅表明人口学研究的特征，而且也使人口学与其他科学区别开来。他们认为，人口再生产过程有狭义和广义之分，狭义仅指人口自然再生产过程；广义人口再生产则是由人口自然变动、空间变动（迁入、迁出变动）和社会变动（社会构成、职业变动……）所形成的总和。

在前苏联也有人把人口学看作是研究人口数量、结构和变化的科学。这一定义与西方的狭义人口学或形式人口学定义相同。

在欧美，人口学研究着重于以下几个方面：人口资料的搜集和评价；人口学指标的计量、分析技术；生育率、死亡率及人口变化的数学模型；人口增长和经济增长的关系；人口城市化；老年人口问题；妇女与生育率问题；人口和教育问题；人口和生态平衡等。而对人口理论本身研究较少，有些人甚至否认有人口理论的存在。人口理论研究大都寓于经济学和社会学之中。

2. 从人口学体系看人口学的研究对象

人口学知识体系大体由人口理论、人口统计学和人口应用学科三大部分组成。人口理论研究人口发展规律及人口和社会、经济、生态环境相互之间的本质联系。这一概括将人口学与以人口作为生产力要素为研究对象的生产力经济学，与以生产关系为对象的政治经济学相区别，也与研究社会结构、社会机制变动的社会学相区别。人口统计学包括搜集、整理、评价、分析人口现象数量资料的方法、指标体系、分析技术和数字模式等。具体说来，包括用人口普查、抽样调查、生命登记等方法搜集和评价资料，以及对人口现象和过程的数量关系具体描述的统计方法、实验方法和数学方法，也包括研究人口现象的内在纯数量规律。人口应用学科包括研究人口与其他现象之间相互关系的所有分支学科。

人口理论在人口学学科体系中占有重要地位，它是其他人口学科的理论基础和指导思想。反过来，人口统计学和人口应用学科的发展也充实和丰富人口理论的内容，促进人口理论的发展。利用人口统计对人口现象变化的数量观察及对决定这一变化的社会经济因素的分析，常常导致新理论观点的出现。各个人口分支学科研究的成果，如人口经济学关于生育率的经济理论，人口地理学关于人口城市化历史进程的描述，都为人口理论所吸收，并使之更加理论化。

3. 从人口研究争论看人口学的研究对象

第二次世界大战后，特别是60年代以后，人口学发展很快。围绕人口增长速度加快、人口与社会经济发展之间的相互关系等问题，在持有不同观点的学者中，展开了争论。在人口问题上的悲观论和乐观论至今仍在进行争论。在人口理论方面，适度人口论和人口转变论有了新的发展。人口增长加速，对粮食、资源、污染、生态系统等方面产生了巨大影响，引起学者、政治家的关心，这方面的研究著作也大量问世。60年代，特别是70年代以后，人口分析技术也有了飞跃的发展。人口学的研究对象从扩展到了更为宏观的领域，可以说今天凡与人口有关的社会要素及其与人口的关系都成为了人口学的研究对象。

马克思主义人口理论在研究人口发展及其规律时，必须坚持历史唯物主义关于生产力和生产关系、经济基础和上层建筑的矛盾是各个社会形态的基本矛盾的原理，并应以此作为观察和分析人口发展和人口问题的方法论原则。马克思主义人口理论在研究人口规律时，也要坚持唯物辩证法，反对形而上学和形式主义的单纯数量分析。此外，要正确的分析各个社会形态的人口发展及其与社会经济现象的本质联系，还必须坚持经济规律，特别是基本经济规律制约人口发展的方法论原则。科学社会主义则构成研究人口发展，特别是社会主义人口发展前景的基础。

（二）人口学的研究方法

一个学科的科学性首先表现为研究方法的科学性，研究方法的成熟标志学科的成熟。

1. 人口学研究的基本方法

马克思主义的三个组成部分：辩证唯物主义和历史唯物主义、政治经济学、科学社会主义构成马克思主义人口理论的方法论基础。

马克思主义人口理论在研究人口发展及其规律时，必须坚持历史唯物主义关于生产力和生产关系、经济基础和上层建筑的矛盾是各个社会形态的基本矛盾的原理，并应以此作为观察和分析人口发展和人口问题的方法论原则。马克思主义人口理论在研究人口规律时，也要坚持唯物辩证法，反对形而上学和形式主义的单纯数量分析。此外，要正确的分析各个社会形态的人口发展及其与社会经济现象的本质联系，还必须坚持经济规律，特别是基本经济规律制约人口发展的方法论原则。科学社会主义则构成研究人口发展，特别是社会主义人口发展前景的基础。辨证唯物主义和历史唯物主义为人口学研究提供的基本的研究方法。

2. 人口学具体研究方法

(1) 统计分析方法。人口学的诞生就是建立在对人口数据的统计分析基础之上的。在1603年大鼠疫之后，伦敦每周公布出生、死亡人数总计表，积累了丰富的人口自然变动的资料，格兰特根据这些资料进行研究，于1662年发表专著《关于死亡表的自然的和政治的考察》。有人誉称格兰特打开了人口学实验研究领域之路，更为重要的是格兰特明确提出，人口研究的任务就是从对人口现象的数量研究中看到基本法则。人口学体系大体由人口理论、人口统计学和人口应用学科三大部分组成。人口统计学包括搜集、整理、评价、分析人口现象数量资料的方法、指标体系、分析技术和数字模式等。具体说来，包括用人口现状统计、人口变动统计的统计内容，人口普查、抽样调查、生命登记等形式搜集和评价资料，以及对人口现象和过程的数量关系具体描述的统计方法、实验方法和数学方法，也包括研究人口现象的内在纯数量规律。

利用人口统计分析对人口现象变化的数量观察及对决定这一变化的社会经济因素的分析，常常导致新理论观点的出现。各个人口分支学科研究的成果，如人口经济学关于生育率的经济理论，人口地理学关于人口城市化历史进程的描述，都为人口理论所吸收，并使之更加理论化，人口统计分析是推动人口学发展的重要力量。

(2) 定量研究与定性研究相结合。如同客观事物本身具有质和量这两个方面一样，对人口问题的研究也需要我们采用定量与定性两种不同的视角和不同的方法。定量方法与定性方法本身并无好坏优劣之分，关键在于恰当运用。因此，如何更清楚地从方法论层次认识定量研究与定性研究的本质和特征，认识二者各自的长处与局限，是今后人口学方法研究领域中一项重要的任务。

(3) 宏观研究与微观研究相结合。人口理论研究还要运用宏观分析方法和微观分析方法。所谓宏观分析方法是指从整个社会的角度分析人口现象的发展变化以及人口和其他社会经济现象的相互关系及相互作用。所谓微观分析方法是指从个人和家庭的角度研究人口现象的变化。从宏观上看，人口发展规律受到社会环境的制约，因此人口学研究要从宏观的角度研究人口的变动规律。但是社会环境对人口过程的制约机制是离不开微观分析的，宏观的社会环境对人口过程的制约往往需要经过微观要素的转换过程。例如生育率宏观上受到社会经济发展水平的影响，但是这种影响需要经过生育观念、家庭或个人生育偏好等微观因素的转换最终体现为一定社会经济条件下的生育规律。

(4) 实证研究与规范研究方法相结合。实证研究是回答是什么的问题，规范研究是回答应该是什么的问题。人口学从诞生之日起就带有浓厚的实证研究的色彩，并遵循这个路线对人口规律进行了深入研究。在讨论人口问题并设计解决方案时，人口学研究必然走向规范研究，从“适度人口理论”到“人口结构的理想模型”都体现了规范研究的特点。

(许彦彬)

第二章

生育与死亡

第一节 生育的基础知识

从人口数量的角度考虑，人口再生产的最后的结果是总人口数量的变动，导致人口变动的因素就是出生与死亡。对于一个开放的区域，虽然人口迁移可以导致该地区的人口数量与结构的改变，但是这是社会经济过程，在这里我们重点分析人口再生产的自然过程。因此要系统分析人口的出生、死亡、出生率、死亡率以及影响出生与死亡的各种因素。

一、生育、生育率与出生率

（一）生育

生育是人口再生产的一个重要环节，新人口的数量和素质从人口增加的方向影响人口再生产的过程。人口学对于生育的研究是考察同人类生育或人口再生产有关的现象。对于生育的界定可以有多种角度。在人口学研究中，生育（Fertility）指在全体人口或部分人口中出生（Brith）的频数或者更具体一点是活产的频数。这里强调的是生育的结果。有的将生育界定为：在一定的社会条件下男女两性结合生儿育女繁衍后代的人口现象。这种界定将生育看作一个社会因素影响下的过程。前者所反映的人口再生产过程更为真实，但是后者直接将生育看作受生理因素和社会因素影响的过程。所以在研究人口再生产上更具有操作性。我们为了更为准确地考察人口再生产，不妨将二者结合起来，不仅将出生看作一个结果，而且将其看作一个受社会和生理因素影响的过程。

如果从生育是一种能力还是一种现象的角度考察，我们会发现，人类的生育行为不仅是生理过程，而且是一个社会现象。如果将生育理解为生育能力，我们可以发现这种能力基本是不变的。一个妇女可以受孕的次数是由其生理规律所决定的。从理论上讲，从13岁初潮到49岁绝经，每个妇女至少有36次受孕的机会，所以妇女的生育能力基本是恒定的。但是人是社会人，他的生育行为受到社会制度、价值观念等因素的影响，因此生育行为也是一个社会现象。

（二）生育率

生育率（fertility rate）是用来反映一定时期、一个国家或地区妇女的生育强度的指标。生育率所表现的是一个人口总体中育龄妇女的生育水平。在统计上我们用1年中每千名妇女出生婴儿的比率。在人口学研究中，对人口再生产的考察不仅要考虑各种社会经济因素对人口再生产过程的影响，同时还要考虑原来的人口基础对人口再生产过程的规定。人口再生产过程中，人口的年龄结构、育龄妇女的总量以及人口的死亡率等因素会影响到生育率。因此考察生育率以及影响生育率的因素可以更为准确地认识人口再生产的过程和表现形态。在人口统计中经常用到的指标有：一般生育率（general fertility rate）和分年龄生育率（age-specific rate）。一般生育率是指出生总数与全体育龄妇女之比；分年龄生育率是指按小组距（通常是1岁或5岁一组）计算出来的比率。

（三）出生率（brith rate）

出生率即人口出生率，是指一定时期内一个地区育龄妇女生育的婴儿与该时期总人口的比率。人口出生率反映的是人口出生的强度，因此它所考察的是出生时有生命现象的婴儿即活婴。根据联合国和世界卫生组织的建议，活产意味着不管母亲妊娠期的长短，只要她所孕育的胎儿完全脱离母体并在脱离后有呼吸和诸如心脏搏动、脐带跳动或随意肌的明显运动等生命现象。

二、影响生育率的因素

（一）分析思路与理论框架

不同国家和地区之间，生育的变动趋势具有明显的差异。这种差异是如何形成的？哪些因素导致了这些差异？导致生育行为发生变化的原因和机制是什么样的？对这些问题理论界从不同的角度进行了分析。辨证唯物主义的观点认为，生育作为社会的一个组成部分必然受社会发展规律的制约。一定社会的生育格局是由该社会的物质生产方式所决定的，其发展变动规律取决于生产力和生产关系、经济基础和上层建筑的矛盾运动。其基本思想是决定生育的根本因素是社会环境，但是这些因素对生育的影响又通过生育的中间变量来起作用。另一个理论框架是利用经济学的成本效益分析的方法来建立的。但是这种方法将生育看成了纯粹的经济行为，所以存在先天缺陷。

（二）生育的直接决定因素

生育的直接决定因素是指可以直接影响生育的生物的和行为的因素。这些因素可以分为三类：可以影响两性关系频率的因素、可以影响怀孕的因素以及可以影响妊娠结果的因素。生育的直接决定因素不仅仅是生物特性所决定的，而且还是社会文化作用的结果。因此可以说直接决定因素是人类的生物与社会文化特征的结合。具体而言，这三类因素可以表述为性交、怀孕和分娩。

1. 性交　性交是生育的必要前提，性交的频率和方式是影响怀孕的重要因素。影响性交频度和方式的因素又是多种多样的。例如男女两性的结合方式、礼仪和习俗、夫妻分居状况以及情绪和个人特征等。

男女结合方式可以从多种角度来划分。从婚姻成立的依据上可以分为合法婚姻、习惯法婚姻和两愿婚姻。一般来讲，两愿婚姻性交频率较高，从而生育率也比较高。拉丁美洲的高生育率与这个地区低收入男女盛行两愿婚姻有一定的关系。一夫多妻和一夫一妻是结合方式的另一种划分，一般而言一夫多妻情况下男子的生育率会高些，而妇女的生育率往往低于一夫一妻制下的妇女的生育率。男女结合方式的早晚明显影响妇女的生育，因为较早的结合往往意味着延长了妇女的再生产期。欠发达地区的高生育率显然与该地区比较流行的早婚有关。

礼仪和习俗决定了男女在两性关系中的地位高低。在现代多数国家男子仍然具备支配地位，因而他们比妇女更能决定性交的次数。比较落后的地区、文化生活的贫乏和社交范围的狭小有可能导致男子性交频率的提高。这也是解释欠发达地区高生育率的一个原因。

2. 怀孕　性交不一定导致生育，只有当男女间的性行为造成女方的怀孕并成功分娩生育才得以实现，因此怀孕是另一个生育的决定因素。怀孕的可能性受到夫妻双方的生育能力和是否采取避孕措施的限制。前者是一种自然的生理因素并受到一定社会文化的影响，而后者完全是一种个人和社会有意识的行为。

人的生育能力不是终生的。随着年龄的增长，在进入青春期后才具备了生育能力。但是由于各个国家和地区的生活水平不同，他们的年龄状况也有相当大的差别。有数据表明，北美和欧洲的女性的初潮年龄低于 14 岁，而非洲国家的女性的初潮高于 14 岁，亚洲处于二者之间。随着社会的进步和发展，人们生活水平逐步提高，女性初潮年龄有下降的趋势。一般而言 20～29 岁是女性生育旺盛期，30 岁之后开始逐步衰退，到 50 岁即基本失去了生育能力。在发达地区，由于结婚较晚，女性的生育旺盛期有一半是在未婚时度过的，所以发达地区的生育率比较低，而落后地区的状况与此刚好相反。妇女的生理年龄、结婚年龄、产后闭经以及哺乳都可以对夫妻的生育能力产生影响。总的来看，它们或可以拉长或缩短妇女一生受孕生育的时间长度，或者可以拉长或缩短妇女两次受孕的时间间隔，从而可以对妇女的生育产生制约作用。

避孕是有性活动的个人或夫妇为防止怀孕而采取的有意识的行为，其主要机制是通过采用特定的药具、手术或行为方法来阻止精子与卵子的结合。夫妻使用避孕措施是抑制妇女受孕生育能力的最有效的手段。发达地区与欠发达地区的妇女生育率的降低都与避孕措施的推广与使用有密切关系。

分娩是又一类生育的直接决定因素。妇女只有通过成功的分娩，导致活产婴儿的出现，生育过程才算完成。影响分娩成功与否的因素有两个：一是非自愿原因导致的终止妊娠，二是人工流产。男性和女性的精子和卵子的缺陷是导致早期流产的主要原因，另外孕妇的疾病和外科创伤也会导致自然流产。自然流产对妇女生育的影响特别是对年轻的身体健康的妇女的影响比较小。主要影响妇女分娩和生育的还是人工流产。

人工流产是孕妇出于医学、社会或人口的原因而在胚胎移入子宫内膜以后至胎儿具有生存能力之前，自愿利用人工的方法，通过手术或药物来终止妊娠。人工流产从 19 世纪起，无论是在发达国家还是在发展中国家就一直以合法或非法的形式广泛存在，并成为影响生育的重要因素。在历史上，欧美各国在生育率由高向低的转变过程中，人工流产起了重要作用。即使在今天，虽然避孕措施已经相当普及，但是人工流产作为节育手段仍然具有不可替代的作用。在发达国家，青少年一旦怀孕往往利用人工流产来终止妊娠；在发展中国家由于避孕服务的获得性以及教育程度的限制，人们仍然以人工流产作为可靠的节育手段。发展中国家或地区在生育率快速下降的过程中无不伴随着高强度的人工流产（表 2-1）。

表 2-1 各国人工流产率

国家	年份	人工流产率（‰）
新加坡	1983	28
中国	1985	43
墨西哥	1978	65
巴西	1978	200
南韩	1978	235

资料来源：United Nations，World Population Prospects，1988，New York.

如果从历时性的角度来分析，人工流产对降低生育率的作用更为明显（表 2-2）。

表 2-2 人工流产在生育率下降中的作用

国家	时期	TFR 变化	人工流产作用（%）
南韩	1960—1970	6.1—4.0	30
泰国	1968—1978	6.1—3.4	16

资料来源：United Nations，World Population Prospects，1988，New York.

（三）生育的根本决定因素

在决定生育的根本因素中，经济因素是最重要的，但经济因素往往和其他因素结合在一起来发挥作用。大量的研究表明，自然环境、经济状况社会状况和政策干预是影响生育的最主要的因素。

1. 自然环境　自然环境存在差异的不同地域之间，往往存在人们行为方式上的差异。这导致一些学者从自然条件的差别上寻找生育的的变动规律。比如他们认为，地形和气候会引起生育的变化。虽然这些结论未必准确或者有待进一步证实，但是这些研究提供了一个研究生育的视角。

资源与生育的关系是学者们研究的主要内容，其中主要是考察食物与生育的关系。食物对生育的影响可以具体做如下表述：首先食物供应数量和质量通过作用于人的死亡再作用于人的生育。由于食物短缺，许多欠发达地区儿童死亡率非常高，一个家庭为了保有理想数目的成年子女，必须大量生育。改善食物供应状况，降低婴幼儿死亡率，从长期看会降低出生率。

食物供应的状况还可以通过影响人的营养和健康状况进而影响生育。人类大规模的饥馑往往伴随着人口出生率的急剧下降。但是食物供应的改善仅仅是增强了潜在的生育能力，并不一定表现为生育率的提高。

2. 经济状况　经济发展水平和趋势是决定人口生育过程的根本因素。经济发展导致产业结构发生变化、人均收入水平随经济的发展不断提高、城市化水平提高、就业机会增加、教育程度提高、妇女健康状况改善以及思维方式和价值观念的转变，这些都要求并促进妇女生育率的降低。经济发展水平与生育率往往成负相关关系，经济发达国家和地区往往有较低的生育率而经济欠发达的国家和地区往往有较高的生育率。有些地区虽然是经济收入很高，但不是均衡发展，并不能产生上述的结果，所以这些国家，例如西亚诸国的生育率仍然非常高。有的国家或地区，经济发展水平虽然比较落后，但是由于控制人口的政策以及教育和卫生状况的改善，生育率也有显著降低。

一个国家或地区人均收入水平是决定其生产率高低的重要标志。人均收入高的国家或地区其生育率一般较低；人均收入低的国家一般生育率较高。从发展的角度来看，一个国家或地区的人均收入水平从低到高的发展过程中，其生育率并不是同步下降的。只有当人均收入达到相当的水平而可以改变家庭的生育态度和行为时生育率才会下降。在达到临界状态之前，由于生育态度和行为没有发生变化而抚养能力上升，反而有可能刺激生育率的提高。收入水平与生育率之间的关系是相对的。随着时间的推移和历史条件的变化，这种关系也在发生变化。西欧与北美花费将近半个世纪的时间才将生育率从35‰下降到20‰。但是60年代以来包括中国在内的发展中国家却使生育率每年下降1个千分点，但这些国家和地区的收入并不高。19世纪末20世纪初，欧洲农村地区生育率开始降低时，其人均收入为1 000美元，但是发展中国家出生率降低时人均收入只有他们的一半。收入水平与生育率下降之间关系的变化主要原因在于节制生育思想得到广泛传播以及现代避孕技术的普及。

3. 社会状况　教育程度、健康状况以及妇女的地位是社会状况中影响生育的主要因素。

（1）教育程度：较高的教育程度尤其是育龄妇女的教育程度往往与较低的生育率相联系，这是人口学中一个确定的结论。这是因为接受教育时间延长就会推迟其结婚的年龄；由于较高的知识水平提高了她的适应性，所以受教育年限长的育龄妇女往往具有更多的就业机会，从而使其生育的机会成本提高进而抑制其生育；受教育年限长的妇女往往在择偶上需要花费更长的时间；较高的知识水平可以让育龄妇女更容易接受避孕知识和技术。可以看出来，教育程度需要经过中间变量才会影响生育率，所以教育程度提高与生育率水平下降并不是线性关系。根据数据观察，男子的受教育年限与生育率下降几乎没有关系，仅仅接受1～3.5年的教育的育龄妇女的生育率还要高于没有接受任何教育的育龄妇女的生育率。这是因为短期的教育还不足于让上述的各种中间变量发生变化。

（2）健康状况：健康状况是与生育变动紧密联系的另一个重要因素。不断提高人类的健康水平是各国一直追求的目标。良好的人口健康状况和恶劣的健康状况对生育都具有抑制作用，但是其作用机制是完全不同的。从长期来看，良好的健康状况可以降低婴、幼儿的死亡率，从而避免父母为保有一定数量的成年子女而过多生育。因此在世界上，具有较低生育率的国家和地区都具有程度不同的较低的婴、幼儿死亡率。恶劣的人口健康状况对生育率产生的抑制作用比较明显。自19世纪到20世纪30年代，美国黑人的健康状况十分低下，尤其是性病流行致使他们的出生率下降，30年代以后，黑人更多移居到城市中居住，经济状况改善从而健康状况也有所改善，在此后的20年里，美国黑人的生育率提高了。许多学者认为健康状况的改善和性病的防治可以提高妇女的生育水平。

(3) 妇女地位：妇女地位是与生育率紧密相连的社会发展指标。男女在社会经济方面的差别的大小对生育率有重要影响。以成人识字率和经济活动人口的比例为指标来看，发达地区的男女差别都小于发展中地区，而发展中地区的生育水平是发达地区的2倍。妇女的就业状况和机会之所以对她们的生育产生影响，是因为这决定了妇女婚后的家庭地位和在生育决策中的地位。在落后地区，妇女婚后完全依附丈夫，她们的主要职能是家务劳动和生儿育女，主要扮演家庭主妇和母亲的角色。由于地位低下，为了提高自己的地位和保证自己在失去丈夫后仍具有生活保障，唯一的办法就是生育，尤其是生育儿子，这必然会提高生育水平。在地位低下的情况下，妇女没有自己独立的生育决策能力，她们往往从家庭的角度考虑生育问题，即使她们自己不愿意生育，也会为了家庭的原因或者其他家庭成员的压力而生育，这必然会增加妇女的非自愿生育的数量。妇女如果有比较高的受教育水平和充分的就业机会，她们在经济方面的独立性就会更强一些，这不仅会提高他们在生育决策中的独立性，而且会增加她们的生育机会成本。因此，在发展中国家和地区，提高妇女的地位是人口控制工作的一个重要内容。

(4) 政府干预：政府为了某种社会的、政治的和经济的目的，往往通过确定人口发展目标、实施专门措施或其他的社会经济文化手段对人口生育进行干预。实践证明凡是采取干预措施的国家和地区对生育率的改变都有不同程度的影响。政府的干预从性质上看，有鼓励生育的也有限制生育的；在措施上，有直接调节生育的政策也有间接调节生育的政策。

许多受到低生育率困扰的国家为了政治、军事的需要或是为了促进经济的发展鼓励生育。但是这些鼓励措施在短时期内有一定的效果，长时期看效应并不明显。有些国家例如法国虽然从30年代就开始制定鼓励生育的法规，但是除了二战以后短暂的婴儿热以外，法国的生育率是持续下降的。有些学者认为，如果没有政府的干预，法国的生育率会下降得更厉害。

今天的世界更多的国家面临的是人口增长过快与资源短缺和资金短缺的矛盾。因此为了缓解对资源、环境的人口压力以及社会的可持续发展，许多发展中国家积极推行节制生育的政策。各国推行节制生育的主要方法是开展家庭计划方案或者计划生育工作。各国在节制生育方面所选用的方法不尽相同，这往往与每个国家的历史条件、政治体制、社会经济发展水平、文化规范、自然环境以及决策者对人口问题认识的程度有密切关系。虽然采用的方法不同，但是各个国家推进经济的发展、降低生育率减缓人口增长方面都取得显著的成绩。

三、我国的低生育率的问题

全球人口快速增长在继续受到广泛关注的同时，世界上许多国家和地区迅速的人口转变而带来的人口、社会变化及其诸多挑战也正被人们所感受到。我国人口转变在社会经济发展和生育政策的影响下，不仅具有同世界生育率降低的共同愿意和特征，同时也具有中国的具体特征。因此考察世界低生育率和我国的低生育率状况，更有利于全面认识和评价我国的低生育率问题。

(一) 世界低生育率概况

人类历史上生育率的下降可以追溯到中世纪的欧洲。由于当时的财产分割和财产继承制度，人们往往推迟组建家庭，同时独身比例也不断升高，这导致对婚姻和生育行为的“预防性抑制”。从而出现了我们所说的“马尔萨斯”转变。真正意义的生育率的下降出现在工业革命的19世纪。欧洲19世纪生育率的下降被认为是工业革命带来的社会经济条件的变化和避孕知识的传播所引起的。人口学把这次生育率下降称为“新马尔萨斯转变”。这一生育率下降趋势进入20世纪后由于经济发展、工业化以及海外国家移民等因素的影响得到进一步加强。第一次世界大战和经济大萧条等原因使生育率进一步下降。

第一次世界大战后，为了弥补战争损失和阻止生育率的持续下降，许多欧洲国家开始实行禁止避孕和人工流产的法律，然而更新避孕知识与改进避孕方法以控制生育的活动也在同时进行。所以生育率仍然在降低。第二次世界大战结束时，许多欧洲国家的生育率已经开始低于更替水平。但是第二次世界大战结束后，出现了一个人口学未曾预料到的婚育高潮。但是这个高潮并未持续太长的时间，从60年代开始，欧洲国家普遍出现了生育率持续地大幅度地下降。到80年代，除少数国家外，欧洲各国的生育率都在更替水平以下。

生育率下降在60年代之前由于发展中国家的的人口爆炸一度被人们忽视，但是随着60年代欧洲生育率的持续下降，人口减少的恐慌出现在欧洲大陆。许多人口学家指出：欧洲正逐渐消失。在亚洲国家由于生育率的快速下降，人们也开始关注生育率的不良后果。人们担心由于降低人口增长的目标的实现，生育率下降将引起人口的长期下降和经济实力的衰退。

(二) 低生育率的含义

低生育率是相对高生育率而言的，因此在不同时期对低生育率下降的研究中对低生育率的界定有很大的不同。60年代，联合国对世界各国生育率下降的研究中，曾经对低生育率的界定进行不断的修正。1965年以粗再生率2（相当于总和生育率为4.1）作为划分高生育率与低生育率的国家的界限。1990年，联合国又将总和生育率低于2.5的国家划分为低生育率的国家。1992年联合国在一项低生育率国家的生育模式研究中又以总和生育率为2.1作为低生育国家的标志。这种变化涉及到对生育率的理解的问题。

(三) 我国生育率的下降

中国建国以来生育率的趋势按转变阶段可以划分如下：①从1949年到1968年为转变前阶段，除1959～1961 3年以外，其余各年的总和生育率在5.5～6.5之间波动，多数年份在6.0以上。②1969年到1973年为早期转变阶段，总和生育率从5.7下降到4.5。③1974年到1979年为后期转变阶段，总和生育率从1974年的4.17下降到1979年的2.75。④1980年以来生育率进入转变后的低生育率阶段，总和生育率基本上在2.5以下，近年来在低生育水平上又进一步下降。

与其他国家相比，中国的生育率下降更具有戏剧性。①从世界各国的生育率转变历程来看，发达国家从早期转变阶段到转变后阶段至少经历了一个世纪的时间，而中国的这个过程只有15年的时间。②由于人口众多并且地域辽阔，我国各省的生育模式既包括了发达国家的生育模式也包括了发展中国家的生育模式。

（四）生育率下降的原因

我国的生育率下降是社会经济发展的推动作用和计划生育政策的促进作用相互结合的结果。市场经济的建立从多方面抑制了人们的生育行为。①根据发达国家的经验，在市场经济建立的初期，由于恶性竞争和贫富不均加剧，现行的社会保障体制逐步瓦解而新的社会保障体制还不健全，这些会对大多数低收入家庭的生育行为产生抑制作用。②社会发展与变革导致传统家庭与工业经济之间的冲突。与现代工业相一致的竞争与流迁、崇尚个人成就的价值观念将对年轻人的生育行为产生强烈影响。③技术进步要求劳动力的素质的提高，这促使人们接受更高的教育和职业培训，这种影响对于日益进入劳动力市场的妇女更加明显。同时由于妇女参加就业和接受更多的教育，其角色扮演也将逐渐有家庭性角色转向社会性角色。追求人口素质和妇女角色的转变将提高妇女在家庭生育决策中的地位，进而会影响她们的生育观念和行为。④逐步开放的劳动力市场将使劳动力过剩问题显化，原来由社会承担的人口过剩的压力将逐渐由家庭承担，比较高的失业压力将减缓家庭组建的速度，抑制已婚夫妇的多育早育行为。⑤伴随市场经济的建立，人口的流动性日益增强，地理流动会导致夫妻分居和生育时间损失。社会流动和竞争加剧会导致社会毛细现象，从而降低家庭的期望规模。⑥大众传播技术的进步以及工业大生产所带来的人口的大量集中，便于避孕知识和技术的推广和传播。许多研究表明，70 年代以来，随着社会经济的发展尤其是国家大力推行计划生育，使我国的生育率下降出现了超经济的下降趋势。

（五）低生育率的机遇与挑战

总的来说，生育率下降和低生育率的实现直接减慢了人口增长的速度，遏止了人口规模的急剧膨胀，从而一定程度上缓解了人口过多以及增长过快对社会经济和资源环境带来的压力使中国人口与经济、资源关系趋于良性循环，并显著改善了人们的生活水平。

但是必须认识到，低生育率产生的问题既有积极的一面也有消极的一面。单纯地以好或不好来评价低生育率都是错误的。虽然我们的生育政策在取向上是指向低生育率的，但是我们必须正视发达国家的历史经验和我国的社会实际，充分认识低生育率带来的挑战。

低生育率带来的后果是多种多样的，并且在不同的社会领域以不同的形式表现出来，但是核心问题是老龄化问题。由于中国有 13 亿之巨的人口规模，中国已经拥有世界上最庞大的老龄人群。作为一个发展中国家，中国没有充分的资源去解决老龄化所带来的问题。生育率的迅速下降导致中国的老龄化的速度快于任何一个发达国家。中国社会不仅缺乏解决老龄化问题的资源，同时也没有为解决老龄化问题所必须的动员和准备社会资源的时间。更重要的是，人口增长率的下降其长期代价将是以不断减少的劳动力人口来赡养不断增加的老龄人口。虽然老龄人口的赡养不仅取决于经济人口，同时也取决于经济效率，但是在降低人口增长率与保持劳动年龄人口与退休年龄人口的适当比例之间哪个更为重要，是我国政府决策必须注意的一个问题。

伴随生育率下降，家庭生活和代际关系将发生根本性变化。婚姻和家庭组建会被大大推迟，生育期大大缩短。大家庭会逐渐被小家庭所代替，联合家庭为核心家庭代替。传统家庭成员的紧密的亲缘关系被不断增强的个人独立性代替。家庭关系和社会关系的变化将对传统的具有重要意义的家庭养老和代际的资源分配都产生深远的影响。

尽管生育率持续下降最终将导致劳动力共给的下降，但是这一过程在中国仅仅开始影响到劳动力初始年龄。在人口规模庞大的中国，未来劳动力年龄人口持续增长的条件下，与低生育伴随的仍然是劳动力的整体剩余以及由此引起的就业困难。但是在我国劳动力总体剩余的同时，存在一些劳动力短缺的现象。劳动力数量上供大于求和质量上的供不应求以及各个地区发展的不平衡将导致一些地区和行业的劳动力短缺。

尽管生育率下降所带来的挑战已经在某些地区甚至全国被逐渐感受到，但是由于低生育水平是政府和全社会通过艰苦的努力才实现的，与高出生率相比较，这大大有利于中国社会的可持续发展，因此低生育率的稳定必定仍然是今后人口与计划生育政策的目标之一。但是未来的计划生育必须适应经济和社会的不断变化以及由此导致的人口转型。要尊重人口运动的规律性，防止出现片面和极端的做法。要避免认为生育率越低越好从而在工作中层层加码的错误。

第二节 死亡分析

一、死亡现象与死亡率的分析

（一）死亡的基本概念与主要死亡指标

联合国和世界卫生组织对死亡的概念提出如下的定义：一个人在出生后的任何时间其所有生命迹象的永久消失即为死亡。这里必须注意死亡是以活产为前提的。另外在不同国家或者不同的学科研究领域对死亡现在仍然存在不同的界定。有相当一部分界定以某种生命征兆的结束为死亡的标志，比如以心脏停止跳动或脑死亡来界定死亡。

死亡是多种原因导致的，为了准确认识死亡，人们往往把死亡分为内源性死亡和外源性死亡。前者是由于人体的某种退化而导致的死亡；后者是由于来自环境或外部因素导致的死亡。前者难于防治后者易于防治。发达国家内源死亡较多，发展中国家外源死亡较多。从年龄结构看，1 岁以内和 65 岁以上的人口内源死亡率高，1～64 岁的人口内源死亡率较低。

（二）死亡测度的主要指标

1. 粗死亡率（crude death rate）也叫总死亡率，一般简称死亡率。它是指在一定地区某一日历年度内每 1 000 人中死亡的人数。

计算公式：

粗死亡率＝该地该年死亡人数/某地某年平均人口数×1 000‰

死亡率是反映实际人口死亡的基本指标，也是提高人口健康水平的一个重要干预目标。在正常情况下，各地的死亡率应该分布在 6‰～35‰之间，当面临特殊情况如战争、饥馑和灾荒等死亡率可能会出现异常。除此之外，如果位于该区域之外应该首先怀疑统计上出现了失误。许多国家经历了死亡率从高到低的转变，一般以 20‰为标志，高于该值视为高死亡率，低于该值视为低死亡率。死亡率是一个较粗的指标，因此它容易受到它所反映的那个人口的性别和年龄结构的影响。因此在使用这个指标时要考虑到上述的因素的影响。

2. 死因死亡率（cause-specific death rate）是指某地在某一日历年度每 100 000 人中因某种或某组原因致死的人数。当致死原因不是一个时，要确定致死的根本原因并计算死亡率。计算死因死亡率可以按某种原因计算也可以把相互联系的各种原因归为一组进行计算。在研究死因死亡率上按死因组进行考察更具有意义。按原因组分析死亡率我们可以比较容易发现死亡的国别和地区差异。

在死因死亡率中，孕产妇死亡率是常用的一个指标。它是表示在一定地区在某一日历年度内每 100 000 活产婴儿中孕产妇的死亡人数。

3. 性别/年龄别死亡率（sex/age-specific death rate）这个指标反映的是一定地区在某一日历年度内每 1 000 男性或女性的某年龄组人口的死亡人数。其公式为：

男(女)性某年龄组死亡率＝男(女)性某年龄组死亡人数/男(女)性某年龄组平均人口×1 000‰。

婴儿的死亡率一般不分性别来计算，它是指某地在某一日历年度内未满周岁婴儿死亡数与活产婴儿数的比，一般用千分数来表示。

4. 标准化死亡率（standardized mortality rate）。由于死亡率受年龄结构的影响比较大，所以不同地区、不同时期的死亡率无法进行比较。为了反映各个地区和时期的真实死亡水平，需要排除年龄结构对死亡率的影响，按同一年龄结构计算，这样就形成了标准化死亡率。

标准化死亡率＝∑(年龄别死亡率×标准年龄构成)。

(三) 影响死亡的因素分析

死亡在地区、国别、时期等各个方面存在差异。这些差异是如何形成的？社会应该如何干预才可以有效降低死亡率？这些问题的答案一直是人口学界孜孜以求的目标。对死亡的研究在是现代人口学开始得最早并得到很快发展的领域。

如前所述，死亡按原因可以简单划分为两类，内源性死亡和外源性死亡。死亡的直接原因概括来看可以分为内源性死因和外源性死因。许多社会经济以及医药卫生因素会影响内源性和外源性因素进而影响死亡。因此分析影响死亡的因素除了考虑死因以外还要考虑社会经济因素和医疗卫生因素。

1. 内源性和外源性死因　内源性死因反映的是人体的某种生理的退化和变性。它包括心血管疾病、糖尿病、癌症等难于防治的疾病，这些疾病是由于人体自身的衰退所导致的，所以又统称为退化性疾病。外源性死因是完全来自外界的因素，这其中既包括疾病也包括各种事故。

内源性原因和外源性原因都可以导致人的死亡，但是在不同的历史时期，它们对死亡产生的影响大小在不同的历史时期是不同的。在人类历史上，首先是外源性原因占主要地位。随着社会发展和医药科学的进步，各种外源性疾病逐步被克服，人类的死亡率大大降低。今天，在部分发展中国家和地区，外源性疾病仍然是主要的死因。

在发达国家和部分发展中国家，随着死亡率的降低，人口死亡原因主要是内源性疾病并且有相对集中的趋势（表 2-3、2-4）。

表 2-3 发达国家主要死因

疾病	占死亡原因的比例（%）
心脏病	33
恶性肿瘤	19
中枢神经系统血管损害	13
合计	65

United Nations，The World Population Situation，New York，1971.

表 2-4 发展中国家主要死因

疾病	占死亡原因的比例（%）
肠胃炎	10
心脏病	8
流行性感冒及肺炎	7
恶性肿瘤	7
合计	32

United Nations，The World Population Situation，New York，1971.

从上面两个表可以看出，在不同的社会发展程度水平上，主要的死亡原因是不同的。发展中国家和地区死因比较分散，而发达国家和地区死因比较集中。在发达国家内源性疾病比例较高而在发展中国家外源性疾病比例较高。

另外需要注意的是，不仅在不同的历史时期和不同发展水平上，死亡原因不同，在年龄结构上，各种死因在不同的年龄段也产生不同的作用。一般说，内源性疾病的作用范围随年龄的增大而扩大，因此在老年人口中心血管疾病和恶性肿瘤的发生率比较高，同样老龄化程度高的发达国家主要死因也是这些疾病。

2. 死亡的社会环境和医药卫生因素　在研究死亡的决定因素时，比较简单的方法是将这些因素划分为与社会经济与发展水平相关的因素和与医药卫生设施相关的因素。总的来说，这些因素具有一致性，但是也不排除例外。为了将这些例外也考虑进去，我们将决定死亡的因素进一步分为 4 类：环境状况、经济状况、社会状况和行为规范以及医学和卫生设施水平。

（1）环境状况：多种因素构成影响死亡水平的环境状况，比较重要的内容有瘟疫、饥谨、战争以及恶劣的自然条件和居住环境。在历史上瘟疫是人类生存的重要威胁，落后的医药条件无法克服瘟疫的发作与蔓延，所以在自然灾害、饥谨和战争时往往伴随着瘟疫。14 世纪中期在欧洲爆发的黑死病在两年多的时间里夺去了 2 500～3 000 万人的生命，当时欧洲失去了将近一半的人口。随着医药卫生技术的进步，瘟疫在今天对死亡的影响在逐步降低。随着科学技术的进步，由于武器杀伤力的扩大，战争对死亡的影响越来越大（表 2-5）。

表 2-5 欧洲 1600～1918 军人死亡状况

时期（年）	军人死亡人数（百万）	每千人口军人年死亡率
1600～1699	3.3	0.3
1700～1788	3.9	0.3
1789～1815	5.0	1.0
1816～1913	2.2	0.1
1914～1918	9.1	5.3

资料来源：United Nations，The World Population Situation in 1910，New York，1971.

不利的自然环境往往对人的死亡水平发挥长期的积累作用。其中气候、地形、地貌以及有害元素在土壤中的富集都会威胁到人的生存和健康。居住地的状况是影响人口死亡的重要因素。20 世纪以前，发达国家的城市人口密集、居住拥挤、卫生状况差、污染严重，恶劣的居住环境导致城市人口的平均预期寿命明显低于同时期的农村。1841 年，英国男性的平均预期寿命是 40 岁，伦敦为 35 岁，而工业重镇利物浦只有 25 岁。现在在很多发展中国家，追求快速的工业发展导致环境污染严重，使许多居住地的条件发生变化，尤其是城市将污染压力向农村转移，导致许多农村成为不利的居住地。

(2) 经济状况：经济状况对死亡具有广泛和深远的影响。经济状况对影响死亡的其他因素具有支配作用。经济发展水平、职业、阶层和收入是几个重要的因素。

经济发展：经济发展对于降低死亡率具有直接和间接的作用。首先随着经济的发展，工农业生产迅速增加，食物供应充足，营养状况不断改善，医学发展迅速，卫生设施普及。这些为死亡率下降提供了必要的条件。另外，随经济的初步发展，人们的教育程度得以提高，社会状况得到改善，行为规范发生变化，这些也促进死亡率从高水平向低水平迅速下降。

职业、阶层和收入：关于职业、阶层和收入和死亡率的关系的最早的研究是对 1865～1874 年哥本哈根和其他城镇的分析。该报告指出，哥本哈根贫穷阶层的死亡率是富裕阶层的 2 倍，从而揭示出职业和社会阶层与死亡率的负相关关系。

(3) 社会状况和行为规范：虽然经济发展是影响死亡率的根本因素，但是在一定的历史时期，有许多社会因素却可以呈现相对的独立性和不可替代性比如：教育程度、民族种族和宗教、环境与心理等因素。

教育程度：调查数据显示，父母的教育程度尤其是母亲的教育程度与其子女的死亡率呈负相关关系。另外，随着人们教育水平的提高，从整体和长远的角度看他们的存活几率也在提高。这是因为人们通过接受教育，有助于他们自己和其家庭成员形成有利于健康保健的行为方式，他们会更加合理安排自己的营养和饮食，知道如何锻炼身体，知道如何利用医药卫生设施。调查显示，父母要做到这些，并不需要太高的教育程度。比如接受普通卫生保健教育，母亲只要有小学水平就可以了。二战以后，许多发展中国家的经济发展虽然缓慢，但是其死亡率却迅速下降，这和义务教育的普及和基本医疗的普及有很大的关系。

不同的国家和社会在各种死亡率差异中，民族、种族和宗教信仰是重要的变量。调查显示，1970 年美国黑人的标准化死亡率比白人高出 54%。在南非的欧洲儿童死亡率远低于非欧洲儿童。这种差别不是民族和种族本身的属性决定的，而是在这些国家和地区民族和种族往往和经济政治地位紧密联系。宗教教义作为教徒行为规范的重要内容一旦涉及到影响人的健康和生命，就会对死亡率产生影响。不同的宗教教义对死亡率会产生积极或消极的后果。有些教义提倡逆来顺受，例如古代印度就有寡妇殉夫的习惯，这无疑会提高死亡率。有些教义比如强调净心、节约、在环境优美的地方修行等，无疑有利于人们的身心健康，也会程度不等地降低死亡率。

环境与心理：和谐的环境和良好的心态有利于疾病的防治和延长寿命。不良的环境以及在其中形成的恶劣心态如果不能消除，必然影响健康诱发疾病甚至威胁生命。

社会学研究揭示发达国家过高的竞争压力导致人们心理负担过重是高自杀率的主要因素。另外长期的精神紧张所导致的亚健康状态也是许多疾病的诱因，这直接导致死亡率的上升。

(4) 医学与卫生设施：无论发达国家还是发展中国家，他们的死亡率的下降都是和现代医学发展和卫生设施的普及相伴随的。19 世纪中叶以前，发达国家死亡率虽然因为营养条件的改善开始降低，但是十分缓慢。19 世纪中叶以后，由于现代医学的发展和卫生设施的完善，发达国家的死亡率迅速降低。这主要是消灭了当时导致高死亡率的两个主要因素：传染性疾病和恶劣的卫生状况。发展中国家在 20 世纪 50 年代死亡率迅速降低，主要原因是引入了防治传染病的现代医学技术和建立了一套卫生设施。但是必须注意，虽然理论界对经济发展和医疗卫生事业的进步二者对死亡率的作用仍有争议，但是从根本上讲医学和卫生设施的进步是建立在经济发展的基础之上的。

二、生育模式与死亡模式

为了研究人口现象，常常把某种人口问题概括为几种比较简单的类型，这些类型往往反映的是某类具有共同特征的典型人口现象。我们把这种典型人口现象称为人口现象模式。比如生育模式、死亡模式、增长模式、迁移模式等等。

（一）生育模式的特征以及转变

根据生育率的高低，我们往往把生育率划分为高生育模式和低生育模式。高生育模式的特点是生育年龄开始早，结束迟，妇女的生育时间长，生育的高峰期长而分散，每一个年龄组的育龄妇女的生育率都比较高，生育曲线长而高。低生育模式的特点是生育年龄迟而短，妇女的生育时间断，生育的高峰期短而集中，生育的曲线短而低。当今世界经济欠发达国家的妇女的生育率大多属于前一种类型，而经济发达国家大多属于后一种类型。

从历史发展的角度看，生育率的变动规律是：由早婚、早育、多育的高生育模式向晚婚、晚育、少育的低生育模式转变。这个变化伴随着经济的发展而进行，是各种社会因素通过影响中间变量而实现的。

（二）死亡模式的特征以及转变

死亡模式也可以根据其高低划分为高死亡模式和抵死亡模式。高死亡模式的特点是：婴儿和儿童的死亡率极高，高龄组的死亡率也很高，人口的平均寿命短，其分年龄死亡率曲线表现为一个不对称的 U 型曲线，低龄死亡人口占总死亡人口的比例高。抵死亡率模式的特点是：低龄组死亡率下降，死亡率高的高龄组年龄后移，人口平均寿命延长，其死亡率曲线近似平放的 J 型曲线，高龄死亡人口占总死亡人口的比例上升。

当前一些经济不发达的国家和地区的死亡模式一般为高死亡模式，经济发达国家和地区为低死亡模式。死亡率的变动规律和生育率不一样。人们为了达到某种人口规模，可以提高或降低生育率来实现，但是科学技术的进步和医疗技术的发展导致死亡率逐步下降，这个下降是必然的。从人类历史发展的角度来考察，可以发现死亡率是从极高渐渐降到较低的水平的。但是由于生命规律的支配，死亡率不可能无限降下去。死亡率下降的结果就是人们平均寿命不断延长，人口再生产的世代更替的速度变缓。

第三节 生育观

一、生育观的概念与内容

（一）生育观的概念

生育观指人们对待生育行为的看法，属于社会意识形态的范畴，是世界观和人生观的重要组成部分。它有以下几个特点：

1. 是社会存在的客观反映　有什么样的社会存在，就有什么样的社会意识，也就有什么样的生育观。在私有制占主导的社会，生儿育女是家庭和个人的私事，只要对家庭和个人有利就行，因而生育无计划。在公有制占主导地位的社会，如社会主义社会，国家为满足人们日益增长的需求，有责任在全社会规划物质资料生产和人口自身生产。因而，生儿育女既是个人和家庭的私事，又是国家和集体的大事。

2. 与社会存在相对的独立性　生育观作为社会意识形态的一部分。有可能落后于已经变化了的客观社会的存在。常常在存在着反映一定社会经济要求的、起主导作用的生育观同时，又残存着与这个社会经济要求不一致的起阻碍作用的旧生育观。例如我国目前已经建立了生产资料公有制的社会主义社会，但旧生育观的影响仍然存在。如重男轻女、多子多福等等。

3. 对生育行为起支配作用　社会经济因素对生育行为有决定性影响，但它是通过生育观这一中间环节来实现的。有什么样的生育观，就有什么样的生育行为。20世纪70年代以来，我国计划生育工作取得了巨大的成绩，很重要的一条就是我们大力宣传马克思主义人口理论，引导广大育龄夫妇树立马克思主义的生育观。

（二）生育观的内容

生育观的主要内容包括以下几个方面：

1. 生育的动机和目的　生育的动机和目的，就是人们为什么要生育。它是生育观的集中体现。是为了传宗接代，还是为了养儿防老，还是为了巩固夫妻情感，增加家庭的乐趣？在社会主义国家是否为了为祖国培养德智体全面发展的社会主义接班人？等等。

2. 生育的数量、质量和性别要求　是想多生还是少生？对生育质量有无要求？对生育后代的性别有无愿望和偏好。

3. 生育的年龄与间隔　是想早生还是晚生，是想密生还是想稀生。

4. 生育态度　是以宿命论态度对待生育，还是以科学态度进行计划生育。

（三）人类生育观的演变

人口再生产的发展，与人们生育观的演变有着非常密切的关系。我们回顾历史，可以清楚地了解生育观的演变过程。

在原始社会，由于生产力水平非常低，因为饥饿和疾病等原因人们的死亡率非常高。人们刚从动物界进化过来，文明程度很差，对生育的原理不明白，只能用迷信、宗教来解释人们的生育行为，把生育和人口的增殖看成是神的意志的体现。生育完全处于一种自然、盲目状态。因而原始社会的出生率很高，从而保证了原始氏族公社的存在和发展。

在奴隶社会和封建社会，是生产资料私有制的社会。由于生产力水平不够高，小农经济占主要地位，在生产力水平比较低的情况下，增加劳动力尤其是增加男劳力与收入成正比。同时还形成了严格的等级制度、家长制度和长子继承制等制度。又加上由于饥荒、疾病和战乱等原因，死亡率不低，使得“养儿防老”、“多子多福”、“男尊女卑”等生育观念占统治地位。人们普遍早婚早育多育，并且重男轻女。生育观主要是强调生育的数量和重男轻女，所以生育率也很高。

进入资本主义社会以后，由于经济的高度发展和生产的高度社会化，城市化以及生活方式的变化，人生观、价值观的转变，社会保障高度发达，子女养老作用大大降低，促使人们的生育观发生重大变化。在不够发达的社会主义国家，由于生产资料以公有制为主，工业生产实行社会化、现代化，执政党和政府大力发展经济，重视发展社会保障事业，提高人们生活水平，把生育当成全社会的大事，也促使人们的生育观迅速发生变化。资本主义、社会主义社会人们生育观变化的结果，由重数量转向了重质量，而且，比较普遍实行晚婚晚育，在性别上重视男女平等。在这两种社会，一方面为人们提供了有效的避孕手段，使人们的生育率大大降低；另一方面人们的死亡率大大降低，人口再生产呈现了“低出生、低死亡、低自然增长”的类型。

从以上分析可以看出，人们的生育观是随着社会生产方式的改变和生产力水平的提高而逐步发生转变：对生育数量的要求由多转向少；对质量要求由低转向高；生育性别由重男轻女转向男女平等；初育的年龄由低转向高；生育的目的由养儿防老转向增加家庭乐趣，社会主义国家里转为为社会培养建设者和接班人；由宿命论观点对待生育，转向科学对待生育；由盲目生育转向有计划地生育。

二、影响生育观转变的因素

我们通过以前分析可以看出：生育观是随着社会经济条件的变化而发生转变的；不同的社会生产方式下，人们的生育观是不同的。影响人们生育观变化的因素主要有以下几点：

（一）经济因素

经济因素对于整个人口再生产过程，包括对生育观的形成都起着决定性作用。而经济因素是由生产力发展水平决定的，其重要标志是生产社会化程度。一般说，生产力水平越落后，生产社会化程度越低。人们则倾向于早育、多育；反之，生产力越发达，生产社会化程度越高，人们则倾向于晚育、少育。比如在以手工劳动为主的自然经济条件下，由于生产力水平低，家庭是人们进行生产的基本单位，家庭的经济收入、经济状况与家庭劳动力数量和质量（主要指体力）成正比。同时，在经济落后的情况下，家庭是赡养老人的主要承担者，子女对父母的养老价值很大，从“养儿防老”出发，人们倾向于早生、多生，尤其是生儿子。而在以机器大工业生产为标志的现代社会，生产的社会化程度高，家庭不再是物质资料生产的组织者和生产单位，在多数家庭中，子女在家中的生产作用基本消失；由于父母的收入比过去的社会高得多，社会养老等社会保障事业发达，所以子女在家庭养老的作用大大降低。同时，经济和社会的发展导致城市化，从而生活方式也发生了很大的变化，人们的人生观、价值观也发生了根本变化。生产对人的要求不再是重数量而是重质量，也即科学文化素质。不但父母们要努力提高自身的科学文化素质，还要从小就要教育子女掌握科学文化知识。这样，人们的生育观也发生了根本转变，由早婚早育多育到晚婚晚育少育优育。

（二）文化和职业因素

育龄夫妇，特别是育龄妇女的科学文化素质和职业结构对生育观也有重大影响。一般说，科学文化素质越高的夫妇，越了解生育的原理越倾向于少生和优生；而科学文化水平越低，越倾向于早生多育。人的职业性质往往与科学文化素质密切相关，如一般干部、工人相比一般农民更倾向于晚婚、晚生和晚育。科学文化较高的妇女，更容易接受新的婚育观，受传统生育观的影响较小，对子女的培养和价值有新的认识，因而科学文化水平高的妇女生育率比较低。

（三）宗教信仰因素

宗教信仰对生育观的影响也很大。如佛教、基督教、伊斯兰教等世界性宗教，它们的教义都曾长期支配其信徒的生育观。佛教宣扬宿命论，把人的一切包括生育都归于命运，实际是让人们盲目生育。天主教禁止用人工办法控制生育，实际是助长多育。伊斯兰教则公开主张早婚多育，这是致使伊斯兰民族人口快速增长的一个原因。当然我们也要看到：经济越发达，人们的科学文化水平越高，生活越现代化，宗教对人们生育观的影响也越弱。

（四）国家的人口政策因素

国家的人口政策对人们的生育观的转变有直接的影响。国家可根据需要，通过思想的、经济、行政、法律等方面的措施，直接影响人们的生育观念和行为。国家还采取一些社会福利的社会保障等政策，间接影响人们的生育观念和生育行为。在公有制的条件下，国家政策的影响很大。

（许彦彬）

第三章

人口再生产

任何社会生产都包括物质资料生产与人类自身生产，即两种生产的统一。物质资料的生产必须连续不断，否则，人类将失去生存的物质基础，同样，人类自身生产必须代代传承，不然，人类将绝种。因此，人类自身生产实际上就是人口的再生产过程。人口再生产是人口学的基本内容之一，也是社会再生产的重要组成部分。本章将主要介绍人口再生产的概念、特点、影响因素、人口再生产类型及其转变以及西方有代表性的人口转变理论。

第一节　人口再生产的基本概念

一、人口再生产的概念

人口再生产是新一代人口不断出生、成长和老一代人口逐渐衰老、死亡的不断重复所构成的一个川流不息的过程。人口再生产是通过新一代人口不断替换老一代人口的世代更替而实现延续和更新的。人口再生产表现为人口数量与人口质量不断发展和运动的过程。从微观上讲，一个人有出生、发育、成长、衰老和死亡的生命过程；从一个家庭来讲，有新的生命诞生和老一代死亡，是一个世代更替、更新的发展过程；从社会来讲，也有一批人的出生、发育、成长、衰老和死亡的过程。随着时间的推移，社会总人口中不断有新生婴儿加入，与此同时，也不断有人死亡退出人口总体。

人口再生产是生物过程和社会过程的统一，生物过程是社会过程的基础，社会过程是人口再生产得以实现的形式，人口再生产本质上是社会过程。人口再生产的生物过程即是人口再生产的生理过程，如精子与卵子的结合、胚胎的形成与发育、孕妇的分娩、婴儿的诞生以及人的生命机体的新陈代谢等无不受生物规律的支配，表现为一种生理过程与现象。这种生物或生理过程则是人口再生产社会过程的基础。但是，人口再生产不是独立于社会之外，而是通过一定的社会关系，在一定的社会环境下进行的，要受到一定社会关系的制约，并呈现出一定的社会规律。与动物不同的是，人口再生产不是单纯的两性结合产生新生命，它需要在一定的婚姻关系和家庭关系中实现。研究人口的生物（生理）方面，阐明人类生育繁殖的生理过程，揭示人口衰老、死亡的原因及其规律，是生理学、医学、遗传学和生物学等学科的任务，属于自然学科范畴。而人口学所研究的是人口再生产的社会方面，阐明各种社会形态下的人口再生产规律，揭示影响人口再生产过程各个环节的因素，属于社会科学的范畴。

二、人口再生产的分类

根据不同的研究目的，按照不同的标志，人口再生产有不同的类型。

（一）从社会和家庭角度考察，可将人口再生产划分为宏观人口再生产与微观人口再生产

虽然人口学主要从社会的角度研究人口再生产，但是，家庭是社会的细胞和人口再生产最基本的单位，家庭人口再生产决定了一个社会家庭成员的数量和家庭内部的关系。因此，从家庭的角度来观察和研究人口再生产对于深入揭示人口再生产的内在规律及影响因素具有实际意义。从社会和家庭的角度考察，人口再生产可分为宏观人口再生产与微观人口再生产。宏观人口再生产是指从社会整体来研究人口的世代更替过程。人与动物的本质区别在于人是社会的人，人口的生产和再生产总是在一定的社会条件、社会生产方式下进行的。所以，人口再生产具有社会整体性。从宏观的角度研究社会人口的变动规律或趋势，阐明人口变动与社会经济之间的内在联系，具有重要的意义。

微观人口再生产是从家庭个体来研究新一代人口的出生、成长，老一代人口的衰老、死亡的世代更替过程。家庭是人口再生产的基本单位，一切人口活动都离不开家庭。社会关系对人口再生产的影响都是通过家庭来实现的，微观人口再生产是宏观人口再生产的基础，微观人口再生产的总和就构成宏观人口再生产。微观人口再生产是从家庭个体来研究人口更新和变动的生物过程和社会过程。

宏观人口再生产与微观人口再生产既有紧密的联系，也有很大的区别。从人口再生产的历史发展过程看，总会有一些家庭在扩大，也有一些家庭在缩减甚至因某些因素的影响而中断，但是，由无数多个家庭人口再生产总和而成的宏观人口再生产却无论如何也不会中断。此外，宏观人口再生产是为了实现人口与社会其他要素的协调发展，最终要体现在社会生产力和经济发展对人口的要求上。从社会发展的不同历史阶段看，有时社会生产力和经济的发展要求宏观人口再生产扩大规模，但出于经济因素的考虑，家庭不愿多生育子女；有时社会要求家庭缩小人口再生产规模，而家庭则从自身利益考虑，要求多生子女，扩大家庭规模。因此，宏观人口再生产与微观人口再生产总会出现矛盾和不一致，其根源在于社会利益与家庭利益的矛盾冲突。

（二）从人口更新的范围、内容来看，人口再生产还可分为广义人口再生产和狭义人口再生产

广义人口再生产是指由人口的自然变动、迁移变动和社会变动所引起的人口的更新变化。人口的自然变动是人口再生产的基本内容，是由人口的出生与死亡决定的人口的增加或减少；人口的迁移变动是指人口在空间位置上的变更，人口的迁入与迁出达到一定的规模时，会对特定地区的人口更新变动产生较大影响；人口的社会变动是指由于人口的社会构成发生变化而引起的人口更新。这种更新不仅导致人口社会素质的变化，而且还会引起人口迁移变动，进而导致人口的空间组合状况改变，即人口的区域分布发生改变。

狭义人口再生产仅指由于人口的出生、成长、衰老、死亡而引起的人口世代更新，即人口的自然变动过程。人口学研究中更重视狭义人口再生产，但是，狭义人口再生产绝不是一种单纯的人口自然现象，它要受到社会诸多因素的影响，各个国家或地区人口出生率、死亡率的高低主要是受其社会的政治、经济、风俗、宗教、文化教育等因素的综合影响。本章所研究的是狭义人口再生产。

三、人口再生产的特点

在社会的两种生产中，人口再生产与物质资料再生产比较，具有自己相对独立的特点：

（一）生产成果不同

物质资料生产的成果表现为可供人类生产和生活需要的物质产品和精神产品，是人类存在的物质基础，其形态包括生产资料和消费资料。人口生产的成果是人类自身，其具体形式表现为具有一定数量和质量的人口，是由不同年龄、性别、社会特征的人所组成的人口总体。人口再生产包括原有人口生命的生产和新人口生命的生产。人口再生产的产品就是具有一定的体力、智力及思维的有生命的人及人口。人口再生产的不间地断进行，人类即不间断地延续下去。

（二）生产单位不同

物质资料再生产是通过企业、农场等生产组织形式和生产单位来实现的。在企业范围内，通过各种生产环节如采购、加工、包装、销售等实现价值的转移和创造。物质资料的生产需要大量的劳动力和生产资料相结合，将人的体力和智力通过使用一定的劳动手段作用于特定的劳动对象，而形成劳动产品。人口再生产则是以婚姻家庭形式来组织生产。人口再生产是男女之间结成一定的婚姻关系组成具体的家庭的条件下进行的。家庭是人口再生产的实现单位。家庭是社会的细胞，正是无数多个家庭实现的人的生命的生产和再生产，才使得整个社会的人口的生命的生产得以实现。

（三）惯性作用不同

所谓惯性，即物体保持原有运动状态的一种性质。在物质资料的生产过程中，如果社会需求发生变化，可以采取如调节社会需求与生产供给或其他手段，使物质资料的生产较快地重新保持某种平衡而继续发展，很少产生惯性作用。但是，人口再生产因其生产成果是具有生命的人，不可能在短期内采取强有力的手段而达到某一适度的速度或规模，因此，具有一定的惯性作用。人口再生产的惯性作用表现在一代人口的增减决定了下一代人口的持续增长或减少的趋势。一个快速增长的人口总体，不可能立即实现零增长，一个低速增长或负增长的人口，也不可能马上启动其快速增长，而且，人口再生产中的生育高峰也会有在后来的某一时期重复出现的趋势。人口再生产的惯性作用是人类自身运动机制（出生、死亡和自然增长）作用的结果。

（四）再生产周期不同

物质资料生产周期是指某种产品的生产从第一个生产过程结束到第二个生产过程开始所需要的时间，是生产时间和流通时间的总和。物质资料生产周期因生产的性质、产品的形态不同而各不相同，农产品生产周期一般为半年或一年，工业产品的生产周期有长有短，大多比农产品周期短。人口再生产周期是指一代人生育下一代人的间隔时间，即育龄妇女生育的女儿成长为育龄妇女进入生育期，一般为15年以上，周期较长。

四、影响人口再生产的因素

人口再生产是生物过程和社会过程的统一，因此，影响人口再生产的因素就必然包括生物因素与社会因素。

（一）生物因素对人口再生产的影响

人作为有生命的动物，与其他动物一样，有其遗传、变异以及出生、成长、衰老、死亡的过程，而这些过程必然受生物学规律的制约。生物因素对人口再生产的影响主要反映在人口的出生（生育）和死亡上。首先，从人口的出生（生育）来看，作为一种新生命的诞生过程，与生物因素有直接关系。生育必须要有两性的性交行为，且男性的精子与女性的卵子要能够结合产生胚胎，即女子有受孕的机会。而妇女的生育能力与受孕机会与妇女的身体健康状况及年龄大小有密切关系，这是受生物学规律所决定的。人类发展的事实及医学研究证明，人口的体力和智力的发育与生物学规律的作用分不开，血缘远近对后代体质和智力发育有重大影响。其次，人的死亡作为生命过程的终结，无非三种原因所致：微生物和病毒的侵袭；人体中某种化学元素积累过多或过少；物理机械损伤。其中，前两种疾病均与人们生活的自然条件有密切关系。从人口的形态、体格、寿命长短看，因性别、种族不同而呈现差别，如世界各国人口统计表明，女性的平均预期寿命都高于男性，男性平均身高超过女性，这些现象只能认为是自然或生物因素作用的结果。

（二）社会因素对人口再生产的影响

社会因素涵盖面非常广，包括经济、婚姻家庭、文化教育、宗教信仰、道德、医疗卫生、政策法令等诸因素。社会因素是社会生产方式决定人口再生产的中间环节，它们在不同方面、不同程度上制约着人口再生产两大因素——生育率和死亡率。

在社会因素中起决定性作用的是经济因素，主要表现在生产关系的性质及生产力的发展水平对人口生育率及死亡率的制约作用。首先，生产关系决定了生育的性质，在不同社会制度下，人们的生育行为服从于不同的目的，表现出不同的特征。其次，生产关系制约人口的生育与死亡状况，在奴隶社会，生产资料为奴隶主所占有，奴隶在极端低下的生产力水平下从事沉重的生产劳动，奴隶死亡率很高，而且，奴隶不会从劳动力延续的角度关心生育，因为，这是奴隶主的事情。在封建社会，大部分土地为地主所占有，只有部分农民拥有一小部分土地，无论是租用地主土地的农民还是自己耕作的农民，都会从农业生产的角度考虑劳动力的延续事情。因此，客观上会促进农民生育率的上升。但是，在封建社会，统治阶级在经济上占优势，其死亡率较被剥削阶级低。在资本主义社会，劳动阶级的生育行为受剩余价值规律的支配，劳动力的供给必须服从资产阶级追求利润最大化的原则。随着资产阶级对利润的疯狂追逐，资本有机构成不断提高，资本主义生产对劳动力数量的需求减少，而对劳动力的质量要求愈益提高，迫使劳动阶级推迟结婚生育时间，减少生育数量，增加对家庭人口的智力投入。因此，在资本主义社会，劳动阶级的生育行为是围绕资产阶级在追逐利润最大化过程中对劳动力的需求而进行的。

在非经济因素中，婚姻家庭形式、文化教育因素、医疗卫生事业的进步以及上层建筑等，对人口的出生与死亡均会产生影响，本教材其他章节将对此进行详述，在此不做具体阐释。

第二节 人口再生产类型及其转变

在不同的社会生产方式下，人口再生产（狭义人口再生产）各要素的组合状况各不相同，因而也就形成不同的人口再生产类型。

一、人口再生产类型的涵义

人口再生产类型是指与一定的社会生产力水平相适应的人口出生率、死亡率以及人口自然增长率三者相结合而形成的人口再生产的特征。它表明人口在不同社会条件下的发展状况，从人类历史看，人口再生产具有一定的阶段性，即在不同的历史时期，人口再生产诸要素的结合状况各不相同，但是，这种结合也并不是偶然或外在的力量强加的，是与当时的社会生产力发展水平相适应的。考察人口再生产的发展历程，主要有三种类型：原始人口再生产类型、传统人口再生产类型与现代人口再生产类型。现分述如下：

（一）原始人口再生产类型

原始人口再生产类型是人类最早的人口再生产类型，表现为极高的死亡率和只可能补偿极高死亡率的极高的出生率，人的寿命很短，世代更替迅速，人口增长呈相对静止状态。原始人口再生产类型是与生产力水平极低的采集、狩猎占有经济相适应。

（二）传统人口再生产类型

传统人口再生产类型的特征是高出生率、高死亡率以及由此形成的低人口自然增长率。与原始人口再生产类型相比较，传统人口再生产类型的死亡率有所下降，平均预期寿命有所延长，但死亡率依然较高，出生率也高，人口自然增长率有所提高，但依然较低。传统人口再生产类型是与以手工劳动为基础的农业经济相适应。

（三）现代人口再生产类型

现代人口再生产类型的特征是低出生率、低死亡率和低自然增长率，人口世代更替速度缓慢，人口平均预期寿命高。现代资本主义社会和社会主义社会基本上都属于这种类型。现代人口再生产类型是与以现代化科学技术为基础的工业化生产经济相适应。

人口再生产类型是随着社会生产力的发展而发生变化的。社会生产力由低级相高级逐渐演进，人口再生产类型也随着生产力的演进而不断由低级向高级发展，这是不以人们的意志为转移的人口规律。人们不可能人为地选择哪种人口再生产类型，因为人口再生产必须受很多客观因素所制约，但是，人类可以创造一些条件，促成人口再生产类型由低级向高级转变。

二、人口转变的内涵及条件

（一）人口转变的内涵

人口转变即人口再生产类型的转变，是指随着社会生产力的进步，人口再生产类型逐渐由低级向高级演进的过程。人口再生产的发展与物质资料生产的发展一样，有其自身的规律性，任何国家、任何民族的人口都要经历一个人口再生产类型的转变过程。所不同的是，不同国家人口转变发生的时间及持续时间长短各不相同。在人类历史上有两次人口转变。第一次是由原始人口再生产类型转变为传统人口再生产类型，发生在原始公社后期。这次转变是以新石器代替旧石器开始，到金属工具的使用完成。第二次人口转变是由传统人口再生产类型转变为现代人口再生产类型，发生在产业革命时期，是随着生产力水平的迅速提高及科学技术的巨大发展而实现的。由于第一次人口转变发生在人类的早期，距今时代久远，既难以考究，也缺乏对现实的指导价值，所以，人口学仅以第二次人口转变即传统人口再生产类型向现代人口再生产类型的转变作为自己的研究重点。

（二）人口转变的过程

根据对世界上已经完成人口转变的国家的研究，一个国家的人口转变一般要经历4个阶段。以芬兰为例，其人口转变大致经历了如下阶段：

第一阶段：高位静止阶段。在这一阶段，人口出生率很高，人口死亡率也很高，因此，人口自然增长率很低，甚至没有增长。例如，芬兰1785～1790年，人口出生率为38‰，人口死亡率为32‰，人口自然增长率为6‰。

第二阶段：初期高增长阶段。该阶段人口出生率依然很高，人口死亡率下降，因此，人口自然增长率高。例如，芬兰1825～1830年，人口出生率为38‰，人口死亡率为24‰，人口自然增长率为14‰。

第三阶段：后期高增长阶段。该阶段人口出生率下降，人口死亡率下降，因此，人口自然增长率仍然高，人口继续增长。例如，芬兰1910～1915年，人口出生率为29‰，人口死亡率为17‰，人口自然增长率为12‰。

第四阶段：低位静止阶段。这一阶段人口出生率和死亡率都降到很低的水平。因此，人口增长非常缓慢，基本上处于静止状态。例如，芬兰1970～1976年，人口出生率为13‰，人口死亡率为10‰，人口自然增长率为3‰。

在由传统人口再生产类型向现代人口再生产类型的转变过程中，一般总是人口死亡率首先下降，然后是人口出生率下降，因此，中间都有一个过渡阶段和相应的过渡类型。从欧洲资本主义国家的人口发展历史看，由传统型过渡到现代型经历了3个阶段。第一阶段，死亡率开始逐步下降，但出生率基本不变，人口自然增长率上升，人口增长速度加快。第二阶段，人口死亡率继续稳步下降，出生率也开始下降，但前者下降速度快于后者。第三阶段，死亡率逐步下降到一个稳定阶段，变化较小，人口出生率也继续下降到等于或约高于死亡率，人口自然增长率降到低水平。实际上，人口转变时期的长短，主要取决于过渡阶段的长短。

（三）人口转变的条件

由传统人口再生产类型向现代人口再生产类型的转变，是人口再生产的深刻飞跃。在这一过程中，社会生产力的进步，起着关键性的作用，是导致人口转变的客观基础。从已经实现人口转变的国家看，人口转变开始于死亡率的降低，而导致死亡率下降的直接因素是社会生产力的发展使人们提高了对恶劣环境的抵抗力，生活水平的提高，以及医疗技术的进步对各种疾病的防御、诊治。但是，从人口转变的关键阶段看，出生率的下降最主要还是得益于工业革命和社会化大生产。由于社会生产力的发展，对劳动力的需求内容、层次发生变化，从而促进人口出生率的下降。比如，欧洲资本主义国家的出生率下降无不是建立在广泛采用机器和现代科学技术的前提下。首先，资本主义现代生产力的发展对劳动力的需求发生了质的变化：一方面，生产的技术构成不断提高，对劳动力的数量需求减少，而对劳动力的质量要求愈来愈高，客观上促使社会和家庭重视人的智力开发，提高劳动者的文化和科学技术水平。在这样一种背景下，人们必然会考虑调整自己的生育观念与行为，推迟生育时间或减少生育孩子的数量。其次，资本主义社会化大生产与技术进步，也导致就业压力并迫使劳动者家庭不得不控制生育。在资本主义现代化大生产方式下，生产过程中所需要的劳动力商品是受资本有机构成中的可变资本的数量制约的，当市场上劳动力的供给超过了资本所能购买的劳动力时，必然导致一部分工人失业。因此，工人阶级为了适应资本对劳动质量的要求，在就业压力下，不得不考虑使自己的子女接受较高层次的教育，以获得更多的就业机会，从而被迫控制生育数量。第三，孩子抚养成本的上升，对家庭的经济贡献下降，老年人生活主要靠社会保障。在手工劳动的条件下，劳动者不需要受很高的文化教育，培育费用低廉，孩子很早就参加生产劳动，为家庭挣得收入，老年生活主要靠子女保证，所有这些导致多育。而在资本主义社会化大生产条件下，劳动者必须接受相当高的教育或系统的职业技术培训，才能适应生产发展的需要，参加劳动的年龄后延，培育费用上升，而孩子对家庭的贡献也在下降，家庭培育费用支出增加，因而导致生育观念和生育行为的改变，由多育到少育。

总之，社会生产力是决定人口转变的基本力量，它通过一系列中间环节如社会、经济、文化等的变化，通过社会上层建筑、生活方式特别是婚姻、生育观念的变化，才能逐步引起人口出生率和死亡率的变化，从而导致人口再生产类型的转变。当代世界上，经济发达国家大都完成了人口转变，亚洲、非洲、拉丁美洲的发展中国家，正处于转变的过程中。西方资本主义国家人口转变是一个漫长的过程，大致经历了100多年的时间。随着经济的发展和科学技术的进步以及人们对人口发展规律的认识，人口转变的速度可以加快，时间可能缩短。

第三节 人口转变理论简介

一、西方人口学家的人口转变论

（一）人口转变论概述

人口转变论，也称人口过渡论或人口演变论。西方最早的人口转变论诞生于20世纪30年代，盛行于20世纪60年代，是当代西方最有影响的人口理论之一。因此，被世界各国人口学教科书所广泛介绍和采用，并成为诸多国家制定人口政策和编制人口计划、预测人口发展趋势的重要理论依据。

西方人口转变论声称其主要观点来自于对历史经验和实际资料的分析，而不是纯粹理论演绎的结果。具体而言，它是一种联系社会经济发展，以欧洲人口出生率和死亡率的历史资料为依据，对人口发展必然经历的不同阶段做出描述性的分析和说明，并以此论证当前不同国家人口发展的特征和未来人口发展的趋势。他们认为，欧洲各国的人口统计历史资料有两个最基本的事实：第一，人口出生率和人口死亡率在传统社会高，而在现代社会都很低；第二，由传统社会向现代社会发展过程中，人口出生率和死亡率都经历了一个由高到低的转变过程。他们宣称，尽管这两个最基本的事实在不同国家或地区会表现不同，因而会各具特点，但是，人口出生率和人口死亡率由高到低的转变都是具有普遍意义的。

在西方，最先提出人口转变论的学者是法国人口学家阿道夫·兰德里（Adolphe Landry，1874～1956），他把法国自 19 世纪后半期开始的由人口增长到人口停滞和衰退的过程称为人口自身发展中的革命，即根本性的人口变革或者人口发展模式的彻底改变。他在 1934 年出版的《人口革命》一书中，对“人口革命”产生的原因以及特点，“人口革命”之后人口发展变化的可能趋势作了详细的论述。其间，他还发表了题为《人口的三种主要理论》的论文，提出了和经济发展相适应的人口发展阶段：原始阶段、中间阶段和现代阶段。他把这三个阶段的转变称为“人口革命”，并提出了系统的人口转变论。

第二次世界大战后，人口转变论体系得以形成，其中，英国人口学家布莱克（C. P. Blacker，1895～?）和美国人口学家弗兰克·诺特斯坦（Frank. W. Notestein，1902～1983）对人口转变理论的贡献最大，尤其是弗兰克·诺特斯坦对战后人口转变的条件和原因作了比较详尽的论述，也因此而成为当代人口转变理论的主要代表人物。他强调必须把人口变动同社会经济发展联系起来考察，在分析社会经济条件对死亡率和出生率的影响时，他认为“社会经济组织及其变动问题，比技术进步问题更为重要”，指出发展中国家“单靠控制人口是不能解决贫穷问题的，只有靠增长的生产才能最终解决”，因此，“发展中国家应尽可能快地实现现代化”。

继弗兰克·诺特斯坦之后，许多学者也提出了一些有关人口转变的新的看法，如美国社会学家戴维斯和人口学家哈维·莱宾斯坦等。联合国出版的《人口趋势的决定因素与后果》最先总结了欧美学者关于人口转变的观点，认为：西方国家死亡率的下降是由于社会经济条件的改善，农业革命和工业革命导致了人民生活水平的提高，以及医疗、教育水平的提高，从而促进死亡率的下降。而生育率的下降则是复杂而相互联系的社会经济因素作用的结果，如人口城市化、个人欲望、妇女地位、宗教兴趣和死亡率的下降等。

1. 早期的人口转变论　早期的人口转变论是指 20 世纪 30 年代的人口转变论。其代表人物是法国著名的人口学家阿道夫·兰德里（Adolphe·Landry，1874～1956），他是人口转变论的奠基人。他在 1934 年出版了自己的代表作《人口革命》，在书中兰德里以西欧特别是法国的人口统计资料为依据，分析了人口出生率和人口死亡率的变动，并把人口发展、演变的历史过程划分为 3 个阶段。他认为在社会、自然的各种因素中，经济因素特别是生产力对人口自然变动的影响很大，提出了经济人口进程的概念。他认为人口发展的 3 个阶段为：①古代的或原始的阶段，是生育没有限制的时代。在该阶段，社会生产力水平很低，经济发展非常缓慢，人口数量和衣食等维持生存必要的生活资料的数量之间有非常密切的关系。由于婚姻习俗等关系，生育率没有必然达到生理上的极限，然而它不受任何来自经济因素的限制。经济因素主要是通过死亡率来影响人口的发展，而人口死亡率的变动在很大程度上依赖于食物供应量，人口的变化与食物的供应量成正比。西欧整个史前时期直到新石器时期为止，人口的发展就处于这个阶段。②中间的或中期的阶段，属于限制生育达到普及的时代。在该阶段，社会生产力有了进一步发展，人们的生活水平已经有所提高，社会能够提供的生活资料已经不限于维持最低生活，生产和消费方式已经发生了改变，它影响了整个经济的发展和需求的变化趋势。经济因素通过影响婚姻来影响生育率，人们为了维持较高的生活水平往往晚婚或不结婚，从而影响生育率和人口增长。西欧从新石器时期直到中世纪的全部时期就属于这个阶段。③现代阶段，是人们自觉限制家庭规模的阶段。在该阶段，物质生产和各种福利有了更快速的进步，经济发展已经达到很高的水平，人们的生活水平普遍提高，生育观念也有了根本转变，个人和家庭自觉避孕节育已成为社会风气。而且，在该阶段人口死亡率已降到很低水平，因而保持人口群体的繁衍已经没有必要生那么多的孩子。人们自觉地限制生育，并不单纯为了维持或提高原来的生活水平，而是存在着经济的、社会的、心理的复杂意图。经济因素在该阶段已不再起它们在前两个阶段那样的作用，生育率下降是自觉而普遍的家庭限制的结果。欧洲产业革命以来的时期，就属于这个阶段，兰得里认为，与前述3个阶段相适应，出现了人口再生产的3种类型，而人口再生产类型的变化，就是一次人口革命。所以，兰德里的人口转变论，又称人口革命论。

2. 当代的人口转变论　当代的人口转变论是指第二次世界大战后的人口转变论，其主要代表人物是布莱克和弗兰克·诺特斯坦。

英国著名人口学教授布莱克（C. P. Blacker，1895～?）在1947年发表的《人口增长的阶段》中发展了兰德里提出的人口转变论，是当代人口转变论的重要代表，他最先提出了人口转变的5阶段模型，即高位静止、初期增长、后期增长、低位静止、减退阶段。

第一阶段：高位静止。表示人口出生率和人口死亡率都保持高水平，人口在高出生率和高死亡率的基础上实现平衡，基本处于没有增长的静止状态。通常这一阶段是以农业为主的国家所共有，因为人们生活水平很低，年出生率和死亡率介于40‰～50‰之间。

第二阶段：初期增长。表示人口出生率保持高水平或静止不变，而人口死亡率却开始缓慢下降。死亡率的下降是由于在经济发展的刺激下，公共保健服务增加。这种下降很缓慢是由于还缺乏资金、药物、临床和医生等条件。由于人口出生率未变，仍维持着以前的高水平，因而人口开始增加，并逐渐达到最高的人口增长率。

第三阶段：后期增长。表示经济进一步发展之后，人口死亡率下降到接近可能达到的最低限度，人口出生率也开始迅速下降，但人口出生率仍然高于人口死亡率，通常人口出生率与人口死亡率为16‰～20‰和12‰，人口增长速度缓慢下来。

第四阶段：低位静止。表示人口出生率和人口死亡率都处于低水平，人口在低出生率和低死亡率的基础上实现平衡，基本上是没有增长的静止状态。在该阶段，工业化与城市化都达到了较高水平，人们的现金收入或实际收入都已有较大的增长，文化教育水平都已提高，人们更重视子女的素质，并且习惯使用避孕方法。

第五阶段：减退。表示人口出生率和人口死亡率相交叉，死亡率高于出生率，人口处于绝对减少状态。这种状态并不是普遍存在，但在世界上确实有一些国家出现过，即人口处于负增长阶段或萎缩阶段。布莱克认为，人口发展的这5个阶段是根据发达国家的人口发展资料来划分的，发展中国家还没有经过这5个阶段，还处在人口转变的过程中。

当代人口转变论另一位代表人物是美国著名人口学家弗兰克·诺特斯坦(Frank. W. Notestein，1902～1983)。1936年他建立了美国普林斯顿大学人口研究所，1946年又帮助联合国建立人口处，并担任第一任处长，1959年任联合国人口理事会主席。在其《人口变动的经济问题》等著作中继承并发挥了兰德里的人口转变论。他从宏观方面论证了人口转变的经济根源，认为决定生育率下降的是工业化、城市化、经济现代化等因素。他认为，现代化使生活水平提高以及控制疾病的新手段的采用等原因，促使人口死亡率下降，城市化的生活方式、子女培育费用的增长，妇女社会地位的上升和就业率的提高，摈弃了传统的家庭观念，使人们的生育率下降。早在1944年，他就预言第二次世界大战结束后，不发达地区人口的发展将会出现西欧人口转变过程中出现的人口出生率高而人口死亡率下降所经历的人口加速增长现象，从而构成人口压力，阻碍这些地区经济的发展。他证明人口再生产类型的演变，不仅适用于欧洲、北美等地区，也适用于亚洲、非洲和拉丁美洲等发展中地区，是生产力由低级向高级发展所必然导致的普遍的客观规律。他把由农业社会向工业社会过渡的人口转变过程分为4个阶段。第一阶段是工业化以前的阶段，人口出生率保持稳定的高水平，人口死亡率也处于高水平但略有波动起伏，人口自然增长率很低；第二阶段是工业化的初期阶段，人口出生率基本上保持不变，人口死亡率开始下降并且逐渐加快，二者差距逐渐加大，人口自然增长率逐渐上升；第三阶段是工业化进一步发展阶段，人口死亡率继续下降，人口出生率也开始下降，但起初下降的速度慢于人口死亡率的下降速度，二者的差距加大，从而导致人口自然增长率在该阶段最高；第四阶段是完全工业化阶段，也就是完成向“城市工业社会”转变和实现现代化的阶段，在该阶段，人口出生率和死亡率已降到很低的水平，而且死亡率保持稳定的低水平，人口出生率略有波动并趋于更替水平，人口自然增长率很低，甚至降到零或零以下。诺特斯坦把人口转变论推进到了一个新阶段，西方人口学界一些人认为诺特斯坦是人口转变论的完成者。

美国经济学家金德伯格和赫里克在1958年和合著的《经济发展》一书中，也对人口转变进行了分析，他们把人口转变分为4个阶段。第一阶段：人口出生率和人口死亡率都很高，人口再生产未达到生理上的极限，但大体上不受控制。每年的人口死亡率变动极大，粮食欠收和粮食价格高昂以及饥荒等降低了抗病能力，接着从普遍的营养不良和健康不佳开始的循环由时疫来完成，所以人口死亡率很高；第二阶段：人口死亡率开始下降，而出生率继续保持原来的水平。主要原因是卫生支出的增加和延长生命的科学技术的发明。由于人口出生率与人口死亡率成相反方向变化，差距拉大，导致人口自然增长率逐渐增高了；第三阶段：人口死亡率继续下降，但由于卫生支出的收益进一步递减，人口死亡率下降的速度减慢，人口出生率同样下降，这主要得益于城市化、教育和更有效的避孕技术的综合力量，结果人口自然增长率保持在很高的水平；第四阶段：人口出生率和人口死亡率达到均衡。在该阶段，进一步降低人口死亡率越来越困难，而人们普遍渴望建立小家庭以及经济的压力，人口出生率也很低，结果如同第一阶段一样，人口自然增长率又一次接近于零。

3. 对人口转变论的简要评价　人口转变论自 20 世纪 40 年代以来，已引起诸多争论，以科学的观点审视其内容，既包括合理的、可借鉴的成分，固然也存在一定的局限性。

(1) 关于人口转变论的区域适应性问题：由于人口转变论的研究依据是西欧主要国家的人口资料，所以，有些学者就怀疑该理论能否适用于解释其他地区的人口发展过程，即人口转变论的区域适应性问题。关于区域适应性问题的争议主要集中于它能否适合于发展中国家，后来扩展到能否适用于社会主义国家，认为应当分别研究资本主义国家和社会主义国家的人口发展阶段。有的人怀疑工业化在社会主义国家是否有同在其他国家一样的影响，怀疑西方资本主义国家的经验建立起来的人口转变理论对亚洲、非洲经济欠发达的第三世界国家的有效性，其怀疑的理由主要有：①第三世界国家无论是在经济还是社会发展方面都与欧洲 19 世纪的情况不相同；②第三世界的经济历史沿着非常不同的道路发展，它们同欧洲不仅在发展的时间顺序和速度上不同，而且在特征上也不同；③人口转变论用作描述第三世界人口死亡率和出生率下降的手段已经被证明是不适宜的，人口转变论已被一些新的理论如生育率转变论、流动转变论所代替。

(2) 人口转变论有其积极意义：自人口转变论问世以来，已有 70 余年历史，该领域的研究成果不仅被用来分析发达国家的人口发展，而且也被广泛运用于分析发展中国家的人口转变过程，也包括社会主义国家。人口转变论理论上的意义在于：①以人口出生率、人口死亡率、人口自然增长率为主要标志的人口发展阶段和人口再生产类型的划分，这种划分才使人们有可能科学的研究人口发展规律，是科学揭示人口发展规律的前提；②指明了随着现代化的发展，人口出生率和人口死亡率最终必然要发生从高到低的转变，人口迟早要达到零增长以致负增长。同时，不仅看到了人口转变的必然趋势，而且企图描述人口转变的轮廓；③在分析人口再生产类型转变时，抓住了社会生产力的发展和科学技术的进步这一根本原因，把人口转变看成是经济、社会发展所决定的一种必然趋势，而不是把人口发展看成是一个独立的自行运动过程，而是与社会经济条件的变化有密切关系的过程。人口转变论的以上基本原理，之所以被许多人口学者所接受，主要是因为在人口研究的实践中已经证明这些原理对分析人口发展的历史和现状、预测未来人口发展的趋势等来讲，是十分有意义的理论工具。

(3) 人口转变论也存在局限性：人口转变论也存在不科学、不完备的地方：①它把人口发展和社会生产方式的演变割裂开来，否认社会生产方式对人口发展的决定作用，没有把人口再生产类型的转变置于社会生产力、生产关系的矛盾运动中来观察；②把人口发展完全看成是随经济发展、变化而发展变化的消极、被动的过程，不了解人口对经济、社会具有巨大的反作用。人口转变固然要以经济、社会的发展为基础，但是又可以加速经济、社会的发展。人口转变可以发生在经济增长之后，也可以与经济增长同步运行，甚至也可以通过加速人口转变来促进经济的发展。西欧的人口转变论者往往把西欧的人口转变看成是人口转变的唯一模式；③西方的人口转变具有反对社会革命，为资本主义进行辩护的成分。欧美的人口转变论者认为，生育率下降已使过剩人口消失了，不再需要改变社会经济制度来解放生产力，来促进经济、社会的发展。

二、孩子成本——效用理论

西方人口经济学家在分析生育率时，认为家庭在生育决策上是基于对孩子成本与效用的估算。在他们看来，在一切都商品化的时代，生产任何商品都有一定的成本，孩子也不例外，父母生产孩子这种商品也得付出一定的成本，而他们之所以要生育孩子，是因为孩子对父母或家庭有价值或效用。在西方，运用经济理论或概念分析抚养孩子的成本和效用，最早是由美国哈弗大学经济学教授哈威·莱宾斯坦（Harvey Leibentein）提出来的，他首先提出有关生育决策的边际合理模型。在人口经济学的探讨中，他的贡献在于利用孩子的成本效用分析并建立了生育的微观经济模型，为西方人口经济学的研究拓展了一个新的领域。此后，西方学术界对微观人口经济学进行了广泛的探讨和研究。

（一）孩子的成本

西方人口经济学家认为，在资本主义条件下，子女的抚养和培育主要是由家庭承担，人口再生产的费用是家庭支付的。家庭花费在抚养和教育子女身上的资金和时间就是孩子的成本。父母抚养和教育孩子的成本可以分为两个部分：直接成本和间接成本。一般来说，孩子的成本是指把一个孩子从怀孕起抚养到他（她）生活自立时为止所需要的各种抚养费用、教育费用、医疗费用和其他支出以及父母为抚养孩子所损失的时间。

1. 孩子的直接成本　抚养和培育一个孩子的直接成本包括按照正常社会标准，一个新生孩子的衣、食、住、行的费用，孩子受教育的费用和各种文化娱乐活动的费用。另外，按照一些国家的社会风俗习惯，直接成本还包括由父母正式支付或补贴给孩子的婚姻支出（如嫁妆、聘金、婚礼等的支出）。

2. 孩子的间接成本　孩子的间接成本是指因抚养或培育一个新增孩子，父母损失受教育和带来收入的机会，所以，又称机会成本。首先，应包括母亲妊娠期间、哺育期间所损失的工资收入，母亲因照料孩子失去的受教育的机会和工作机会，失去了工作就是失去赚钱取得收入的机会，这就是父母失去部分稀缺资源——时间；其次，在怀孕和哺育期间，父母的流动性减少而损失的收入；再次，由于照料和抚养一个新增孩子，父母以及其他家庭成员消费水平的下降以及时间的损失等等。由于时间对于父母具有格外重要的价值，所以，间接成本在表现形式上主要为时间的损失。这种因抚养和教育孩子造成的父母时间的损失，西方人口经济学家又把它们称为时间成本，主要包括3类：①损失直接从事生产劳动或工作的时间；②并没有包括在直接成本和间接成本之中的其他时间的损失，如闲暇时间的损失；③与某些消费形式相联系的由于时间损失而不能进行这些消费所作出的牺牲。这些消费形式并不是简单地同收入损失相联系。

无论是孩子的直接成本还是间接成本，在西方微观人口经济学家看来，都是父母所作出的牺牲，或者是一种损失。这种牺牲或损失又被看成是负效用。所谓负效用，是指某种商品或劳务所具有的引起人们不舒适的或痛苦的能力。孩子对父母来说的负效用，是指抚养孩子所花费货币成本（包括直接支付的和时间损失折合的货币）给父母带来的不愉快或痛苦的感受。所以，父母关心的是直接或间接花费在孩子身上的货币成本的效用价值。这种效用价值，又可称为效用成本。当货币成本的效用不变时，货币成本的效用价值是可以上升的。如果假定新增孩子的货币成本数量不变，只是效用价值上升，则父母作出的牺牲增加，同时，孩子的负效用增大。孩子的负效用存在着地区差别，而且，即使在同一国家或地区，因所处的时代不同或父母所处的社会阶层不同，孩子的负效用也千差万别。但是，其共同点是，孩子的负效用会随孩子货币成本效用价值的变动而变化。

（二）孩子的效用

西方人口经济学认为，父母抚养和培育孩子花费了成本，那就要从孩子身上获得效用和收益，求得满足。简单地说，父母从孩子身上获得的满足和收益，就是孩子的效用。“效用”一词，源于西方经济学上的概念，是指消费者从消费某种商品或劳务中所获得的满足，并且这种满足是人的主观感觉。H·莱宾斯坦等人把“效用”引入人口经济学，分析孩子给父母带来的满足和满足程度。如同个人在消费商品或劳务中获得满足一样，父母也从孩子身上获得满足。商品或劳务是否具有效用以及效用的大小，取决于消费者的主观感受，因而，效用具有很强的主观性，并没有严格的客观标准。效用是商品或劳务满足人们需要的能力，它表示的是商品或劳务在同一个人的愉快或痛之间的关系。某种商品或劳务具有效用是指一个人在消费或预期消费该商品或劳务的时间内感到愉快或防止痛苦。孩子也可以给父母带来愉快或防止痛苦，这就是孩子具有的效用。孩子的效用大体上分为以下几种：①消费效用。消费效用是指孩子被看成消费品，孩子作为父母快乐的源泉所具有的效用。父母抚养和培育孩子，必然会从孩子那里获得欢乐、感情上满足的效用；②劳动——经济效用。劳动经济效用是指把孩子作准劳动力或劳动力给家庭带来经济效益。譬如，在发展中国家，孩子较早地加入劳动行列帮助父母做家务、农活或为别人打工，从而为家庭增加收入，父母获得劳动经济效用；③保险效用。保险效用是指发展中国家的社会保险事业落后，因而父母把自身年老的生活保障寄托在子女身上，尤其是儿子更是父母晚年经济生活的主要保障。因此，抚养和培育子女对于父母具有保险效用或者说孩子作为父母的潜在保险效用；④经济风险效用。经济风险效用是指孩子具有承担家庭经济成败风险的效用。如果一个孩子对某一家庭经济福利的预期贡献越大，说明该孩子承担经济经济风险的能力越大。这就是说，把来自未自立者的预期收入看作对承担家庭经济不确定性的报酬，因而具有经济风险效用；⑤长期维持家庭地位的效用。该效用是把子女看作对某一家庭的社会经济地位的维持起重要作用的因素，例如，按照某一社会的风俗习惯，承担某些社会义务和执行宗教礼仪是家庭地位的体现，所以，子女，主要是儿子具有长期维持其家庭地位的效用。还有把继承父母的遗产也看作未来家庭地位的体现，因而养育孩子继承父母遗产，也看作孩子具有长期维持家庭地位的效用；⑥对扩展家庭的效用。该效用是指把孩子看作是对家庭扩大和发展作出贡献的重要因素，因而孩子具有扩展家庭的效用。H·莱宾斯坦指出：“大多数发展中国家都存在一种对扩展家庭的强烈的责任感。这种责任在一定程度上是由一些大家中的核心夫妇来履行的，这些核心夫妇有足够多的孩子为大家提供收入、安全保障以及家庭的显赫威望。”因而，把生育子女看作是使家庭繁荣兴盛的必由之路，其理由是孩子对家庭具有扩展效用。

（三）孩子的成本——效用与人均收入之间的关系

由H·莱宾斯坦所创立的有关孩子成本和效用的微观人口经济学还分析了家庭收入变动对孩子成本和效用所产生的影响，其中主要讨论了发展中国家经济发展过程中形成的各种影响。

孩子的成本与人均收入的关系。孩子的成本与人均收入的关系是：无论直接成本和间接成本都是随着人均收入的增加而上升。这就是说，随着家庭收入的增加，父母花在孩子的抚养和教育上的费用增多，比如孩子会吃得好些，穿得好些，住得好些，这样，直接成本必然增加。随着家庭收入增多，父母参加生产性经济活动的机会可能增多，花费在消费活动上的时间价值也会增高，表明父母的时间价值增大，所以，孩子的机会成本即孩子的间接成本也随着收入的增加而增大。

孩子的效用与人均收入的关系。在上述的孩子的6个效用中最基本的是消费效用、劳动——经济效用和保险效用，因此，我们主要讨论这3种效用同收入之间的关系。首先，消费效用同人均收入之间的关系似乎很难确定。这就是说孩子作为消费品给父母带来的满足，对收入变动的反映非常迟钝，特别是对第一胎和第二胎来说，家庭收入提高了或是降低了，父母从孩子身上获得愉快的满足并没有多少差别。不过，有必要说明的是，如果家庭收入水平提高到享受较多奢侈品的程度，其结果可能出现较高胎次的孩子共同享受较多奢侈品而产生矛盾，这时也会出现较高胎次孩子的消费效用随着家庭收入增高而递减的现象。所以，一般来说，当家庭人均收入水平较低时，可假定收入变动而消费效用则不会发生大的变动。其次，孩子的劳动经济效用是随家庭人均收入的增加而递减。由于有较高的收入，家庭在提高孩子质量方面的投入增多，让孩子去接受更多的正规教育和技能训练，让孩子利用更多的时间去发展和提高自身，而不是要孩子过早地成为劳动力，为家庭创收。因此，家庭收入越高，从未来孩子身上获得的劳动经济效用就会越少。第三，孩子作为父母年老保险效用是随着家庭收入的增加而递减。由于收入提高，父母有可能将一部分收入储蓄起来或作为经济投资去获取利润，以便给他们的晚年保险打下基础，所以，孩子给父母带来的保险效用则会相对较弱，并呈一种递减趋势。

（四）基于孩子成本——效用比较的生育决策

H·莱宾斯坦对生育进行成本——效用分析的目的是为了解释在人均收入持续增长过程中出生率下降的问题。他说，他提出这种理论是假定每个家庭将从第n个孩子带来的效用和负效用达到均衡时来决定家庭中第n个孩子是否可取，在这里，关键取决于边际孩子的效用与负效用达到均衡，从而作出是否要n个孩子的决策，因此，只要对边际孩子作出合理的经济决策就行了。所谓边际孩子，是指父母所生育的孩子中最后那一个，具有生育增量的含义，也称新增孩子。边际效用是指购买者从多购买一单位的商品或劳务中多得到的追加满足，孩子的边际效用是指新增加一个孩子给父母带来的效用。在一个有几个孩子的家庭里，每个孩子给父母带来的效用不是相等的，而是随着胎次增高，每新增胎次生育的孩子的效用是下降的，即边际孩子或边际胎次生育效用递减。随着经济的发展，家庭人均收入上升，孩子的效用成本也随之增加，相反，孩子的边际效用或边际孩子的效用都随之下降。父母对一个边际孩子出生的决策是建立在以下关系上的：①当孩子的效用成本不变，随着人均收入增长，家庭意愿孩子数减少；②当孩子的成本随着人均收入的提高而增加时，家庭意愿的孩子数减少；③当孩子的效用成本随着人均收入的提高而上升时，家庭意愿的孩子数减少。在这里，是以发展中国家为研究对象，意在说明那种由较低经济地位低向较高经济地位上升的家庭想要的孩子数同人均收入之间的关系，即随着社会经济的发展，家庭人均收入的提高，意愿孩子数会依比例地减少。对于那些极富的家庭来说，维持地位目标的支出同他们的收入相比所占比重极小，因而维持地位成本以及与之相当的抚养孩子成本对于他们来说不是什么重要的限制，因此，他们比中等阶层会有较多的孩子。但极富阶层只占总人口中极小的比重，分析时可以略去不计。然而，对于发展中国家的贫困阶层来说，H·莱宾斯坦认为，低收入是一种限制，但并不是对维持地位商品的限制，他们的低收入是对基本生活必需品，如食物、衣服、住房等等维持生存的温饱商品的限制。在经济发展的初期，如果贫困阶层的温饱问题得到解决，人均收入的提高则会削弱对维持温饱商品的限制，因而家庭意愿的孩子数可能增加，其结果是生育率上升。但是，当经济进一步发展，当人均收入提高到家庭不再只是追求维持生存的温饱商品，而是追求维持地位商品，即对各种耐用消费品的需求增加，这时，人均收入的上升与家庭意愿孩子数之间可能出现上述的3种情况，即起到抑制生育率上升的作用。

H·莱宾斯坦对孩子的成本——效用分析是假定发展中地区的人口分为不同等级的社会经济地位集团。每个地位等级又由每户的平均收入来代表。经济发展造成了劳动力在地区分布和职业分布上的变动，总的来说，家庭逐渐地离开农业，转移到非农业的较高社会经济地位集团。因此，他分析得出的结论是：①社会经济地位越高，一个给定胎次孩子的非消费效用越低；②社会经济地位越高，花费在地位商品（其中包括作为地位支出的养育孩子的成本）上的费用占平均收入的比例越大；③社会经济地位越高，与其相应的孩子的间接成本越大，按照母亲损失的收入和时间来估算的间接成本更高。将以上前两项结合起来考察，说明社会经济地位越高，边际孩子的效用越大。这就意味着，对非极端贫困或富裕的社会经济集团来说，其社会经济地位越高，该集团内平均每户意愿的孩子数越少。同时也说明，随着社会经济的发展，对于中间等级的家庭来说，每户人均收入的提高，家庭意愿的孩子人数减少，因而，经济发展会导致较低的意愿生育率，即预期生育率较低。

另一位对生育率作过经济分析的是美国经济学家、诺贝尔经济学奖获得者、美国芝加哥大学著名经济学家贝克尔（GaryS. Becker）。他在莱宾斯坦理论基础上，提出孩子的净成本概念：它等于家庭为某个边际孩子预期支付的直接成本加上父母消耗的时间接成本（通过影子价格），减去该边际孩子提供的预期收入现值和劳务的现值。若净成本为正值，则该边际孩子相当于一般耐用消费品，父母仅能从该孩子身上获得满足心理要求的效益；若净成本为负值，则该边际孩子相当于一种耐用生产品，可带来价值增值。于是家庭可依据净成本正负，进行生育决策。

贝克尔对孩子成本——效益学说的发展，主要在于提出孩子效用最大化。他认为，随着家庭人均收入的增加，用在孩子身上的成本也相应增加。但由于孩子质量弹性远远大于数量弹性，这样，人们在追求孩子效用最大化时，往往偏好选择将投入放在提高孩子的质量而非数量上，即对孩子的投入由数量成本向质量成本转移。

(五) 对孩子成本——效用理论的简评

西方人口经济学家把"效用"、"边际效用"等西方经济学概念引入分析家庭抚养孩子的成本与效用之间的关系，考察孩子的边际效用或边际孩子的效用与家庭收入变量之间的关系。他们所讲的孩子的边际效用是从父母的感受、满足的心理状态出发，对家庭人口生育行为进行心理分析，这种心理分析带有很强的主观色彩。正是因为从心理状态分析出发，西方人口经济学家把家庭人口生产行为说成似乎与社会生产方式完全没有关系，这就掩盖了社会生产方式对人口再生产的决定作用。事实上，人口再生产是社会生产的形式之一，与物质资料生产一样，是在一定的社会生产方式下进行的，要受社会生产方式的制约。

当然，人具有社会意识，其中包括人的生育观念，对人们的生育行为有影响。如果完全否认意识对人们生育行为的影响是不科学的。在唯物史观的指导下，对人们的生育行为作一定的心理分析，是有益的。西方人口经济学的孩子成本——效用理论对分析我国生育率的下降也不无参考价值，近年来也得到了人口学界一些学者的认同和引用。

(唐贵忠)

第四章 人口分布、迁移与城市化

人口自身发展从历史的纵向表现为人口数量、素质和结构的发展变化；从一定时间横向表现为人口在地理空间的聚集、扩散与变动。时间和空间是人口过程存在的两种基本因素。从时间的发展上分析，可以把握人口的历史发展演变规律；只有从空间上来分析，才能掌握人口在空间地域上的横向发展变化规律。研究人口分布、迁移和城市化，就是为了揭示人口在地理空间上发展变化的规律性。

第一节 人口分布

一、人口分布的概念

（一）人口分布的概念

人口分布，即人口地理分布，是指在一定时间内人口在地理空间位置上的聚集或组合状况，简单地说，就是指在一定时间内人口地理空间的分布状况。人口分布不仅包括人口数量分布，而且包括人口素质、人口结构以及人类居住地的区域组合与区际联系。人口分布是人口现象在各地区内的历史发展与演变情况的结果，也是各种原因影响人口变动的具体表现。

从时间上划分，人口分布有两种表现形式，即人口静态分布和人口动态分布。人口静态分布是指在某一具体时点上人口在一定地理空间的集聚状况；人口动态分布是指在不同时点上人口在一定地理空间的聚集状况。人口静态分布是人口动态分布的结果，人口动态分布反映人口静态分布的发展变化过程。从空间上划分，人口分布又可以分为垂直分布和水平分布。人口垂直分布是指某一时点同一地区不同地形地貌或海拔高度上的人口聚集状况；人口水平分布则是指某一时点上同一地区不同纬度平面上人口的地域组合情况。研究人口静态分布和动态分布，人口垂直分布和水平分布，有助于了解各国、各地区人口区域性和区际差异，认识各国各地区人口分布的历史发展规律。

（二）衡量人口分布的指标

1. 人口密度

人口密度是指一定时点上单位土地面积上居住的人口数量，其单位是：人/平方公里，国外（西方国家或国际组织，如联合国人口基金等）也使用：人/公顷。土地面积包括内陆湖泊面积，但不包括一国或地区的领海海域面积，人口是指常住人口。人口密度反映人口分布的稠密程度，是衡量一个地区人口分布的主要指标。

人口密度＝总人口数(人)/该地区土地面积(平方公里)

不同国家或地区，人口数量不同，社会经济发展水平不同，土壤肥力和土地面积也不同，因此人口密度有很大差异。有的国家或地区经济发展水平高，土地肥沃，气候温暖湿润，可耕地面积比重大，人口密度就高；而有的国家或地区经济落后，土地贫瘠，气候恶劣，可耕地面积比重小，人口密度就小。

2. 人口经济密度

人口经济密度主要包括农业人口密度和耕地人口密度。

农业人口密度是一个国家或地区的农业人口与总土地面积之比。

农业人口密度＝农业人口数(人)/该地区土地面积(平方公里)

耕地人口密度是一个国家或地区的总人口与耕地面积之比。

耕地人口密度＝总人口数(人)/该地区耕地面积(亩)

农业人口密度和耕地人口密度反映出了人口与农业相适应程度，正确认识农业人口密度，对制定合理的人口政策，适当调整人口分布具有重要意义。

二、人口分布的特征

（一）人口分布的区域性和地带性

人口分布的区域性表现为：在地理、历史、经济、文化相似的地理区域内，人口发展过程具有相似的特征；在两个以上具有不同地理、历史、经济、文化条件的地区，人口发展过程具有显著的差异。

人口分布的地带性是人口区域分布的主要表现形式，即人口在水平方向和垂直方向分布具有明显的地带性规律。

人口分布在水平方向上表现出两个突出的特点：

1. 人口的纬度方向分布

世界人口主要集中分布在北半球，尤其是北半球中纬度地带。据估计，南半球居住人口约占世界人口的10%，而北半球则占90%。在北半球，人口又主要集中分布在北纬20～60°之间，该地带分布人口约占世界人口的80%，赤道到北纬20°之间，只占世界人口的9%，北纬60°至北极圈寒带地区，人口仅占世界人口的1%左右。

2. 人口距海岸的远近不同，人口分布也不同

人口密度受到距海岸距离延长而逐渐减少，人口有集中于沿海地区的趋势。世界各大洲人口大部分都集中居住在距海岸线200公里的范围以内，有50%左右的世界人口居住在这个范围。

3. 人口在垂直方向分布的规律是，人口随海拔高度增加而递减

世界人口分布在垂直方向的趋势是人口比重在200米以下最大，而在海拔200米以上人口所占比重都较小，海拔2 200米以上人口所占比重极低。

但是在某些特殊地区，如南美洲和非洲热带雨林地区，人口多集中居住在较高的高原和高台地区，地势低平的河流冲击平原和三角洲地区却无人居住。这主要是热带雨林地区平原地带气候过于湿热，又有各类毒虫侵害，不适宜于人类生活。而在海拔较高的高原，气温较低，雨水也较平原少，且无河流泛滥造成的灾害，自然环境比较宜人，所以人口密度较低平地区高。

（二）人口分布的不平衡性

世界人口在地理空间上分布很不平衡，从全球人口分布状况来看，地球大陆还有35%～40%的土地基本上无人居住；在人类已居住的土地上，大约有50%的土地上人口非常稀少；人口比较稠密的地区，土地面积不到整个世界土地面积的10%。

各大洲和各国人口分布也很不平衡，其具体状况见表4-1。

表4-1 2003年世界各大洲人口、土地面积占世界比重（%）

国家和地区	2003年		国土面积		2003年
	年中人口数（万人）	比重（%）	国土面积（万平方公里）	比重（%）	人口密度（人/平方公里）
世界总计	630146.30	100.00	13427.9[①]	100.00	47.00
亚洲	382338.90	60.67	3187.00	23.73	119.97
非洲	85055.70	13.50	3030.90	22.57	28.06
欧洲	72633.90	11.53	2297.62	17.11	31.61
北美洲	50666.70	8.04	2272.49	16.92	22.30
南美洲	36227.70	5.75	1783.40	13.28	20.31
大洋洲	3223.40	0.51	856.44	6.38	3.76

资料来源：联合国粮农组织数据库，转引自《中国统计年鉴2005》

注：①是指有定居人口的各大洲面积，未包括尚无定居人口的南极洲。包括南极洲，全世界陆地面积为14 950万平方公里。

表4-1表明，亚洲人口占世界人口的60.67%，而土地面积仅占世界的23.73%，而南极和其他地区无人居住，土地面积却占世界的10.6%，不平衡性十分明显。在各大洲内人口分布也很不平衡，例如亚洲有80%的人口集中居住在东亚和南亚地区，而广大中部、西部地区人口十分稀少。世界人口最多的两个国家，一个是东亚的中国，2005年年末总人口为13.08亿人；一个在南亚的印度，2005年年中人口为11.03亿人。

（三）人口分布的类型

世界人口分布可以分为3大类型：第一，大范围集中区。这个地区包括中国、日本、印度和巴基斯坦、印度尼西亚等人口大国；其次为欧洲和前苏联欧洲部分，最后是美国和加拿大东南部地区。第二，小范围集中区。如爪哇、澳大利亚东南部，尼罗河三角洲地区、美国和加拿大沿太平洋地区等。第三，地广人稀区。主要是高寒地带，湿热渗漏地区及矿山岩层地区，如俄罗斯的西伯利亚地区、美国的阿拉斯加州、亚马逊平原等地。

人口分布不平衡具有普遍性，是人口分布的一般特征。从历史发展来看，人口分布有从不平衡到平衡的发展趋势，但是不平衡是绝对的，平衡是相对的，这是由地球大陆的自然环境决定的，不论经济发展水平高低，要使人口均匀分布都是不可能的。

随着社会经济发展，人口分布反而有集中化、城市化的趋势，现代世界各国大城市、特大城市，人口规模越来越庞大，不少城市群和城市地带逐渐形成，使人口分布更加集中，人口分布又开始倾向不平衡方向发展。

三、影响人口分布的因素

人口分布受人口自然增长和人口迁移变动两大人口因素的影响，而决定人口自然增长和迁移变动的最终决定因素还是自然因素和社会因素。

（一）自然因素

影响人口分布的自然因素很多，起主要作用的有气候、地形、资源和地理位置等。各种各样的自然因素，对人口分布起综合的制约作用。

1. 气候　气候条件最主要是温度条件，人类首先是在热带、亚热带地区形成，以后在温带进一步得到发展。现在世界人口约有 58%分布在温带地区，约有 40%分布在热带地区。气候条件直接影响人的机体，是自然环境中极其重要的因素，它直接影响人类的生产和生活，从而影响到人口分布。无论是太冷还是太热，都不适宜人类居住和生活。

2. 淡水　水是人类生产、生活的最基本物质之一，因此水源、河流对人口分布影响很大。古代文明发源地基本上都是在河流和湖泊沿岸。近代和现代城市和居民点也多分布在江河湖泊沿岸。我国的特大城市和大城市如上海、广州、武汉、重庆、南京等等城市就是分布在长江、珠江两岸。在干旱地区，有水就有农业，也才有人口。

3. 土壤和矿藏　土壤是农业生产的基础，在人类社会发展初期，人类生存和发展几乎是全部依赖于农业，既使是现代社会，农业提供的粮食也是人类生存所必需的。土地肥沃，气候良好，适宜于农业发展，人口就会在这些地区集聚，人口密度较大。而土地贫瘠和荒芜，气候恶劣不适宜发展农业，实际上也不适宜于人类生存，这些地区人口就很稀少，甚至许多地区是无人区。如我国的长江三角洲、珠江三角洲等地区，土地肥沃，气候良好，因此人口稠密，而青藏高原、新疆沙漠地区、土地条件差，甚至全是荒漠，因此人烟稀少，沙漠基本上是无人区。

地区矿产资源对人口分布也有很大影响。许多地区因为发现矿产资源，才得到开发，而这些地区以前曾经十分荒芜，人烟稀少。较典型的例子就是我国的克拉玛依、大庆，发现石油后才发展为城市；攀枝花，发现铁矿后也才聚集了大量人口，并形成一座崭新的现代化城市，使人口密度迅速增加。

4. 地形、地势　地势地貌对人口分布有较大影响。地形崎岖程度，坡度的缓陡，坡向的阴阳都会影响到人们的生产和生活，从而影响人口分布。平原人口密集，山区人口稀少，沟谷和山间盆地人口密集，坡地、山顶人口稀少。

自然环境对人口分布影响是广泛的、深刻的，各种自然因素相互联系，对人口分布总是综合地发生作用。但是也应正视环境的影响，过分片面强调自然环境的作用，忽视社会经济对人口分布的影响，就会走向环境决定论的道路上去。

（二）社会因素

自然环境是人口分布的自然基础，而社会因素对人口分布起主要作用。生产力发展水平和生产力布局是人口分布的最终决定因素。

影响人口分布的社会因素包括经济、技术、政治、军事、宗教等等。经济发展水平低、生产力不发达的时候，人们更多地依赖于自然而生存，人口分布受自然环境因素影响极大；随着社会经济发展，生产力水平提高，人们对自然界的认识和利用水平也大大提高，原来不适宜人类居住的自然环境也有了人们居住。如克拉玛依，原来是黄羊的故乡，荒无人烟，今天却变成一座人口稠密、经济发达的新兴工业城市。经济发展，生产力布局对人口分布的影响是广泛和长期的，我国改革开放之初，国家以开发沿海经济特区为重点，大量内地人才和打工仔、打工妹蜂拥而出，去沿海淘金，像“外来妹”等影视文艺作品正是那一代新移民的产物。而今天国家经济发展重点开始转向中西部，提出西部大开发战略，这个战略决策也必将导致人口分布的重新变化。

政治因素对人口分布也有影响，在“文化大革命”10年内乱时期，因政治需要，在国家的号召下（实际上具有强制性），大批被迫青年离开城市，奔赴广大农村，至今仍然有一定“上山下乡”的青年最终在当地定居下来，导致人口分布发生变化。宗教因素对人口分布也有重大影响，如1947年印度和巴基斯坦分离时，信奉伊斯兰的教徒纷纷离开印度前往巴基斯坦，而印度教徒又大量离开巴基斯坦到印度去，人口分布格局发生了重大变化。此外战争等因素也会影响人口分布，第二次世界大战后，就有约600万人从东欧迁往前西德。

四、世界人口和中国人口分布概况

（一）世界人口分布概况

世界人口分布体现了区域性、地带性和不平衡性。人口分布集中于中纬度地带、海岸位置和低平地区。从世界范围来看，世界人口分布存在四大人口稠密区。

1. 东南亚人口稠密区　包括中国东南部、朝鲜、韩国和日本。这里人口密度为每平方公里超过100人，其中长江流域、韩国和日本，人口密度在200人以上。该区域是世界上人口最稠密的地区之一。2003年中国人口密度为134人/平方公里，日本则高达337人/平方公里。

2. 南亚次大陆人口稠密区　包括印度、孟加拉国和斯里兰卡以及巴基斯坦东部和尼泊尔南部。这个地区人口密度在每平方公里220人以上，世界人口第二大国印度2005年人口数已达到11.03亿，在世界人口最稠密的四大地区中排名第一位，2003年人口密度达到324人/平方公里。恒河和印度河流域，人口高度密集，人口密度达到每平方公里400人以上。

3. 西欧人口稠密区　包括英国、德国、法国东北部、比利牛斯山谱国、比利时、卢森堡、荷兰等国家。欧洲人口密度在世界各大洲中一向显著领先，而西欧人口密度每平方公里超过100人，是世界上有名的平原地带，工业集中，中小城市林立。

4. 北美洲东部　包括美国东北部和加拿大东南部，即大西洋沿岸和五大湖地区。这里是北美洲最早的殖民地，工业高度发达，人口密度也很高，人口密度近似于西欧。

(二) 中国人口分布概况

中国也存在四大块人口最稠密地区。中国人口四大稠密区面积占全国总面积的10.2%，人口却占全国总人口的48.2%左右。

1. 长江和钱塘江下游平原　包括安徽安庆市以下的长江平原，钱塘江下游和杭州湾两岸平原。这块地区土地肥沃，气候良好，经济发达，被称为“上有天堂下有苏杭”的苏州和杭州就在这个地区，上海市、南京市等特大城市也云集于此，是中国的“黄金三角”地区。

2. 黄淮海大平原　从洛阳开始，北西环列燕山、太行山和桐柏山，南为江淮分水岭，东至大海，包括的特大城市有北京、天津、石家庄、郑州等。古代为“群雄争霸，逐鹿中原”的地方，当时有“得中原者，得天下”之说。

3. 四川盆地　主要以川西平原为主。该地区沃野千里，自古称为“天府之国”，物产丰富，经济高度发达。包括成都、绵阳、德阳等特大城市和大城市。

4. 长江中游平原　该地区从北到南，包括南阳盆地、两湖平原和湖中丘陵。长江中游平原工农业生产发达，包括武汉、长沙等特大城市和大城市，自古有“湖广熟，天下足”的美传，反映这个地区农业发达，粮食产量高。

从整个中国大陆来看，中国人口分布是东南密集，西北稀少。自黑龙江的黑河到云南的腾冲作一条直线，将中国分为东南部与西北部。以1995年数据，中国东南部土地占全国土地面积的43%，人口却占94%左右，西北土地面积占全国土地面积57%，人口却只占6%。这一人口分布大势是我国著名人口地理学家胡焕庸先生在1935年发现的，其基本态势至今仍未改变。

第二节　人口迁移

人口变动包括人口自然变动、人口迁移变动和人口社会变动。一个地区的人口数量变化取决于两个因素，一是人口出生和死亡引起的人口自然变动状况；二是由人口迁入和迁出引起的人口迁移变动状况。长期人口处于完全封闭，没有迁入迁出的地区几乎很少。人口迁移变动是长期的和经常性的。

一、人口迁移的概念

(一) 人口迁移的概念

人口迁移是指人口从一个地点向另一个地点迁居活动，更确切地说是人口定居点的永久性改变。个人或群体长期的迁居到一定距离以外的地区才称为迁移，而牧民、季节性劳工、流浪者、旅游者等短期外出人口均不是人口迁移。在我国改变定居点又与人口户籍管理相联系，即只有那些改变了定居地和户口的移动行为，才算人口迁移。

人口迁移从本质上来说就是一个经济和社会的现象，这同候鸟迁徙、蚂蚁搬家是有根本区别的。自从人类诞生开始就有了人口迁移现象，在各个历史发展时期，受不同生产力发展水平和社会性质的制约，人口迁移也具有不同的客观规律。

（二）人口迁移与人口移动

人口移动是人口在地理空间位置上的一切流动现象，是人口发展过程中的一种重要形式。人口移动包括人口改变定居点的移动，即人口迁移，以及人口不改变定居点的移动，即通常所说的流动人口。流动人口是人口没有固定的居住地点，从这一地点到另一地点不停地移动的人口。

我们通常见到的探亲、访友、出差、旅游、外出打工、就学、人口迁移等等人口现象，不论出于何种目的，都是人口移动。人口迁移只是人口移动的一种具有重要人口学意义的具体形式。通常一定规模的人口迁移会对人口分布，甚至对该地区社会、经济、文化产生影响，而人口移动的影响却不大。

（三）人口迁移与人口分布

人口迁移和人口分布是两个既有区别又有联系的概念。人口分布是人类在地理空间上的分布状况，而人口迁移则是指人类的一部分人口从已有的定居点出发向新的定居点迁居的过程。人口迁移导致人口定居点的不断扩散，形成新的人口分布态势；另一方面已有的人口分布状况又对人口迁移产生重大的影响。原有居民定居点常常是人口迁移的出发点，许多新兴城市和地区往往又成为人口迁移的终点。现在许多人口稠密区都是由人口迁移形成的。

二、人口迁移的类型

人口迁移是人口学中的一个复杂现象，根据研究的目的，从不同角度，不同标志来划分，可以将人口迁移分为：

（一）国内人口迁移和国际人口迁移

这种划分方法是从空间角度来划分的。国内人口迁移指在国内改变居住地，从一个行政区域迁往另一个行政区域定居。其居住时间一般要达到一定标准。具体规定时间各国不同，有的国家规定半年或1年，有的国家规定为3个月。我国人口迁移是以常住户口迁移为标准。

国际人口迁移指从一个国家迁往另一个国家的人口定居点改变。具体又分为永久性迁移和非永久性迁移。永久性迁移是迁到迁入国后改变国籍或为该国正式居民，或者是不愿放弃原迁出国的国籍，成为侨民。非永久性迁移包括暂时的、不长期定居移入国的移民。主要包括国际劳工输入，也包括留学生或驻外政府、企业事业工作人员，国际维和部队以及国际难民等。

（二）经济性迁移和非经济性迁移

经济性迁移是为了谋生或经商、办企业等引起的人口改变定居点的行为，经济性迁移是人口迁移的主流，随着交通发展，特别是航空运输的快速发展，使空间地理距离缩短，也为人们到较远的异地谋生、求财提供了客观条件。实际上我国历史上就有闯关东（即到东北去找工作）或走西口等自发的经济性迁移活动。也有因国家经济的产业布局而导致的人口迁移，例如我国60年代的“三线”建设，使大批沿海工业企业迁入西南和西北内陆省份，引发了大量企业劳动力人口由沿海向内地的迁移。

非经济迁移是指目的不是为了经济利益而进行的迁移，其形式种类十分复杂，如就学、夫妻团聚、投亲靠友等等。

（三）政治性迁移和非政治性迁移

统治阶级为了自己的利益进行的人口迁移是政治性迁移。例如1947年印度和巴基斯坦分治产生的大规模人口迁移。国际难民，如上世纪80年代阿富汗内战引发高达300～400万的难民逃离该国情况。非政治性迁移，如因战争或保卫国防建设需要的军事进驻或屯军戍边，民族、宗教矛盾引发的人口迁移等。

（四）自愿迁移和强制迁移

自愿迁移是迁移者自愿做出选择的人口迁移，绝大部分人口迁移都是自愿性人口迁移。强制性迁移是违反本人意愿，被迫进行的人口迁移，例如西方资本主义国家历史上的从非洲贩入黑人作奴隶的人口迁移。英国流放犯人到澳大利亚以及到美洲从事种植园开发，俄罗斯沙皇时期流放囚犯往西伯利亚等，其实我国古代的《水浒传》小说中描绘的林冲发配沧州就是典型的强制性迁移。

三、世界人口迁移概况

从人类诞生起，就有了人口迁移现象。史前时代，人们靠采集野生食物和渔猎为生，所有人口都过着迁徙、漂泊的流动生活。人们为了追逐生活资料来源，开始从人类发源地—非洲东部、亚洲和欧洲南部逐渐向亚、非、欧三大洲移动扩散，大约在距今4万年前后，人类通过迁移扩散，已占据了亚、非、欧三大洲大部分地区。在距今3.5～4万年之间，当时气候变冷，冰川活动强烈，海平面下降，浅海大陆架几乎全部露出海平面以上，除南极洲外其他各大洲的迁移有了可能的条件。同时人类学会了使用火、石器等生产工具，并用兽皮做衣服来保暖，加上人口数量增加，便产生了寻找新生活领域，开辟新疆土的必要。此时产生了人类历史上最有意义的人口大迁徙。一部分人经白令海峡从亚洲迁移到美洲，另一部分人在公元前1万年左右从亚洲南部的马来西亚迁移到大洋洲，公元初年北欧部分移民渡海进入冰岛。至此，人类历史上富有重大历史意义的人口大迁移才告结束。

人类历史上第二次规模巨大的人口迁移，产生在15世纪末。首先是哥伦布等著名的大探险家发现了新大陆——美洲。同时欧洲在资本积累的过程中产生了大量破产农民、手工业者、商人和冒险家，在谋生和追求财富的淘金梦想的驱使下，大量欧洲大陆人口迁移到美洲新大陆，这一人口迁移趋势一直持续到19世纪末，20世纪初。据初约估算，从19世纪初到世界第一次世界大战开始时的一百多年间，欧洲人口外迁总数就达到5 000～6 000万人口。

人类历史上最大规模的人口迁移被成为“跨大西洋移民潮”，第一阶段为1840～1880年，主要是爱尔兰和德国人迁居北美洲；自1880年后开始了第二阶段更大规模的移民潮，仅1880～1910年就有1 700万东南欧国家的移民进入美国，1820～1980

年约有3 700万欧洲移民进入美国。

从16世纪起到18世纪末，在长达3个世纪时间里，产生了人类历史上最野蛮、最残酷、最黑暗的“奴隶贸易”，大约有2 000万非洲黑人被卖到美洲、欧洲、大洋洲，运往西亚和南亚的有1 000万至1 500万人，而有4 000万人在运输途中被折磨而死。整个非洲因“黑奴贸易”损失了约1亿人口。

第二次世界大战期间和战后，再次爆发了世界人口迁移浪潮。战争期间，大量平民从战区迁移到和平的后方，而全国青年又应征入伍，前往战区作战。战后又有战败国的战俘和外迁移民，战后迁返回本国，如从东欧、东欧洲迁返回德国的人就达到1 200万人。日本战败后，从中国、朝鲜半岛和东南亚迁移回国内的战俘和侨民就达600万人口。战后的经济高速发展时期，又有大量美洲、亚洲、欧洲等国人口迁入美国，自1961年～1970年，迁入美国的人口达332万人口。据2005年美国政府提供的数字，来自墨西哥的移民高达1 100万人，华人180万人，印度人则为140万人。

我国19世纪末到20世纪初，大量华北破产农民“闯关东”，迁往东北三省，估计到解放前的50多年间共去了3 000多万人。19世纪到20世纪初，我国迁移到东南亚和欧洲、美洲去做劳工，总计从福建省、广东省迁出的人口约为3 000万左右。

从人口迁移发展的历史来看，我们认为人口迁移是自人类社会诞生至今就一直存在的社会现象和人口现象，是人类社会为了谋求更大生产空间，追求自身和社会发展的手段。一部人类社会发展的历史也是一部人口迁移的历史。随着社会发展，特别是到了近代和现代，各种交通工具进步，缩短了国与国、地区与地区之间的空间距离和人们的心理距离，人口迁移的频率增高了，人口迁移的规模也增大了，人口迁移的过程大大缩短了。

四、制约人口迁移的因素

（一）人口迁移的推力和拉力学说（the push and pull theory）

导致人口迁移的因素是复杂的和多方面的，同一地区的人口中有部分人迁走了，而另一部分却留下来继续着以前的生活。是什么原因使人口中的一部分人愿意离乡背井远走它方谋求新的生活呢？人口学中提出了一种推力和拉力学说。推拉学说起源可追溯到人口迁移早期研究者雷文斯坦（E. G. Ravenstein），而后较完整提出理论模型的应是赫伯尔（R. Herberle,），该理论认为，对于人口迁入地来说，该地能吸引大量移民迁入，一般具有较强的吸引力，这种吸引力表现为经济收入较高，物质文化生活较发达，就业机会较多，住房条件较好，或生活环境、气候条件较优越等等，这种优势对那些正准备选择迁移的人口来说，吸引力就是一种很强的拉力。我国上个世纪80年代、90年代，改革开放之初，内地百万劳动大军南下广东，奔深圳、珠海，形成了当时著名的“孔雀东南飞”现象；90年代开发上海浦东又有大批内地各种人才“一江春水向东流”，这种现象正是反映出迁入地对那些心存改变环境的青年人的强烈拉力作用的结果。

对迁出地来说，这些地区又存在一种将人口向外扩散的一种推动力，即推力。这种推力反映出迁出地往往经济落后，文化水平低，领导人思想僵化，人们的收入低，文化生活条件极差，就业机会少，令青年人感到在此地生活没有什么前途可言，自身价值不能得到体现。因此对美好生活强烈的理想和现实的严重矛盾，最终变成强大的推力，使人口中那些勇于冒险的青年人离开生育养育了自己的故乡，前往那些具有吸引力的陌生地方去谋求人生新的发展。

我们用下图（图 4-1）来表示这种理论（埃弗雷特·李，1965）。图中＋号表示该地有利因素，-号表示不利因素，o 表示无关紧要的因素。

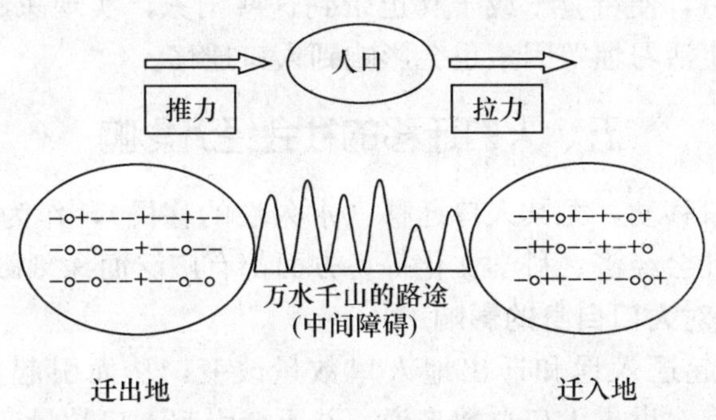

图 4-1　迁出地、出入地与迁移中的中间障碍关系图

上图中迁出地的＋号少、-号多；而迁入地的＋号多、-号少，表明迁出地存在较大的推力作用，而迁入地则存在较大的拉力作用。这种一推一拉的机制使人们不惜跨越千山万水，甚至离开故乡的父母、妻儿、老小，甘愿冒着对未来陌生地方的无名恐惧，为谋生、为求利、为实现理想，也要远走他方。

经济因素是人口迁移变动的最主要因素，引起人口迁移变动的推力和拉力大小本身，最终也是由该地经济发展水平决定的，那些环境风景如画、四季如春的地方，或许只是人们休闲、旅游之地，而不是人口迁移选择的地方。

(二) 影响人口迁移的主要因素

关于影响人口迁移的因素与影响人口分布的因素基本相同，这在人口分布一节里已经较详细地阐述过了，这里再着重指出几点。

1. 在各种类型的人口迁移中，经济因素是主要的和经常起作用的因素　人口状况应该与生产力发展水平相适应，但由于历史的、政治的、社会文化的以及自然的因素，使这种关系并不能达到永恒的平衡。因此，从古至今人们常常到其他地方去寻找生路。

经济因素还通过各个部门或各个地区（国家）经济发展不平衡起作用。如我国内陆地区经济发展远远落后于沿海地区，收入对比反差很大，导致人口迁移总的方向是内陆迁往沿海地区。国与国之间也是如此，美国作为世界上最大的发达国家，经济发展水平（通常表现为人均国内生产总值）比发展中国家高出几倍，甚至几十倍，吸引了大量发展中国家的优秀人才迁往美国。美国成为当今世界上头号人口迁入国。

一个国家和地区的生产力分布状况和新资源开发对移民也有很大吸引力，如新建成的许多新兴城市，黄金、石油、铁矿的开发等等。

2. 政治的、社会的和宗教的因素也影响着人口迁移 在古代和现代人们为了躲避战乱而迁往地方就是社会因素的作用；印度、巴基斯坦分治是政治和宗教因素引起的人口迁移。而上世纪60、70年代中国的知识青年“上山下乡”运动，更是典型的政治性人口迁移。

3. 同家人团聚也是导致人口迁移的一个常见原因 在人口迁移中，首先是成年男子先行，当他们在一个新环境安顿好了之后，家庭的其他成员就会随之前往团聚，如我国前往发达国家的人口迁移中，一般是男性先到欧洲或美国学习，然后寻找工作，当生活稳定之后，便将妻子或子女也带到这些国家，实现家庭团聚。此外气候、住房、文化背景、生活习惯等因素也会影响到人口迁移。

五、人口迁移的社会经济影响

各种形式的人口移动，尤其人口迁移（永久性的移民），作为一种重要的社会现象和人口现象，对社会经济、科学文化等各方面都有广泛而深刻影响。

（一）人口迁移对人口自身的影响

1. 人口迁移引起迁入地和迁出地人口数量改变，从而引起人口分布状况的改变 国际人口迁移，对世界人口总数来说，并不会引起人口数量变化，但对国家之间的人口分布，迁入国人口会增加，迁出国人口会减少。就国内人口迁移来看，会导致省区之间、市与市之间、城市和乡村之间人口数量的变化。

2. 人口迁移会改变人口年龄结构和性别结构 迁出地成年人口减少，育龄人群也减少了，老年人口比重便会增大；而迁入地则相反，成年人口增加，老年人口比重下降。从人口性别结构来看，迁入地常常是人口性别比提高，迁出地人口性别比下降。如我国有的农村，青壮年劳力迁到城市之后，留下耕种土地的都是老弱病残的人口，留在农村的只有俗称的“三八”（妇女节，这里指留下的女性人口）“六一”（儿童节，指儿童被留下来了）“九九”（老年节，指老年人口被留下来了）部队，这种现象在许多发展中国家表现基本相同。

3. 人口迁移会导致人口素质发生变化 当代人口迁移的特点是：迁入地普遍要求新的移民要有较高知识和技术，那些专业人才，特别是科技人才是迁入地非常欢迎的移民。而对迁出地来说，迁走的大多是本地的各方面优秀人才，是社会的中坚力量，这些人在本地时往往不被重视，被看作可有可无，一旦这些人迁走之后，便会给当地社会经济带来长久的，甚至是不可弥补的不良后果。因此人口迁移一般是对移入地有利，促使迁入地人口素质提高，而迁出地则会导致人口素质下降。如上世纪80年代末期，报上刊登大量广东地区在内地招收优秀教师的广告，用高薪和住房吸引了许多内地中学优秀教师前往，结果当时内地一些县级重点中学都找不到合适的任课教师了。

（二）人口迁移对社会经济的影响

1. 人口迁移可以促进社会的经济繁荣 人口迁移从经济学上来分析，实际上是劳动力市场供求关系调节的结果，而对供求影响最大的就是工资水平。当一些优秀人才或技术人员，在迁出地不能被重视，才能不能全部发挥，经济收入很低，这是对人力资源的极大浪费，通过人口迁移，能做到人尽其才，从全社会说是做到了资源的优化利用，促进了社会经济的繁荣。当然迁出地经济可能会受到一定负面影响，但是由于这些人才在异地发挥了更大的作用，对全社会来讲是利大于弊，因此我国采取了许多吸引人才的政策，各地方政府也逐渐认识到人力资源的重要性，出台了许多吸引人才的政策，这对实现人才合理流动起到了很好的作用。

2. 人口迁移对迁出地和迁入地的不同影响　对迁入地来讲，迁入人口大多是经济活动人口，它弥补了当代劳动力资源的不足，使生产设备和自然资源得到充分利用，更重要的是大量具有创造性的人才迁入，通过管理创新和技术发明。极大的促进了迁入地经济的繁荣和发展。更进一步来分析，迁入人口大多受过良好的教育，对迁入地来讲，可以节省大笔人力资本的投资，这笔开支又可用作扩大再生产。从历史上来看，美国1861年推出《宅地法》，鼓励欧洲移民入境，结果使耕地面积扩大了一倍，农业生产增加了2.3倍，美国从此成为农业发达国家，据1879年估计，每个移民达到平均使美国版图增值400美元。对迁出地来讲，人口迁移使它丧失了一部分人口，这既有减轻负担的一面，又有减少劳动力资源的一面，既有带来收入增加的一面，又有减少经济发展潜力的一面。许多发展中国家和地区，迁走了许多知识分子、技术和管理人员，称作“大脑流失”，如巴基斯坦，1973年至1978年间就有50％～75％的医科大学生外流。

我国著名高等学府北京大学、清华大学，复旦大学等每年毕业的学生中也有很大一部分流往发达国家，这种人才外流是一种巨大的损失。但是劳务输出或人才外流，对迁出地来说一方面减轻了就业压力，而且还能得到从迁入地汇回的大笔收入，增加外汇收入，从某种角度上来看，也是一种有利行为。当一国或一地区经济发展起来，那些外流人才回归故里创业，我国俗称“海龟”（实际上是海归，即海外归来的留学人员），他们带回了世界最先进的技术和管理经验，对本国或本地区重大的社会经济发展又产生了巨大的促进作用。

（三）人口迁移对其他方面的影响

在社会经济领域内，人口迁移产生的作用是多方面的。首先，它有利于人种基因交流，为提高人类遗传素质，为新的民族的形成提供了客观可能性。人口迁移使近亲结婚的机率大幅度下降，有利于人口素质提高。其次，人口迁移有利于各民族文化和经济上的交流。人口迁移促进了人类社会文明的进步。但是人口迁移也会带来一些负面作用，如种族矛盾、宗教矛盾，劳工争端等等，这些矛盾在一些迁入地发展到十分尖锐的时候，解决起来也十分棘手。

六、当代人口迁移的相关问题

（一）国际移民问题

据《中国日报》报道，2006年10月26日，美国总统布什签署了《安全隔离墙法》，使美国与墨西哥之间的边境线上修建隔离墙来阻挡非法移民的做法完全合法化。布什在签署这项法案时说：“很不幸，美国过去几十年里都不能完全控制自己的边境，导致非法移民数量上升。我国是个移民国家，但我们也是法制国家。”据该法律，美国政府将耗资12亿美元，在美墨边境修建一道长达1100多公里的隔离墙，除了在墙上装备照明设施、红外线摄像机和雷达等现代化监测设备外，这项法律还允许国土安全部在边境动用卫星和无人驾驶飞行器等先进手段，确保边境安全。美国政府还计划边境安全经费增加到104亿美元，并增加边境巡逻人员，使人员总数升至1.2万人。

美国政府花费巨大人力物力，并动用各种最先进的技术来阻止国际非法移民，反映了发达国家在阻止非法移民问题上的坚决态度。布什政府修建隔离墙有较深刻的背景，据美国人口统计局公布的最新数据，在过去的5年中，美国的移民数量上升了16%，移民人数已占全美人口的12.4%，而2000年这一比例只有11.2%。即在过去的5年时间里又增加490万移民，使得总数达到3 570万人，其中主要移民来自美国的南部邻国墨西哥。据2005年美国政府提供的数字，来自墨西哥的移民有1 100万人，华人180万人，印度人则为140万人。美国政府2006年8月18日公布的一份报告显示，2005年大约有1 050万非法移民居住在美国。

大量非法移民进入美国，部分美国人开始对美国的未来产生一种担心，他们认为来自拉丁美洲，特别是墨西哥的移民潮得不到有效遏制的话，在不长时间内，墨西哥人可能成为美国的最大种族，对未来美国发展将产生不利的影响。

但美国立法修隔离墙遭到拉美许多国家抗议。墨西哥总统福克斯就表示，隔离墙根本阻挡不了数以百万计的墨西哥人北上寻找工作的步伐。

联合国人权理事会主席、墨西哥驻联合国大使德阿尔瓦也认为，美国以保护本国安全为由拒绝外来移民，是种族歧视的行为。出访南美洲的欧洲议会代表团的费尔南德就指出说，在欧洲历史上也曾经出现过隔离墙，但最终被拆除，因为事实证明，隔离墙并不能真正解决移民问题。关键是要帮助出现大量移民的发展中国家发展经济，从根源上解决移民问题。德韦斯外长也曾说过："在墨美之间应该建造的是联系两国的桥梁而不是隔离墙。"

在欧洲，发达国家也同样面临移民问题，据法国全国统计及经济研究所最新公布的数字表明，到2004年，法国的移民人数达到490万，占全国总人口的8.1%，其中，非洲移民和亚洲移民的数量迅速增加。

英国国家统计局的估计数字显示，截至2005年6月底，英国常住人口为6 020万，2004年人口数较前1年增加37.5万人，增幅为0.6%。这是1962年以来，英国年度人口数量增长最多的1次，也是自1965年以来最大的年度增幅。相比之下，20世纪90年代英国人口平均年度增幅为0.3%。

英国人口增长迅速主要原因是移民，特别是新加入欧盟的东欧移民大量涌入英国。2004年至2005年，英国净增移民23.5万人，约占人口增长的三分之二。

国际移民问题本质上是发展差距问题，也是目前发达国家面临的共同问题。经济全球化使国际间的交流快速增加，加剧了移民从贫困国家向发达国家涌入，新移民在为发达国家带去廉价劳动力的同时，也给发达国家本国劳动力市场，特别是低端劳动力市场带来巨大就业竞争，同时也带来了一些治安问题，如2005年法国移民骚乱等，引起了移入国部分公民对外来移民的不满。但美国从历史上来说是个移民国家，没有移民就没有美国的经济和社会发展。因此，美国国内也有人质疑限制移民的政策，有人开始担忧美国社会将会出现社会分裂，甚至美国加利福尼亚州州长阿诺·施瓦辛格也讽刺称，修建边境墙的做法是使人们"回到石器时代"。

(二) 流动人口与“民工潮”问题

1. 流动人口的概念

近 20 多年来，中国几乎每年各种新闻媒体都要报道“民工潮”问题，“民工潮”本质是大量农村剩余劳动力进入城市，即以流动人口的形式出现于城市大街小巷以及各种建筑工地。流动人口是指人们由于各种原因离开户籍所在地到外地寄居或暂住的人口，流动人口是我国特有的定义，是同户籍管理制度紧密相联系的。

我国流动人口形式上可以分为多种多样。从时间上划分，可分为长期人口流动，暂时性人口流动，周期性人口流动和往返性人口流动。从地域上划分，可分为县内、省内、省际以及城乡间人口流动。从动机和目的划分，可分为经济型人口流动和文化型、社会型、公务型、征调型人口流动。

2. 流动人口产生的原因

流动人口与人口城市化密切相关，从某种意义上来看，是人口城市化的必然产物。由于我国人口居住管理是以户籍管理为中心，因此不论这些流动人口在外地居往了多长时间，只要户籍未改变，均看作流动人口。现在我国流动人口是以经济型流动人口为主，其中又以农村剩余劳动力进城务工、经商占主要。产生流动人口的主要原因有：

第一，农村广泛实行联产承包责任制，使农业劳动生产率大幅度提高，农村人多地少，农业剩余劳动力日趋庞大。大量原来从事低效率农业生产的劳动力，从土地上解脱出来，需要寻找新的谋生的手段。

第二，城市经济快速发展，需要大量简单劳动力。改革开放政策实施 20 年多来，城市经济发展迅速，从事建筑业、工业以及餐饮服务业等行业需要大量劳动力来补充，而城市人口又不愿从事这些工作辛苦、工资报酬又不高的行业，自然吸引了大量农村剩余劳动力进城从事这些行业。

第三，国家对人口流动的管理逐渐开放，做到科学化、合理化，使流动人口入城有了制度保障。我国颁布了有关流动人口的管理办法，使流动人口在法制环境中做到了有序化，解除了流动人口的后顾之忧。

3. 我国流动人口现状

近年来，我国流动人口急剧增加，1990 年全国流动人口数达到 7 000 万人，外出 1 年以上人口达 2 100 多万，占我国大陆总人口数的 1.8%。据 2005 年我国 1% 人口抽样调查，全国流动人口已超过 1.47 亿，跨省流动人口 4 779 万人，与第 5 次全国人口普查相比，流动人口增加 296 万人，跨省流动人口增加 537 万人。在 1.4 亿流动人口中，农民工约为 1.2 亿。在深圳流动人口的数量已超过了户籍迁移人口数。以北京为例，1997 年北京流动人口调查表明（《人口与经济》2000 年第 2 期，第 51 页），北京市流动人口总量达 229 万人，其中务工经商的劳动者 180 万人，占流动人口总量的 78.35%。流动人口在北京滞留的时间为 22.79 个月。如此大规模长时间的流动人口，必将对城市产生深远的影响。

2005 年末上海市全市常住人口为 1 778 万人，该年全市来沪流动人口为 581 万，其中居住半年以上的常住流动人口为 438 万，占全市常住人口总量的比例为 24.6%，接近 1/4。1993 年调查（《中国人口科学》1995 年第 3 期第 44 页），1993 年上海市流动人口为331万人①，其中流入人口为281万人，流出人口为47万人，规模十分庞大。流动人口的基本情况为：

第一、外来流动人口主要从事经济活动。据1993年上海流动人口调查，上海外来流动人口中劳动人口总量约203.9万人，约占全市常住户口劳动人口数量的27%，其中有53%的外来劳动力在国有企事业单位工作，20.3%工作在集体个体所有制单位。

第二、外来流动人口多为男性。外地到上海的流动人口中男性占73%，女性占27%。

第三、外来流动人口年龄构成偏轻，文化程度偏低。这一流动人口群体以青壮年为主，其中20～35岁年龄组的人口占全部外来人口的62.5%，而16～19岁年龄组也占到11.5%。外来流动人口小学和初中文化程度占到绝大部分比例，其中小学文化程度占流动人口总量的55.6%，初中占25.5%，大学本科及以上仅占1.2%。与青壮年人口年龄构成相对应的是有60%的劳动力已婚。

第四、外来流动人口来源分布较广，但大部分来自农村。到上海的外来流动人口远的有云南、贵州、四川等省份，近的有江苏、安徽、浙江等省份，而外来劳动力中有87.5%的是来自农村。

第三节 人口城市化

一、人口城市化

（一）人口城市化的概念

人口城市化是指一个国家或地区，农村人口逐渐转变为城市人口，或者农业人口逐渐演变成非农业人口，人口在城市及其周围地区集中以及城市人口比重不断增加，最终使城市人口比重超过农村人口的发展变动过程。人口城市化是社会生产力，特别是农业生产力不断提高，促使农业人口向城市迁移，流动的过程。人口城市化能使一个国家或地区人口状况产生重大变化，如非农业人口比重上升，城市数量增加，城市规模扩大，城市分布改变，城市功能发展，城市现代化水平提高等。人口城市化水平通常用城镇人口占总人口比重来表示。

（二）人口城市化包含的内容

人口城市化不仅是城市人口不断增加的一个简单过程，它还包含着十分丰富的社会经济内容。第一，人口城市化是社会生产方式转化过程，随着社会经济发展，社会生产力的提高，社会的生产方式也在发生重大改变，人口城市化促使社会产业结构变化，即由过去传统农业占社会经济的主导，转变为现代工业占社会经济主导，从而实现了由传统生产方式向现代生产方式的转变。第二，人口城市化是社会生活方式的转变过程，人口城市化使整个社会生活方式趋向现代城市化的生活方式，那种小农经济式的生活方式逐渐被人们放弃，城市化过程也使城乡人口生活方式日益接近。第三，

① 《中国人口科学》1995年第3期，44页。

人口城市化使人们的价值观念发生变化。人口城市化过程也是人们价值观由封闭型向开放型，由保守型向创造型的转变过程，从而现代价值观被整个社会认同的过程。第四，人口城市化本质是城市人口在总人口中比重不断增加，城市最终成为国民经济的主导和支柱，从而实现传统农业社会转变为现代工业、商业、信息为主的现代社会的进程。

二、世界人口城市化的国家类型

用城市人口占总人口的比重来反映人口城市化水平，世界各国人口城市化状况通常划分为3种类型（见表4-2）。

表4-2　2003年世界人口城市化不同国家类型

类　型	国　家	人口城市化水平（%）
高度城市化国家类型	美国	80
	英国	89
	澳大利亚	92
	新加坡	100
	巴西	83
中等城市化国家类型	中国	39
	埃及	42
	叙利亚	50
	波利维亚	63
城市化水平较低国家类型	乍得	25
	埃塞俄比亚	16

资料来源：联合国人口基金《2005年世界人口状况》。

（一）高度城市化的国家类型

这些国家城镇人口占总人口比重在70%以上，主要集中在欧洲、北美和大洋洲等经济发达地区。这些国家包括英国、美国、澳大利亚、巴西和新加坡等国。

（二）中等城市化的国家类型

这些国家城镇人口比重在30%～70%之间，主要集中在北非、西亚和拉丁美洲。这些国家包括中国、埃及、叙利亚、玻利维亚等国。

（三）城市化水平较低的国家类型

该类型国家城镇人口比重不到30%，主要是一些经济非常落后的非洲国家，如乍得、埃塞俄比亚等国。

三、影响人口城市化的因素和人口城市化的社会经济作用

（一）影响人口城市化的因素

1. 社会生产力发展　人口城市化是社会生产力发展的必然结果，也是社会经济发展的必然趋势。农业是国民经济的基础产业，吃、穿、用是人类生存的根本需要。

当农业生产力发展水平很低时，为了保证人口的食物所需，必然大量人口集中于农村，从事农业生产。而社会生产力进步，使农业生产率大幅度提高，只需要小部分从事农业的人口就能提供大量的农产品供给城乡人口的需要，如美国，从事农业的人口仅占总人口的百分之三，不仅能养活全国3亿人口，并且还有大量粮食作物需要出口来消化剩余的农产品，农业劳动生产率大幅度提高，解放了大部分被束缚于农业的劳动力，农村劳动力过剩是人口城市化发展进程的客观物质基础。

2. 城市经济发展，需要大量劳动力　城市是现代社会的经济中心、科技中心和文化中心。城市经济的迅速发展，需要大量劳动力进行补充人口不足，强大的吸引力促使了大量农村人口迁移到城市。城市人口比重不断上升，城市生产方式和生活方式在社会经济中已完全占据主导地位。人口城市化水平客观上也反映出一个国家或地区的经济发展水平。

3. 市场经济高度发展，为城乡人口迁移提供了保障　以商品经济为主的现代市场经济，使一切产品都能通过市场交换取得。农产品能很方便进入城市，工业产品也出售到农村各家各户。现代市场经济体制使城市人口不担心买不到好的农业产品，同样巨大的农村工业品市场也为城市工业提供了强大的动力，因此，人口向城市迁移便十分方便和容易，也没有什么后顾之忧了。

4. 现代交通和通讯的高速发展，缩短了城乡之间的物理距离（火车、高速公路交通以及航空运输发展）和心理距离（通讯方便快捷且便宜），为农村劳动力流向城市提供了极大的便利。

（二）人口城市化的社会经济作用

人口城市化是一种社会进步的现象，它减少了农村人口的绝对数量和相对数量，引导了整个社会生产方式的革命，对社会经济发展起到了积极的促进作用。

1. 人口城市化促进了城市的现代化　城市最早更多的作用是起军事堡垒作用，随着城市不断发展，其经济作用逐渐起主导作用。人口城市化，逐步发展了传统城市的功能，使现代城市具有以下特征：①从生产方式上讲，现代城市是社会化大生产的中心。城市生产规模庞大，地点集中，专业化程度高，城市化促进了专业分工和协作，提高了劳动生产率；②从生产动力上讲，现代城市基本上使用电力、石油、煤等非动物能源，提高了生产能力。各种先进能源使用，如核能等使人类生产能力大幅度提高，为物质文明进步产生了巨大影响；③从交通方式来讲，城市作为交通枢纽，起到了联系各城市的作用。现代化交通运输和通讯网络建立，为城市最大发挥辐射功能提供了物质技术基础；④从管理方式上讲，现代城市采用的是适应现代生产方式的先进管理方式。工商管理方式开始只使用于城市内部管理，随着社会发展，也逐渐渗透到农业生产经营中，提高了全社会管理效率。

人口城市化进程，也是传统城市逐渐向现代城市转化的过程。

2. 人口城市化也促进了农村现代化　①人口城市化促进了农村生产方式现代化。通过城市和农村的人口交流和物质产品交流，城市的先进生产方式和先进管理方式也扩散到广大农村，城市生产的工业机械、良种、化肥等工业产品广泛应用于农村，使农业生产方式发生了根本的转变，促进了农业生产效率提高；②人口城市化促进了农村生活方式现代化。人口城市化转变了过去自给自足的小农意识，商品经济意识已渗透到广大农村，农民也逐渐学习和习惯了城市生活方式，如关心国家大事、注意公共道德、实行计划生育、清洁饮水等；③人口城市化也促进了农村人口素质的提高。通过城市人口交流，农民的文化程度提高了，思想现代化了，身体素质也提高了。

3. 人口城市化促进了国民经济产业结构转变和优化 传统生产方式下，第一产业人口比重大；第二、三产业人口比重小，经济落后。现代生产方式下，第二、三产业人口比重大，第一产业人口比重小。现代城市均是二、三产业为主体，而且三产业不断扩大的过程，现代新兴产业基本上都是在城市产生的。人口城市化促进了国民经济产业结构的变动和优化。

4. 人口城市化还促进了社会科技文化事业的发展 城市是社会的科技文化中心，城市高等院校集中，科研机构云集，科研设备完备，各类科研人才集中，便于发挥新的科技成果和先进技术创造发明、引进和消化的优势，并使城市成为输出新科技、新思想的基地，在推动新的科技、文化进步方面起着重要作用。

5. 人口城市化还对人口再生产产生重大影响 城市由于人口集中、经济发达、教育、文化、科技、医疗卫生等水平较高，人们的物质文化条件优越，有利于人口再生产的现代化，也有利于人口素质提高。而人口素质提高又能促使人口生育率下降。因此，城市人口出生率低于农村，而人口素质，尤其是人口科学文化素质则大大高于农村。

当然人口城市化也会带来一些负面作用，如地价上升、房价暴涨、住房拥挤、交通紧张、污染严重、失业人口增加、犯罪率提高、环境质量下降等。但这些问题都是发展中存在的问题，也只有通过发展来解决。

四、中国的人口城市化

中国是一个具有悠久历史的文明古国，公元前23世纪就出现了城市，战国时期的齐国都城人口已达7万户，公元2年西汉末期就有大小城市1 000余个，公元500年的长安，公元1000年的开封都曾经是世界最大的城市之一，南宋的杭州人口已达150万，古城西安、洛阳、南京、开封、杭州、北京先后都达到了世界前列的规模，可以说我国历史上是世界城市化最发达的国家之一。但五千多年的历史发展至今，我国一直是一个农业大国，整个劳动力人口中大部分都是从事农业劳动，特别是以种植业为主的农业，到1949年新中国建国之初，人口中90%仍然是乡村人口，城市人口约占10%。劳动力的产业分布状况决定了中国人口城乡分布是以农村人口占主导，城市人口比重较低，这构成了中国人口城市化的基本特点。

(一) 当代中国的人口城市化历程

1. 中国人口城市化进程

从1949年新中国建立至今，我国人口城市化发展经历了以下3个主要阶段：

第一阶段，1949年至1960年，人口城市化速度发展迅速阶段。由于建国后社会经济快速发展，城市建设速度加快，对劳动力需求增加，受城市人口自然增长和迁移增长双重影响，我国城市人口比重由1949年的10.64%快速上升到1960年的19.75%，城市人口数量也由5 765万人增加到13 073万人，增长了126.76%，所占比重也近翻了一番。

第二阶段，1961年至1980年，人口城市化停滞阶段。此间发生了“文化大革命”，国民经济凋敝，城市人口受供应短缺严重影响，增长缓慢，从1961年至1980年，城市人口从13 073万人增加到19 140万人，城市人口比重由19.75%发展到19.39%，人口绝对数增长主要是自然增长，而城市人口比重几乎没有变化。

第三阶段，1980年至今，人口城市化快速发展阶段。随着改革开放政策实施，我国经济呈现持续稳定高速发展，从1979年到2004年的25年中，中国国内生产总值（GDP）年均增长率为9.6%，城市改革突破，成为经济增长的主要力量，对劳动力需求急剧增加，我国城市人口数量由1980年的19 140万人增加到2005年的56 157万人，数量增长了193.40%，占总人口比重也由19.39%激增到42.99%。城市化进程呈现建国以来最良好的态势。

2. 我国人口城市化的基本特点

新中国建立后，我国人口城市化发展的主要特点表现为：

第一，城市化发展滞后。我国城市化进程几起几落，总的来看，城市人口数量发展远滞后于社会经济的发展水平。《2005年国民经济和社会发展统计公报》显示，去年中国国内生产总值为182 321亿元。其中，第一产业增加值22 718亿元、第二产业增加值86 208亿元、第三产业增加值73 395亿元。第一、第二和第三产业增加值占国内生产总值的比重分别为12.4%、47.3%和40.3%。以农业为主的第一产业增加值仅占国民经济的12.4%，农业人口却占了人口比重的57%（2005），显然人口城市化严重滞后于社会经济发展。同时中国人口城市化水平也远落后于世界平均水平，2003年世界人口城市化水平为48%，亚洲为39%，我国为42.99%（2005年），我国城市化水平同世界平均水平相比，仍然有较大差距，仅略高于亚洲水平。

第二，城市化发展不平衡。我国人口城市化发展基本呈现规律为：东部沿海地区城市化水平高，西部内陆地区城市化水平低，城市化水平由远海向内陆呈递减的态势。据2005年人口抽样调查，我国沿海城市化水平，广东为60.68%，山东为45%，辽宁为58.70%；而中西部人口城市化水平，河南为30.65%，四川为33.00%，甘肃为30.02%。

（二）当代中国的人口城市化的相关问题

1. 城乡资源分配两极分化愈加严重　由于国民经济发展中，农业的利润率极低，社会对农业的投入不大，致使国民经济中，农业产值所占比重越来越小，整个社会资源（人、财、物）流向利润率较高的城市，结果在二元经济结构中，农业越来越处于弱势地位，社会资源在城市和农村的分配和收入分配剪刀差总体呈现是不断扩大的趋势。我国农民的收入很难大幅度提高，农民的生存状况也很难大幅度改变。当前我国党中央提出建设社会主义新农村，正是为了从根本上解决此问题。

2. 城乡差别扩大化　在改革开放20多年后，我国城乡各方面都取得了巨大的发展，同时城乡发展速度巨大差别带来的城乡差别也越加突出（生产、建设、医疗卫生、教育等诸多方面），有人形象地戏称为“城市发展象欧洲；农村发展象非洲”。政治、经济、文化教育、医疗卫生、科技等方面的巨大差异导致城市对农村劳动力人口的巨大吸引力和农村对自身剩余劳动力的巨大排斥推动力，致使我国城市化本该是以世界上少有的速度巨大发展，但受制于户籍制度的限制，入城多年的农民工却不能在城市落地生根，成为新一代城市市民，这是中国的一个特有现象。那些入城多年的农民工既不愿再返回农村，回到封闭、落后、低收入的农村生活环境，同时在城市又无房（无财力购置房屋等不动产）无户（户口），他们为改革开放后的城市发展贡献了青春，却又不能为日益繁荣的城市接纳，使大部分农民工呈现边缘化趋向，使社会的不公正现象无法从根本上得以铲除，这是当代构建和谐社会需要引起高度重视的问题。

3. 城市地价、房价暴涨，城市人口内部差距加大　随城市化发展出现新的都市贫民阶层以及居住于城市内的大量下岗工人以及那些多年生活在城市而又不属于城市人的流动人口（农民工为主体）的城市边缘阶层和新兴的富裕阶层差距在急剧扩大。城市虽有广厦万间，仍然有不少人却无居住之地。2003 年《中国人口与劳动问题报告》指出，中国的城市贫困人口现象已经从 1990 年的 130 万人发展到了 1 930 万人。城市贫困人口进程的加速引起了人们的关注。

4. 城市生活成本增加，导致劳动力价格大幅度上涨，部分企业产品竞争力下降　由于城市地价上涨带来的居住等生活成本上升，以及劳动力工资上涨，导致部分制造业为主的工业成本上升，许多沿海大城市的制造业企业已被迫开始向内陆迁移，以降低产品成本，提高产品竞争力。

（三）中国的人口城市化的发展战略

未来中国城市化进程将会怎样发展，我国有关部门估算，到 2010 年，中国将有 50%的人口居住在城镇中，中国将正式迈入城市化国家，到 2020 年将增长到 60%左右，快速增长过程还将持续 30 年左右。我国城市化发展采取的发展战略应该是：因地制宜，不同地区根据实际情况采取不同发展方针，促进本地区城市化水平提高。

1. 加速城市带的发展　建设以相邻大城市的带状发展区域作为沿海和内陆经济发达地区的城市化优先发展战略。因为大城市具有较高的生产率，在有限资金约束下，应充分利用稀缺资源，将资金优先投入相邻大城市之间的带状区域发展，既可发挥大城市高生产力的辐射作用和中小城市生产的配套作用，又使人口城市化带来的城市地价不至于拉抬得太高，影响生产成本。如华东地区有名的上海-苏州-无锡-常州城市带，华北的北京-廊坊-天津城市带，以及内陆较发达地区的成都-德阳-绵阳城市带等等都实现了社会经济的高效益。城市带为主导的城市化可以实现发达地区社会效益、经济效益和生态效益等形成综合最佳组合，促进社会经济发展和城市化水平提高。

2. 加速卫星城市的发展　顺应城市化发展要求，同时为了控制大城市的盲目发展，在特大城市周围建设卫星城作为一种城市化的重要手段是具有现实意义的。在那些特大城市，建设卫星城，也可实现同城市带一样的社会、经济、生态效益。

3. 建设好中小城市　中小城市是经济尚不发达地区的经济支撑点，只有花大力去发展中小城市，才能使之带动大片农业为主的地区经济发展。由于中小城市地价低，入城门槛也低，是农村剩余劳动力既近又好的转移点，同时中小城市在语言、文化和生活方式同周边农村基本相同，新移民非常容易融入当地城市，这种城市化途径亦为广大内陆地区认同。因此，中小城市的发展也是实现经济尚不发达地区城市化的一条重要的途径。

总之，城市化的发展不能以计划经济的方式来简单计划，安排，而要适应市场经济的规律，否则，会出现政府费力、费财、费时，却得不到新移民认同的结果。

（陶瑞卿）

第五章

人 口 素 质

第一节 人口素质及其基本内容

一、人口素质的概念

人口素质可以从不同的角度来定义。日本人口问题审议会 1971 年对人口素质的定义是："作为集团的人的遗传的素质、形质、性格、智能或教育程度等各种属性，换句话说，是对肉体的、精神的以及社会的能源的状态等的机能侧面的各种性质的综合。"前苏联学者瓦连捷伊等人的定义是："表现人口本质、人口特殊性和人口规定性的那些本质特征的总和。"英国学者布劳格的定义是："人口质量指的是一个国家的健康状况、营养水准、技术和能力水平。"而我国人口学者中对人口质量较早做出定义的是张纯元教授，他的定义是："人口质量是人本身具有的认识、改造世界的条件和能力。"这一定义为许多人所接受，并被作为一个基本定义而载入集人口学界 20 世纪 80 年代前期研究成果之大成的《人口理论教程》一书。这与《人口学词典》中的定义："人口学所讲的人口质量，一般指的是人口总体的身体素质、科学文化素质以及思想素质，它素质，它反映了人口总体认识和改造世界的条件和能力"是一致的。梁中堂教授等人在《人口素质论》中的定义是："人口素质，又称人口质量，即特定的人口所具有的一定属性"。这是一种宽泛的规定，但从著作中具体的阐述可以看出，定义中的"属性"包括生物属性和社会属性，人口素质是身体素质、文化技术素质和思想道德素质的不同程度的结合与统一。这一定义以及吴忠观教授主编的《人口科学辞典》中的定义"人口质量，亦称人口素质，人口总体的质的规定性。在不同的社会生产方式下，人口在质的规定性方面的发展水平，总是体现为人口总体认识和改造世界的条件和能力。人口具有多方面的质的规定性，一般认为包括身体素质、科学文化素质和思想素质三方面的内容。"这与上面的定义内涵都是大同小异的，而且有一个共同的特点就是都比较抽象。

因此，我们认为，人口素质是指在一定的生产力水平、一定的社会发展阶段和社会制度下，人口群体认识世界、改造世界的条件和能力。

在理解人口素质概念时，需要指出的是：第一，人口素质决非指某个单个个人的素质。某个独立个体的素质不能代表其所在的人口群体的素质，特定人口群体的素质只能是群体中单个个体素质的一种综合反映。其二，人口素质是人口群体最基本和最基础的特征。即表明人口素质必须突出它的基础性的地位和基本性特征。其三，人口素质体现了自然属性与社会属性的统一。人口素质的实质不是自然现象或生物现象，而是一种社会现象。

二、人口素质的基本内容

人口素质主要包括人的身体素质、科学文化素质和思想道德素质。提高人口素质是我国人口政策的重要组成部分。人口素质直接关系到民族的兴衰、家庭的幸福和国家的富强。当今世界，科学技术的进步，国家经济的发展，以至整个社会的文明进步，从根本上讲，都取决于人口素质的提高。

身体素质是人口质量的自然条件和基础，科学文化素质和思想道德素质是人口质量的中心。人口素质的这三方面内容既相互依赖和相互联系，又相互区别和相互制约，各自反映了人口素质的不同侧面，共同构成人口素质的整体。

（一）身体素质

身体素质主要是考察身体发育是否健全，考察体质和智力的强弱。为了便于对不同国家或地区的人口身体素质进行比较分析，常常用一些相同的可比的指标进行测定与衡量。

衡量体质的指标很多，最常见的是身高、体重、胸围、机能（如肺活量）体力、耐力、残疾人比重、遗传病发病率、传染病发病率、死亡率（尤其是婴儿死亡率）以及平均预期寿命等。间接的指标（反映提高人口身体素质的物质条件的指标）还有人口营养状况、膳食结构、每一医生负担的人口数、每一病床负担的人口数、人均粮食占有量、人均住房面积、卫生用水状况、闲暇时间的利用状况等。影响人的体质的因素众多，综合起来可以概括为内因和外因两大类。内因主要是遗传因素，外因是环境因素。在大部分体质指标中，遗传起了主导作用，但也不能否定环境的作用。在中国，北方人的身高、体重、胸围等指标均明显高于南方各省。同在一个地区，由于居住环境、生活方式的不同，也会造成体质上的差别。城市和乡村之间的生活方式和社会环境上的差异就导致了体质上的差别。经济发达程度不同，导致生活水平和方式的不同，营养和医疗卫生条件也就不同，体质就有差异。除了遗传和环境因素外，个人的努力锻炼也有助于提高人的体质。

智力水平通常用智商来反映。智商（IQ）＝智力年龄×100/实足年龄，智商在90～110之间属于中等，在120以上属于超常，在70以下属于低能。智力是一个很难测定的因素。影响智力的因素就更难确定了。调查结果表明，儿童早期教育、父母亲的教育水平、母亲的育龄和文化程度、家庭收入、独生与非独生、性别等因素都对智力有明显的影响。

（二）科学文化素质

人口的科学文化素质主要是指一个人口群体的受教育程度、文化知识、科学技术水平、劳动技能、经验等。

一般常用的衡量人口科学文化素质的指标包括人口文化水平（教育程度）构成、受过大学及以上教育者占总人口的比重、文盲率（识字率）各级学校就学率、从事科学技术研究和应用者人数占总人口的比重、科学研究工作者和技术人员构成、劳动者的文化构成等。另外，还可以间接地考察教育经费（包括教育经费占国民生产总值的比重和教育经费占公共总支出的比重）学科设置和科学技术研究门类的齐全程度与现代化程度、各类图书的发行量、各类图书馆及其藏书状况、科研成果数量及其应用与推广程度、重大技术革新项目的数量与推广程度等来分析人口整体的科技文化水平。

人口的身体素质和科学文化素质，都可以通过量化的指标来测定，并可以从有关的统计资料获得数据。所以可以将两者结合起来测定一个国家或地区人口身体素质与科学文化素质的综合水平。常见的综合性指标主要有：

PQLI 指数（the physical quality of life index，简称 PQLI），又称生命素质指标，这一指标是美国海外发展委员会 1975 年制定的，它把婴儿死亡率、1 岁时预期寿命、文化普及率 3 个基本指数综合成一个简明的指数，并规定每个指数的取值范围为 0～100。显然，PQLI 越高，代表一个国家或一个地区的人口素质就越高。ASHA 指数。这一指标是针对发展中国家提出的，是由美国健康学会（American Social Health Association，简称 ASHA）首创。

（三）思想道德素质

人口的思想道德素质是指一个国家或地区人们的思想意识状态按照社会规范的要求所达到的水准。虽然思想道德素质不像身体素质和科学文化素质那样可以用量化的指标加以衡量，其要素的可比性差，但这不足以成为否定思想道德素质是人口素质的主要内容的理由。

人口的身体素质、科学文化素质和思想道德素质有机地、辩证地结合在一起，共同构成了人口素质。身体素质是人口素质的自然基础，身体素质的增强，为提高科学文化素质和思想道德素质提供了基础条件；科学文化素质是人口素质的社会实体，也是人口素质的核心，是人口素质高低的主要标志，科学文化素质的提高，必然会有利于提高身体素质和思想道德素质；思想道德素质是人口素质的灵魂，没有良好的思想道德素质，身体素质和科学文化素质再高，也发挥不了应有的作用。

三、人口素质的指标体系

由于人口质量内涵的多样性，所以决定了衡量人口质量的指标不只一两个，而是由许多指标构成为一整套指标体系。

（一）衡量人口身体素质的指标体系

这类指标体系又可分为两个方面：

1. 衡量人口身体素质的指标体系

①婴儿死亡率，这是反映社会经济水平，反映人口群体物质生活水平、医疗卫生状况、妇幼保健水平的最明显的指标。②人口死亡率（含产妇死亡率等）。③发病率（含遗传病发病率等）。④青少年平均身高、体重、胸围、肺活量的增长状况。⑤呆、傻、残、低能人口占总人口的比重。⑥出生预期寿命等。

2. 提高人口身体素质的物质指标体系

①平均每名医生所负担的人口数。②平均每一病床所负担的人口数。③平均每人每天的食物热量值，或者每年按人口平均计算的食用肉类、蛋类、奶类、豆类、鱼类的占有量。④人均粮食占有数量。⑤卫生饮用水状况。⑥人均住房面积。⑦环境监测及污染指数统计。⑧闲暇时间的利用（指利用闲暇时间开展各种体育活动）。

（二）衡量人口科学文化素质的指标体系

这类指标体系仍可分为两个方面：

1. 衡量人口科学文化的指标体系

①文盲率，一般指15岁及15岁以上的不识字或识字很少的人口，在总人口中的比重。②识字率，一般指15岁及15岁以上的人口中，识字者占总人口的比重。③平均学习年限。④各级各类学校的入学率。⑤普及教育情况（中国为九年制义务教育）。⑥各级种类学校的在校学生人数。⑦成年人口中具有中等文化程度以上人口占总人口的比重。⑧成年人口中具有中级以上专业技术职称人口占总人口的比重（或占识字人口的比重）。⑨每万人口中的在校大学生人数等。

2. 提高人口科学文化素质的物质指标体系

①教育经费，指增长率经费占国民生产总值的比例，或教育经费占国家财政支出的比例或人均教育经费等。②广播、电视的覆盖率，或平均每千人、每万人、每10万人使用的视听设备台数。③图书、报刊、图片、音响制品的发行量。④各类图书的数量、分布及藏书量。⑤各类博物馆、展览馆的数量与分布。⑥各类公园、娱乐场所、风景点、电影院等文化娱乐设施的数量与分布。⑦文学、美术、音乐、摄影、绘画等艺术部门的数量与分布。⑧各级各类学校的数量与分布。⑨各级各类学校专任教师的数量及占教职工的比例。⑩闲暇时间的利用（指利用闲暇时间阅读书报、杂志、参观、旅游与参加文化艺术活动等）。

（三）衡量人口思想道德素质的指标体系

1. 刑事犯罪率。

2. 社会公德。指遵守社会公德、职业道德、婚姻道德等人口占总人口的比重。

3. 封建迷信、吸毒、嫖娼、卖淫人口占总人口的比重。

4. 好人好事、好风尚的数量及开展社会公益活动的数量及开展社会公益活动的人数、规模统计等。以上指标均可从不同侧面反映人口的思想道德素质状况。

第二节　人口素质在社会经济可持续发展中的作用

一、人口素质对社会可持续发展的作用

（一）人口科学文化素质的提高有利于社会的可持续发展

人口的科学文化素质是人口的重要社会特征，是人口素质的主要组成部分，也是影响社会发展的主要因素之一。邓小平同志曾说：我国的劣势是人口太多，增长太快，而且其中百分之八十是农民。在生产还不够发展的条件下，吃饭、教育和就业都成了严重的问题。由于人口过多，使我国的资源弱点暴露出来，我国资源人均占有量

大大低于世界的平均水平。同样，我国人口数量虽多，但质量却不高，文化科学技术落后，还不能适应现代化建设的需要。邓小平同志把人口看成是数量和质量的统一体，并把人口素质视为推进社会发展的基本动力，这就为我们制定社会发展战略提供了理论依据，也充分说明了人口素质问题影响社会发展的至关重要性。

（二）人口思想道德素质能够调节社会矛盾，促进社会和谐发展

人不仅是社会经济活动的主体，也是社会政治活动的主体。人口的思想道德素质能够起调节各种矛盾、稳定社会的作用。人口思想道德素质高，就有利于建立良好的市场秩序和健康的生存环境。如果人口思想道德素质不高，就会引发和激化矛盾，阻碍社会的稳定与协调。

（三）人口身体素质有助于社会健康发展

健康资本作为资本构成的重要内容，在现代社会显得越来越重要，是社会发展的推动力。良好的健康状况既可以减轻精神痛苦，保持工作、生活的良好状态，又可以减少医疗费用的支出，使家庭收入的再分配向智力投资和提高生活质量转移，也有助于个体素质的全面提高，有利于卫生医疗和体育事业的良性循环。

二、人口素质对经济可持续发展的作用

因为人既是生产力中的主体因素，又是生产关系的承担者，同时，生产力发展的根本动因在于人类的物质生产活动，而进行物质生产活动的原因则在于人类的需要。因此，人口素质，无论是人口数量、人口质量还是人口结构的改变，都会对经济的可持续发展产生作用。

（一）人口身体素质能够极大地推动经济进步

人口身体素质的提高，使劳动者保持旺盛的精力，在生产劳动中体现出高效率，直接提高了劳动生产率。人力资本中的健康资本得到重视和保护，可以使人力资本使用时间延长，使用效率提高，有助于经济的发展。

（二）人口科学文化素质对经济发展的巨大推动作用

不同社会形态对劳动者的要求是不同的。农业经济时代是人口主导型经济时代，要求有大量的体力型的劳动者；工业经济时代是资本主导型经济时代，要求有大量的文化型的劳动者；知识经济时代是知识主导型经济时代，要求有能不断创新的科技型的劳动者。根据外国学者的研究，科学文化素质高的劳动力队伍对经济发展的促进作用，已经在某些方面得到了证实。如美国学者丹尼逊认为，美国1929～1957年间人均国民生产总值的增长中有42%应归因于人口平均受教育水平的提高。同时，如果一个国家的人口整体素质高，即使在其他生产要素稍微逊色的条件下，也可以使生产力系统处于较佳状态。比如二次大战后，日本和德国成为战败国，社会生产力遭到摧毁性破坏，但是它们仅仅用了20年的时间又迅速崛起，跻身于世界经济大国行列。当然原因是多方面的，但很重要的一点是，日本和德国在政府财政困难的情况下，重视教育，加大投入，保持了较高的人口素质，保证了国家的智力资源供给。可见长期坚持提高人口素质为经济发展提供了持久的动力。

在人口身体素质不断提高的情况下，人口文化素质在经济发展中的作用越来越显著。随着科学技术成为生产力发展中最革命、最活跃的因素，经济发展的原动力主要

来自技术创新，而人才作为技术创新的实现者，也成为经济可持续发展的直接推动者。特别是在知识经济时代，一个国家的人力资源储备已经成为国力的重要体现。因此，各国在大力发展教育事业的同时，也展开了全球性的人力资源竞争，而发展中国家往往成为发达国家的人才输出地。

三、我国人口素质现状及对策建议

（一）我国人口素质现状

从总体上讲，我国人口素质在新中国建立后的50多年里有了很大的提高。但是，我国的人口素质与发达国家相比，还存在一定的差距。

1. 国民健康素质不适应现代化发展的要求 近年来，中国人口平均预期寿命已有很大提高，但我国的人口健康素质与发达国家相比仍有较大的差距。

首先，婴儿死亡率有待于进一步降低。1949年以前，我国婴儿死亡率很高。据1928～1933年全国对101个地区的调查表明，婴儿死亡率的平均值为156‰。1949年新中国建立以后，随着社会经济、文化的逐步提高以及医疗、卫生、保健的不断改善，婴儿死亡率下降到2002年的32‰，但与一些发达国家相比，还存在一定的差距。如从2003年的世界人口数据表中得到，日本的婴儿死亡率为3‰，芬兰为3.2‰。

其次，出生预期寿命有待于进一步提高。中国人口的出生预期寿命由1949年的38岁提高到1982年的68岁，2002年提高到71岁，虽然大大高于发展中国家63岁的水平，也高于2002年全世界平均67岁的水平，但与发达国家的76岁相比，仍有较大的差距，还有待于进一步的提高。

最后，残疾人口的数量多，占总人口的比重高，还有待于进一步降低。据世界卫生组织于20世纪80年代初的估计，全世界有近6亿残疾人口，约占世界人口总数的13%。其中，近4亿人口集中在发展中国家。中国1987年全国残疾人口抽样调查结果表明，5类残疾人口（视力残疾、听力及语言残疾、肢体残疾、智力残疾、精神残疾）达5 164万人，占全国人口总数的4.9‰，占世界残疾人口的8.6‰，占发展中国家残疾人口的12.9‰。也就是说每20个中国人口中就有1名是残疾人，每10个世界残疾人口中，有1名中国的残疾人。如此庞大的残疾人口，不仅增加了国家的负担，也与社会主义现代化建设不相适应。

2. 劳动者整体文化素质滞后于经济发展 首先，我国人口整体文化素质较低。有资料显示，2002年我国文盲人口为8 570万，占全国总人口的6.72%，大大高于一些发达国家。同时，2002年，美国、日本平均受教育年限为13.4年，韩国平均受教育年限为12.3年，而我国2001年的平均受教育年限为7.99年。又如，1999年，美国25～64岁人口中，具有高中以上水平的人口为87%，韩国为66%，中国2000年在25～64岁人口中，具有高中以上水平的人口为18%。

其次，从业人口文化素质较低，不适应现代产业结构的要求。比如，中国工人的技术等级结构偏低，在1989年的登记中，1～3级的占71%，4～6级的占23%，而7～8级的仅占2%。较低的文化结构与日益变化的产业结构之间形成了巨大的矛盾和冲突。

3. 人口思想道德素质与现代化建设存在一定的矛盾　思想道德素质的提高，有助于人们团结友爱，相互关心，共同进步；有助于集体主义、爱国主义、文明礼貌风尚的发扬；有助于巩固和完善人民内部新型关系的建立。建国50多年来，广大群众在本职工作中勤勤恳恳，任劳任怨，为社会主义建设作出了积极贡献，出现了许多忘我劳动、英勇献身的模范和英雄人物，这些都展示了人们的高尚情操和思想境界。但是，我们也不能回避的是，一些旧思想、旧道德、旧观念及西方社会的一些腐朽思想，还在以不同的形式、从不同的渠道腐蚀着人们，导致有些人贪污腐化、欺压群众、为利是图、追求享受、目光短浅、胸无大志、不择手段、违法乱纪，走上犯罪道路。这些不良倾向的发展，阻碍了社会主义现代化的顺利进行。

(二) 提高国民素质的对策

1. 大力发展社会生产力　无论是提高广大群众的生活水平，还是改善医疗卫生条件；无论是加大教育投资，还是保护生态环境；无论是优生、优育，还是加强精神文明建设，都取决于经济发展规模和速度以及综合国力的加强，也才能为提高人口质量所能提供的资金投入。大力发展社会生产力，增强经济实力，就为提高人口素质提供了强大的物质基础。

2. 继续坚持控制人口数量、提高人口质量　中国的人口压力，已使人们深有感触，中国把实行计划生育作为一项基本国策，已得到了人民群众广泛接受和支持。然而，中国人口继续增长的时间大致还有15～25年，中国要实现理想的人口数量，还需要相当长的时期。同时，要把沉重的人口负担转化为智力资源优势还有个过程。所以，继续坚持控制人口数量、提高人口质量的人口政策，是中国人民的一项长期任务。

3. 认真贯彻执行《中国教育改革和发展纲要》　《纲要》从中国教育所面临的形势和任务；中国教育事业发展的目标、战略和方针；中国教育体制改革；全面贯彻教育方针，全面提高教育质量；加强教师队伍建设和增加教育经费的投入等6个方面绘制出了中国教育改革的发展蓝图。至此，纲领已制定，蓝图已绘成。其关键是解放思想、真抓实干，真正重视，组织实施。一个全民重视教育，一个全面提高人口素质的春天已经到来。

4. 大力发展优育、卫生事业　提高医疗、卫生、优生、体育、残疾事业及文化娱乐等是提高人口身体素质的基本保证。在国家财政许可的情况下，必须加大力发展。

5. 加强精神文明建设　加强理想、道德教育以及民主、法制建设等方面的工作，建立具有中国特色社会主义的新型道德体系，是提高人口思想道德素质的主要途径。

6. 努力改善人口生存的外部环境　环境保护也是中国的一项基本国策。保护和改善环境不仅是为了保护自然资源，更是为了保护人民群众的身体健康，促进社会生产力的发展。要积极防治环境污染，重视维持生态系统的相对平衡。努力创造出一个清洁、优美、安静、舒适，基本上能够同国民经济发展和人民物质文化生活的提高相适应的外部环境。

第三节 影响人口素质的因素

一、优生与人口素质

优生就是使出生的后代优质，也就是使他们健壮聪明。提倡优生从根本上讲就是人口的优质遗传基因得到发展，让劣质遗传基因受到抑制。优生可以提高和优化初生婴儿的质量，是优育优教的基础，是提高人口素质的第一步。

（一）人口素质与优生

优生优育是提高人口素质的重要方面，优生学是运用遗传学的原理和方法来改善人类遗传素质的科学。早在1883年，由英国博物学家高尔顿创立。优生学可分为“消极优生”和“积极优生”两大类。消极优生又叫预防性优生或负优生；积极优生又叫演进性优生或正优生。人们通常把防治和减少有严重异常性和先天性疾病个体的出生，称为“消极优生”；把促进体力和智力上优秀个体的出生，称为“积极优生”。目前，我国所强调的优生工作，大多属于消极优生的范畴，对积极优生工作正在有计划地稳步研究和发展。

实行优生对提高人口素质有非常重要的意义。它可以降低人口群众中的发病率，降低人口死亡率，减少和消除某些有害基因，为家庭和社会节约抚养费用。同时，优生还有利于宣传和贯彻计划生育政策，有利于人们生育观念的转变。

（二）人口素质与遗传

影响人口素质的因素很多，其中重要的因素之一，是遗传疾病和先天性疾病，它们所造成的生命缺陷和浪费是相当惊人的。遗传和与遗传有关的因素影响人口素质。胚胎发育全过程在基因调节控制下表达，各种组织细胞的发生又按一定的遗传信息，在分化发育中相互诱导。因此，生殖细胞传递突变的遗传物质，胚胎发生畸变，胎儿发育变形，都将影响人口素质，从而导致各种先天缺陷，影响整个人口素质的提高。

（三）优生的认识与指导

1. 恋爱与优生　科学地认识和正确地选择配偶与优生有密切的关系。配偶一方有某种遗传病，他们的后代有可能患此种疾病。配偶双方家属中有同样的遗传病患者，他们的后代就有很大机会再发生该病。有的人虽然表型正常并不发生遗传病，但带有不正常的遗传基因或染色体，叫做携带者。如果与带有同样致病基因的携带者结合，他们的后代就有可能患病。带有不正常染色体的携带者与正常人婚配，他们就有可能发生流产、死胎、死产或出生染色体异常的后代。

2. 婚姻与优生　“直系血亲和三代以内的旁系血亲不应结婚”，这是婚姻法规定禁止结婚的范畴。近亲结婚使遗传病、先天性畸形、智力障碍的发生率大为增加，这是因为近亲结婚的夫妇所携带的相同基因的可能性是很大的。必须认真和正确地处理劝阻婚育、不宜生育和应暂缓与延期结婚的对象。

3. 妊娠与优生　受孕时机的选择。选择受孕时机时，下列情况应予重视：“坐床喜”并不好；酒后不受孕；带病不怀孕；高龄应在遗传咨询指导下妊娠；

停服避孕药或停用宫内节育器后不要立即怀孕；避开病毒感染季节；加强孕期保健。

4. 分娩与优生 高龄化产妇和大婴儿问题。据有关资料分析，近年来新生儿难产增多，有两个新的因素，即产妇高龄化和大婴儿增多，从而导致剖宫产手术也上升。剖宫产对孩子的影响。认为剖宫产的孩子特别聪明是没有科学依据的。剖宫产娩出的新生儿也会发生窒息等，这是由于手术时的多种因素所引起的。

（四）实行优生的措施

实行优生，从预防性优生方面来看，主要措施有：

1. 禁止近亲结婚 我国《婚姻法》中，有不准“直系血亲和三代以内的旁系血亲”的规定，这是禁止近亲结婚的具体法律。人类遗传学提示了近亲遗传的五级血亲对人类遗传疾病有着不同程度的致病原理，是禁止近亲结婚的科学依据。血缘越近，所生子女的相同的等位基因就越多，相同的等位基因越多，由亲代遗传给子代的发病率越高。同时，畸形、智力低下者越多，死亡率也越高。所以，要坚决禁止近亲结婚。

2. 进行婚前检查 婚前检查，不仅能帮助男女双方了解相互间的健康状况，有利巩固和加深感情，而且物理学能发现一些不能或暂不能结婚的疾病，以便确定何时结婚和能否结婚，确保后代的健康。

3. 开展遗传咨询 当前发现的遗传性疾病已有3 000多种，这些遗传病往往是由亲代的基因遗传给子代所致。为减少、避免以至消除遗传病的发生和蔓延，必须要进行遗传咨询。遗传咨询往往是在医疗部门或计划生育部门开设的遗传门诊进行。凡有家族遗传病史、生过先天畸形儿、高龄孕妇、近亲婚配、怀孕早期接触过物理辐射或化学毒物以及担心后代出现缺陷者，均可进行遗传咨询。以便医务工作者根据被咨询人的具体情况提出建议，帮助采用适当措施来治疗或补救，从而达到减少以至消除劣质个体的出生。

4. 选择最佳生育年龄 中国的法定婚龄：男不得早于22周岁，女不得早于20周岁。这个婚龄是最低婚龄，更不是最佳生育年龄。从遗传学、产科学及大量实践证明，最佳生育年龄为25～30岁。小于这个年龄段或者大于这个年龄段的生育都不利，特别是年龄越小或者越大生育更有害。因此，掌握25～30岁生育，既是最佳生育年龄，又是保证提高人口质量的重要措施。

5. 加强孕期保健 受精卵形成并植入子宫内膜的过程，小生命就猛烈发育。在最初的3个月内，如果孕妇受到风疹、流感、肝炎等病毒感染，将会使胎儿出现白内障、先天性心脏病、脑积水、聋哑、先天愚性等症状；如果孕妇受到X线照射、接触砷、汞、苯等致病毒物，将会导致胎儿患脊柱裂、小眼球等病；如果孕妇嗜好烟酒、用药不当，将会导致胎儿畸形。同时，孕妇不宜从事过重的体力劳动、不宜从事不良姿势的劳动，不宜过度劳动，要注意睡眠、休息，讲究清洁卫生，预防疾病，加强营养，按医生嘱咐用药等，则会使胚胎正常发育以达到优生。

6. 加强产前诊断 产前诊断又称宫内诊断或出生前诊断。通过加强产前诊断能及时了解胎儿在宫内的发育情况，对部分先天性、遗传性疾病胎儿，在出生后能及时采取治疗和矫治措施；对一些严重的先天性畸形，孕妇可作出选择性终止妊娠。有下列情况者，应该进行产前诊断：夫妇有近亲血缘关系；有遗传病家史；夫妇中一方有先天性缺陷或染色体异常；生过畸形儿；有习惯性流产、早产史，原因不清者；妊娠早期受不良因素或致畸因素影响者；孕妇年龄超过 37 岁；或者咨询医生认为需要检查的孕妇。现今的产前诊断技术简便、安全、可靠。主要是羊水穿刺技术和有关的实验检查。一般在妊娠 15 周抽取羊水，然后进行细胞染色质检查、细胞培养做染色体核型分析。还可测定甲胎蛋白及其他生物化学指标。大约两周可得全部结果。

7. 加强产前检查　产前诊断和产前检查是两个不同的概念。产前检查是指怀孕后到胎儿出生之前的这段时期，每隔一定时间去医院复查。一般在怀孕 3 个月内进行第 1 次检查，以后每月检查 1 次；到第 7 个月时，每两周检查 1 次；到第 9 个月时，每周检查 1 次。总共需要 8 次左右的检查。产前检查与孕期保健、产前诊断有联系、有交叉，但有侧重。其目的在于：发现孕妇患有某种疾病不宜继续怀孕，则指导孕妇及时中止妊娠；了解胎儿发育和母体的变化情况，指导及时治疗；预测生孩子时有无困难，保证安全分娩；指导孕妇科学怀孕，以利母婴健康等。

8. 加强围产期保健　围产期是指孕产妇产前、产时和产后一段时间。指妊娠第 28 周至产后 7 天。这一时期内关系到孕、产妇及胎儿、新生儿一系列的生理或病理变化，预防、保健、疾病的治疗等各个方面的问题。母亲要渡过妊娠、分娩期及产褥期的漫长阶段，胎儿要经历受精、细胞分裂、繁殖发育，从不成熟到成熟和出生后开始独立生活的复杂变化，因此，必须加强对这一阶段的保健工作。

9. 加强营养　营养与优生有着直接的关系。怀孕和分娩使孕妇不仅在体力上的负担比孕前大，在心理、精力与精神等方面的负担也大大增加。这都需要补充更多的营养物质充实孕妇所需要的能量，以满足生理、心理的需要；尤其是要保证胎儿健康发育的需要。孕妇营养不良，将会防碍生育或降低生育能力；将可能出现流产或早产，还可能使胎儿脑的发育不正常，严重影响智力。产妇营养不良，不仅会影响喂奶期限，而且会影响乳汁的分泌量等。所以，一定要重视怀孕前、怀孕中、分娩后恢复期的营养摄入与补充，要多吃一些营养丰富、易于消化的食物。同时要纠正偏食、少吃刺激性的食物，适当晒些太阳等。

10. 优生立法　优生是提高人口质量的有效途径，优生涉及到千家万户，关系到中华民族兴旺发达，因此，要制定优生法规，让人们依法行事。

二、社会经济的发展从根本上制约着人口素质

社会经济的发展根本上说在于生产力和生产关系的矛盾运动，因而无论是生产力的进步还是生产关系的变革，都制约着人口素质的发展，包括人口数量的变化和人口质量的提高。生产方式的每一次变革，也都将使人口结构尤其是人口社会结构发生改变。

（一）社会经济发展对人口自然变动的作用

人口自然变动是指由出生和死亡引起的人口数量的增减变动。在任何生产方式下，生物学规律是出生和死亡的自然基础，但是由于处于一定的社会关系中，特别是一定的家庭关系中，因而必然要受到社会经济因素——主要是生产力和生产关系的决定性影响。

首先，人口自然变动受社会的经济规律支配。一定的社会生产方式决定了社会对劳动力的需求，从而决定了人口再生产的速度、规模和类型，决定了人口自然变动的规律。

其次，由于不同阶级、不同阶层、不同社会集团、不同职业的人口所处的社会经济地位和生活条件不同，出现了差别生育率和差别死亡率。一般来说，无论是出生率还是死亡率都同经济地位、经济收入和经济水平直接相关。

最后，从人口发展的基本趋势来看，一个社会、国家或地区的人口自然增长率同经济发达程度成负相关。即生产力发展水平越高，生产越现代化，生活水平和生活质量越高，出生率和死亡率就越低，人口自然增长率也越低。这是因为，在生产力水平较低的条件下，生产规模的扩大主要依赖于劳动力的增加，从而劳动力再生产周期相对较短，劳动力培育费用较低；同时，较高的死亡率也需要通过高出生率来补偿。这种经济条件长期作用的结果形成了人们多生多育的生育观。而随着生产力的发展，一方面，死亡率大幅度下降，高出生率已不是维持人类繁衍的必要条件。另一方面，经济发展对劳动力数量的需求相对减少，而对劳动力质量的需求相对提高，劳动力培养费用增加，培育时间延长，与此相适应，人们倾向于减少生育。与此同时，经济的发展和生活方式的转变，也不断改变人们的生育观，对人们自觉控制自己的生育行为也有重要作用。

（二）社会经济的发展对人口质量提高的作用

首先，社会经济的发展是人口质量不断提高的决定性因素。一方面，社会经济的发展为人口质量的提高提供了物质条件和社会条件。比如，生产力的发展，引起人们生活水平的提高和医疗卫生事业的进步，是人口身体素质提高的基础和前提；而生产力发展引发的科技进步以及社会教育事业的发展和普及，是人口文化素质提高的关键。另一方面，社会经济的发展对人口质量提出了更高的要求，刺激和推动人口质量的提高。社会生产力的每次变革，都会要求并推动人口科学文化水平的提高。从历史的发展过程来看，人口素质的提高速度同生产力发展的速度也是相适应的。原始社会生产力水平很低，人口素质也极其低下。奴隶社会和封建社会生产力有了一定发展，但始终没有脱离手工劳动的自然经济，人口素质提高缓慢。进入资本主义社会以后，逐步过渡到社会化大生产，生产力增长迅速，人口素质也迅速提高；第二次世界大战以后，发生了波及整个世界的新科技革命，许多新的产业纷纷兴起，结果导致了西方世界中等教育的普及和高等教育的发展，人口文化水平迅速提高。

其次，生产关系对人口质量也有决定性的作用。一方面，生产资料占有关系的不同，决定人口身体素质高低和科学文化的普及程度。比如，在封建社会中，封建主占有绝大多数生产资料，广大农民很少甚至并不占有生产资料，人们生活水平普遍低下，接受教育的机会不平等，必然导致身体素质低下，科学文化普及受到限制。另一方面，生产关系的性质不同，在阶级社会里，表现为人口阶级地位的不同，从而也会产生不同的政治思想和道德观念。

（三）社会经济发展对人口结构的作用

人口结构形成的因素是很复杂的，有社会、经济、政治、历史、文化、地理等因素，但决定性的因素是生产力发展水平。社会生产力发展到一定程度，就会形成相应的人口结构。

首先，社会经济发展水平直接影响到人口的地区分布。在原始社会的生产力水平下，人们受地理环境和自然条件的限制较明显，人类祖先最初只能生活在气候温和、天然食物丰富的热带森林地区。随着社会生产力的发展和生存的需要，才逐步扩散到适宜于人类生存的温带和亚热带广大地区。同时，随着社会生产力的发展和科学技术的进步，人口地区结构的变化也越来越取决于对自然资源的开发能力、交通运输的发展和生产力的布局。

其次，劳动力的产业和行业构成，直接受生产力发展水平和社会分工发展程度的制约。在自然经济占统治地位的时代，劳动力几乎都集中在农业部门，劳动力行业构成变动非常缓慢。随着生产力发展和生产社会化程度提高，新的生产部门不断出现，劳动力行业构成日趋复杂，第二产业和第三产业从业人员的比重也不断提高。可以说，一个国家劳动力的产业构成是由经济发展水平决定的。从当前世界各国发展的过程来看，劳动力产业构成将逐步从第一产业为主过渡到第二产业为主，并最终过渡到第三产业为主。

最后，人口的文化构成也与社会经济发展水平有极其密切的关系。人口的文化构成是指人口中各类文化程度人口的比重。一般而言，它与社会经济发展水平成正比例关系，经济越发达，人口的文化程度越高。这是因为，第一，在以手工劳动和体力劳动为特征的生产力条件下，劳动者只需要有一定的体力和经验就行了，对劳动者的文化素质要求不高。而在现代技术生产条件下，要求劳动者掌握更多的科学知识和劳动技能才能胜任，一些专门的复杂劳动，则要求劳动者具有更高的文化程度。第二，在经济、技术落后的条件下，劳动产品主要用于解决温饱问题，社会上剩余产品不多，劳动者接受教育的时间和机会相对较少；而在生产力高度发达的条件下，社会可以为发展教育事业提供更多的物质产品，人们也有更多的时间接受教育。

三、教育是提高人口素质的重要途径

提高人口素质是我国人口政策的基本组成部分，教育是提高人口素质的重要途径。在社会、经济、文化等诸因素中，教育比其他诸因素对人口现代化的作用更为直接更为密切。

（一）教育通过对生育率和死亡率等的影响制约着人口再生产类型的转变，直接决定人口素质现代化的进程

教育是生育率转变的重要决定因素。在一定的社会、经济、文化条件下，由于不同的育龄妇女人群在社会、经济活动中所处地位不同，所受教育水平不同导致其生育观念和生育行为也有所不同。1987 年 1%人口抽样调查表明，在业与不在业妇女平均

活产子女数分别为2.01和3.06。在业妇女在处理生育与参与社会活动之间的矛盾时，愿意采取控制生育的措施，以达到兼顾两者的目的。从在业育龄妇女职业或所在行业来看，农、林、牧、渔、水利部门育龄妇女总和生育率为2.75，明显地高于其他部门的1～1.5水平之间。

育龄妇女所受教育水平与其生育率却有着更为密切的关系。育龄妇女受教育程度与生育率水平有直接的反向依存关系。生育率随教育水平提高而下降，且几乎成直线负相关关系。而行业职业状况与生育率则不存在这种明确的相关关系。达到初中教育水平的育龄妇女，1986年生育率水平为2.13，1981年为2.19，均低于全国平均水平2.42和2.61。数据表明，初中教育程度是使生育率低于全国平均水平的分界线。

教育与死亡率下降有着密切的关系。死亡率是决定人口再生产变动的一个重要因素，如同生育率一样死亡率变动也为各种社会经济因素所制约。教育程度愈高，愈能按科学方法哺育婴幼儿和防治婴幼儿疾病，从而使婴幼儿死亡率下降。同时，人们文化科学知识水平愈高，对人类自身生命发展的客观规律了解和认识也较深，在饮食、起居、个人卫生、防病健身等方面能按照客观规律办事，提高个人身体素质，因而死亡率相对较低。

（二）优先发展教育，是近现代社会经济发展的客观规律

无论是当代发达国家的发展历程，还是我国50多年来社会、经济发展的经验教训都证明了这一点。如二战后的日本，在一片战争废墟上迅速崛起，成为世界上位居第二的经济大国，这与其国民教育的普及和提高是分不开的。美国上世纪50年代在航天技术落后于原苏联的情况下，迅速制定《国防教育法》，改革了教育内容和方法，使空间技术很快赶上了原苏联。在我国，自改革开放以来，经济增长迅速，社会发展稳定，这与教育事业突飞猛进的发展是密不可分的。毫无疑问，优先发展教育，既是提高我国人口素质，开发人才资源的前提和基础，又是加速全面建设和谐社会进程的根本保证。

美国现代经济学家罗默和诺斯的新经济增长理论认为：不同国家经济发展水平差别的根源在于知识和人力资本的差别，知识能提高投资收益，而人口数量的增加会导致收益递减，面对庞大的人口数量，只有不断推行制度创新，才能有效解决由于人口增长造成的资源压力增大问题，从而促进经济增长。因此，面对我国沉重的人口负担，如果不通过教育把它变为丰富的人力资源，其负担只能是越背越重。因为，纵观世界，当前国际竞争就是科技人才与教育的竞争，谁掌握了先进的科学技术和教育，谁就能在竞争中立于不败之地。

（三）优先发展教育，提高人口素质，全面建设和谐社会

党的十六大报告提出了在新世纪全面建设小康社会的宏伟目标。其中对人的素质的目标是：全民族的思想道德素质、科学文化素质和健康素质明显提高，形成比较完善的现代国民教育体系、科技和文化创新体系、全民健身和医疗卫生体系。人民享有接受良好教育的机会，基本普及高中阶段教育，消除文盲，形成全民学习、终身学习的学习型社会。

提高全民族的思想道德素质、科学文化素质和健康素质，促进人的全面发展，是全面建设小康社会的重要目标之一。我国人口众多，人力资源丰富，近年来经济、社会、文化、教育发展较快，人口素质也有明显提高，但地区间发展不平衡；人口素质不高、人才缺乏，严重制约着经济社会发展，成为我国全面建设小康社会过程中所必须面对的重大问题。从我国目前人口素质状况看，存在的突出问题：一是总人口科学文化素质较低，文盲率偏高；二是在业人口技术构成低，且人才分布不合理，人才流失严重；三是劳动者科学文化水平普遍低下，缺乏一专多能的科技人才。如不迅速扭转这种被动的局面，我们就无法在充满挑战与竞争的21世纪抓住发展的机遇。

（四）提高人口素质，促进人的全面发展

促进人的全面发展既是社会全面发展的必要手段，又是社会全面发展的重要内容和价值目标。在当今信息化、知识经济时代，决定社会、经济发展的，不是物质资源，而是人才资源。国际间的竞争，实质上是人的素质的竞争。因此，社会发展水平必定是以满足人的物质与文化需要，促进人的素质提高作为主要内容和衡量标准，而人的全面发展则是社会发展的价值目标。人的素质的提高促进了人的全面发展，推动着社会的进步和发展，而社会发展和进步也总是集中表现在人的发展上，即表现在社会成员自身素质和能力的发展与提高上。没有现代化素质的人口，就不可能有现代化的社会，而现代化社会的终极目标就是人口素质的提高和人的全面发展。

（五）优先发展教育，提高人口素质，是实现民族富强的必由之路

教育在对受教育者传授知识技能，训练智力才能，培养思想品德，健全体魄方面具有特殊的不可替代的功能，其实质是使受教育者的素质获得全面的提高。实践证明，只有教育才是提高人口素质，开发人才资源，培养社会主义现代化建设人才最有效的手段。我国由于长期教育投入不足，办学条件较差，教育事业总体上比较落后，导致我国人口素质，尤其是劳动者文化素质较低，严重地制约了社会、经济的发展。要改变我国人口整体素质偏低的现状，必须千方百计地办好教育，把教育事业放在突出的战略位置。

第一，要适应现代化发展的需要，加快教育改革的步伐，以调整教育结构，多方位多层次地办好各级各类学校，尤其要办好高等教育，以培养高素质的勇于创新的专门人才，同时要办好职业技术教育，以培养千百万训练有素的劳动者。教育方式不仅包括学校教育，还包括家庭教育和社会教育。教育形式不仅包括全日制学校教育，还包括利用节假日的在职培训、成人大学、远程教育等。各种不同的教育方式和形式都是教育事业大发展不可缺少的组成部分，都应在政策上和工作实践中给予鼓励和支持。

第二，要增加教育投入，逐步建立和完善以财政拨款为主，多渠道筹措教育经费的新体制，增加政府财政的经费支出比重，使教育费用支出增长率多于国家财政支出的增长率，同时，鼓励社会增加教育投入，并不断提高教育投资效益。逐步建立起政府公共财政体制的教育拨款政策和成本分担机制。义务教育经费由各级财政支出。非义务教育经费可由政府财政、受教育者按一定比例分担，进一步健全和完善教育发展基金筹集和管理办法，积极鼓励社会各界及有关人士为教育事业，特别是贫困地区的教育事业发展做出贡献。同时，完善教育经费的管理制度，强化审计功能，保证教育经费的合理使用，提高教育经费的使用效率。

第三，要巩固和发展农村基础教育，优化农村教育结构，不断提高农村人口素质，尤其是农村劳动力文化素质。要根据国家对教育管理体制改革的要求，进一步完善农村义务教育管理体制。教育事业的发展必须向农村倾斜，加大农村教育投入力度，大力改善农村办学条件；要对广大农村教师进行以素质教育为核心的在职培训和教师的再教育，切实提高其综合素质，以适应农村素质教育的需要；以就业为导向，以农民培训为重点，坚持服务“三农”的方向，研究探索解决广大农村初中后教育的分流渠道不畅和农村成人教育薄弱的问题，促进农村普通教育、成人教育和职业教育的统筹协调发展。

第四，要加强师资培训，建设一支培养社会主义建设合格人才的高素质的教师队伍。不断加强教师队伍的师德教育和教学能力的再培养，优化整合教育资源，调整人才培养结构，提高教育资源的利用效率。发展教育，教师是关键。民族的希望在教育，教育的希望在教师。大力发展教育必须拥有一支高素质的、强有力的和稳定的教师队伍。

四、自然环境影响人口素质

人的身体是由各个系统构成的完整统一体，它不断地通过新陈代谢与周围环境进行着物质、能量和信息的交换。人口身体素质的好坏，一方面取决于遗传因素，另一方面取决于环境因素。即使是遗传因素，也受到环境的长期影响。在人类社会早期，自然环境曾经是影响人口素质的决定性因素。即使是现在，自然环境对人口素质也有重要的影响。

（一）原生环境因素

原生环境因素，主要指地形、气温、湿度、降水等自然环境因素。这些环境因素与人口的身体健康状况有很大关系。有些地区的土壤中，缺乏人体需要的某些元素，或者某些元素过多，都可能产生地方病。例如，硒是生命必需元素，研究证实，环境中硒缺乏与克山病和大骨节病有着密切的关系；而环境中硒过剩，却可能产生地方性硒中毒，表现出脱发、脱甲和某些神经系统方面的病症。环境中碘异常，当地人口易得地方性甲状腺肿大；有些地区自然放射线高，则容易引起畸形胎儿出生较多等。

（二）次生环境因素

次生环境因素，主要指受人类影响的环境因素。实际上，人类发展到今天，可以说地球上几乎不存在没受到人类影响的环境。这里主要从物理、化学和生物 3 个方面，来讨论环境污染对人口身体素质的影响。

现代交通、电信业的发展，使噪声和微波辐射污染不断加剧。特别是以交通和工业噪声为主的城市噪声污染，已经发展到非常严重的程度。噪声不仅对人的听力产生危害，对人的神经系统、心血管系统、消化系统等也有一定的影响。

近年来，“瘦肉精”、“苏丹红”等事件的发生，使得人们对食品生产中的化学性添加剂颇多担心，这是有一定道理的。有关研究已经证实，有些食品的污染物和夹杂物对人体有致畸、致癌作用，例如某些食品中的黄曲霉素，是目前已知的致癌性最强的物质之一；食品中含有的亚硝基化合物及防腐剂、抗氧化剂等也有一定的致畸、致癌作用。烟草燃烧时产生的烟雾中，含有上千种化学物质，绝大部分对人体有害，有多种致病变、致癌变作用。

由于生活中产生的垃圾、污水和粪便，以及生物制品厂、食品厂和医院等的垃圾和废弃物，没有得到适当处理，其中的病菌、病毒、寄生虫卵对水体和土壤产生污染，并通过饮食传播一些传染病。这类污染往往在一定气候条件下发生作用，构成对人体健康的侵害。例如进入高温多雨季节后，生物性污染物使蚊子大量繁殖，容易引起疟疾、乙型脑炎等疾病的流行。

在这里，我们还认为，人口科学文化素质的高低，直接影响着人类活动的环境后果。

一个地区环境质量的好坏，人口数量多少并不是最主要的，人口素质的高低往往起着更为重要的作用。特别是人口的科学文化素质的高低，从整体上影响着人们的资源观、环境观和发展观。

首先，科学文化素质高的人口，有比较高的生态环境意识，在发展经济的同时，能够重视环境保护工作，形成人口、环境与发展的良性循环。而人口素质低的人口，生态意识和环境意识淡薄，在这种情况下要想实现资源的合理利用、社会经济和生态环境的可持续发展是不可能的。一旦落后意识和封建意识占了上风，就可能给环境造成极大的破坏。

其次，人口科学文化素质的高低，对资源的开发和利用有着直接的影响。人口科学文化素质高，才能开发和利用更多、更广泛的自然资源，在资源的使用上也更有选择的余地。如煤炭的利用率我国只有不足50%，而日本则高达75%。同样，在我国被视为废弃物的花生壳在日本却能够被加工成价值较高的纤维板。而科学文化素质低的人口，缺乏开发利用新资源的知识和能力，因此不得不依赖现有的资源，当对这些资源的依赖和使用超过一定强度后，就会造成不可挽回的恶果。例如在某些渔业地区，捕捞强度大大超过了鱼类种群的繁殖增长能力，结果造成一些鱼类资源濒于枯竭。科学文化素质不同的人口，对资源利用的充分程度也大不相同。科学文化素质较低的人口，对资源的利用往往不充分，甚至产生全社会对资源的浪费性使用。这样，为了维系发展（这种发展往往是低水平的），一方面要求使用更多的资源，另一方面又向环境排出更多的废弃物，对生态环境造成更大的压力。

人口科学文化素质的高低，直接影响着人类活动的环境后果。科学文化素质低的人口，或者因为缺乏环境意识，或者因为对知识的掌握和运用水平不够，他们的行为经常导致对环境的侵害。至于环境的治理和改善工作，科学文化素质高的人口表现出更大的优势，他们掌握了更多的先进科学技术知识和管理经验，并将这些运用到对环境的保护和改善中。可见，大力提高全民族的科学文化素质，是实现环境保护的根本途径之一。

五、其他社会要素

人类创造并生活在其中的社会经济环境，包括社会制度、经济形式、文化传统、科技知识、伦理道德等，也是影响人口身体素质的主要因素。如果说早期人类的身体素质还较多地依赖于自然环境的话，那么，人类社会发展到了今天，人口身体素质的高低，越来越取决于社会环境因素。这也正是为什么自然条件差不多的一些国家或地区，人口素质有较大差别的真正原因。尤其是现代社会，这种影响越来越大，例如社会经济的发展和科学技术的进步，一些流行病被有效控制，基因技术和生物工程在医学上的应用使一些疑难杂症得以治愈，而部分发展中国家由于经济落后、社会动乱，大批儿童因营养不良而死亡。因此，伴随着社会生产力的提高，人口身体素质的高低，越来越取决于社会环境因素。

（周学馨）

第六章 人口结构

第一节 人口结构及其分类

一、人口结构的概念

“人口是一个具有许多规定和关系的丰富的总体”①。人口作为一个生物群体，有出生、成长、衰老、死亡的全部过程。有自身遗传、变异等全部生理机能。实现生命活动是人口存在和发展的自然前提。同时，人口总是处在一定的社会生活领域和社会关系及由此而产生的派生关系之中，因此人口又是社会生活，政治生活和文化生活的主体，人口作为社会整体是由相关联的各种组成部分所构成的。人口的生物属性和社会属性使它具有生物、社会、政治、文化和地理等方面的标志，及年龄、性别、民族、语言、宗教、教育、婚姻、职业和地域等的标志并以此形成各种人口结构或称人口构成。

人口结构是依据人口具有的各种不同的自然的，社会的和生理的特征把人口划分成的各组成部分所占的比重。简单地说：人口结构是指人口的各种组合状况。

人口结构是一个历史范畴，随着时态的推移，人口结构也随之变动，人们通过人口静态的观察分析，可以判断出某一时点，某一地域的人口规模和人口结构是否合理，通过人口动态的观察分析，可以判断出某一时点，某一地域的人口规模和人口结构变动是否正常。通过对人口的静态与动态的分析判断，来研究人口结构在某一时点、某一地域的发展规律和发展趋势，并以此对人口的变动趋势实施有效的调整和控制。人口结构理论对研究人口再生产和社会经济，文化等发展具有重大意义。

二、人口结构分类

根据人口构成因素的特点和不同的理论观点，人口学学者对人口结构的归纳分类方法也有不同。有的将人口构成分为两大类：如分为，人口自然结构和人口社会结构；国外有的学者将其分为人口的生物社会结构和人口的社会文化结构。

① 《马克思·恩格斯选集》2卷，103页。

有的将人口构成分成三大类：如分为，人口的自然结构，人口的社会经济结构和人口的地域结构；20世纪80年代我国有的学者以系统论的观点将人口结构分成三大系统，即第一系统（人口的自然结构），第二系统（人口的机械变动结构）和第三系统（人口的经济结构）。上述各类分类中，人口结构中的子系统结构的内涵都基本相同。目前我国人口学研究中比较普遍采用的人口结构分类方法是把人口结构分为三大类，即人口的自然结构，人口的社会经济结构和人口的地区结构。

（一）人口的自然结构

它是根据人口的自然特征（自然标志）划分的。它主要包括人口的年龄结构和人口的性别结构，其中年龄结构是其主体结构。

（二）人口的社会经济结构

它是根据人口在社会有机体中的组合状况（以人口的社会、经济标志）而划分的。它包括人口的阶级（阶层）结构，民族结构，语言结构，宗教结构，婚姻结构，家庭结构，经济结构，经济活动人口结构（劳动力资源结构和非劳动力资源结构），收入分配结构，消费结构等等。其中经济活动人口结构是主体结构。

（三）人口的地区结构

它是根据人口居住地区（人口的地域标志）而划分的。它包括人口的自然地理结构，人口的城乡结构，人口的行政地区结构等。其中地区结构是其主体结构。人口的自然结构，人口的社会经济结构和人口的地域结构是人口结构的三大基本架构，而年龄结构，经济活动人口结构和地区结构是三大构架中的中心轴梁。人口结构中的各主要结构和子结构之间的运动和变化结果，则集中反映了人口的数量与质量状态和人口结构与社会经济发展过程中的内在关联程度。通过对人口结构运动过程与社会经济发展过程的内在规律和发展趋势的研究，为认知、探索和实现人口再生产和社会经济的持续协调发展，提供客观依据和科学的发展途径。该部分的详细内容在人口分布与迁移中已经涉及，这里不再赘述。

第二节　人口的自然结构

人口的自然结构，是根据人口自然特征划分的，它是人口自然属性的反映人口的自然结构，主要包括人口的性别结构和人口的年龄结构，人口的自然结构与人口再生产及其发展的规模和速度有着极为密切的关系。人口的自然结构是进行人口预测的基础。

一、人口的性别结构

（一）人口性别结构的数值分析方式

性别结构是指男性人口与女性人口在人口中所占的比例。通常用性别比和性比重的方式来表示。

1. 性别比　性别比是计算男性人口对女性人口的百分比。性别比可按某一人口群体的全体人口计算，也可按各年龄组人口计算。其计算公式为：

$$性别比=\frac{男性人口数}{女性人口数}\times 100\%$$

2. 性比重　性比重是指男性人口数或女性人口数占总人口数的百分比。其计算公式为：

$$性比重=\frac{男性人口数（或女性人口数）}{总人口数}\times 100\%$$

（二）人口性别结构的构成

人口性别结构是由一系列有机联系的性比例指标组成的有机体，它包括普通性比例，受胎性比例，出生性比例，年龄别性比例，城乡性比例，职业性比例等等。

普通性比例，是所有性比例的综合体现，是反映性比例的一般情况的指标。受胎性比例是反映性比例形成的指标。出生性比例，是反映出生性比例差异的指标。年龄别性比例是反映不同年龄性比例差异的指标。城乡性比例是反映城乡性比例差异的指标。职业性比例是反映职业性比例差异的指标。

通过对一系列指标的分析，可以揭示人口从出生到死亡，从时间到空间，从年龄到职业等方面性比例的变异过程和规律，从而来控制和调整其对人口再生产和社会再生产的影响。

（三）人口性别结构变异的成因

一个人口群体（国家，地区，团体）的人口性比例的高低和变异的大小是由许多复杂因素造成的，其中主要因素是出生性比例，死亡性比例和迁移性比例。

1. 出生性比例　在其他因素相同的条件下，一个人口群体的性别比的变异，取决于出生性别比例的变化。受胎性比例是出生性比例的基础。经过科学测定受胎性别比例是平衡的，所以堕胎、流产和死亡率越小，出生性比例就越接近于受胎性比例，其性别比也越平衡，否则就会越不平衡。

2. 死亡性比例　在其他因素相同的条件下，一个人口群体的性别比的变异，取决于死亡性比例的变化。某一性别的高死亡率就会造成性别比的失衡。如重男轻女、战争等因素，会导致女性比重的下降。

3. 迁移性比例　在其他因素相同的条件下，一个人口群体的性别比的变异，取决于迁移性比例的变化。如因求职、婚姻、战争等原因，某一性别的人口迁出过多，就会造成性别比例的失衡。

（四）人口性别结构变异的规律

人口性别比例的变异主要受约于受胎性比例规律、年龄别性比例规律和普通性比例规律。

1. 受胎性比例变异的平衡规律　受胎性比例规律即受精过程规律。在人类体内 23 对染色体中，有一对是决定性别的染色体。在女性中，这对染色体是两个相同的XX染色体，而在男性中这对染色体是X染色体和Y染色体。当两性交媾后，含X染色体的精子与卵子结合，这个合子的一对染色体就是XX，即女性；如果含Y染色体的精子与卵子结合，那么这个合子的一对染色体就是XY，即男性。这两种合子形成的机率各为50%，所以受胎性比例的规律是平衡规律。

2. 年龄别性比例的高-平-低变异规律　由于幼年人口女性死亡率高于男性死亡率，青壮年人口的男性死亡率高于女性，年老人口的男性平均预期寿命低于女性，男性年老人口死亡率高于女性，从而使年龄别性比例规律呈：幼年人口性别比例偏高、青壮年人口性比例趋于平衡、年老人口性比例偏低，即呈高-平-低的规律。

3. 普通性比例变异的基本平衡规律　由于受受胎性比例、出生性比例和年龄别性比例的制约，男女性人口的绝对数量比为100左右。国际和国内根据人口发展趋势，普遍认为：由于受胎性比例的平衡规律使出生性比例趋于基本平衡状态，一般都在104～107区间，年龄别性比例也接近平衡：即0～14岁人口性比例高于100(100～105)；15～64岁人口性比例为100左右；65岁以上人口性比例低于100。我国5次全国人口普查结果显示：1953年性别比为107.52；1964年为105.46；1982年为106.3；1990年为106.6；2000年为106.74。

(五) 人口性别比例对人口再生产和社会经济发展的影响

人是社会活动和经济活动的主体，人口在直接生产环节中的作用，首先表现为提供劳动力资源，因此，人口的性别、年龄等结构的变化必然会制约人口再生产和社会经济的发展。

1. 男女性别构成对人口增长有直接影响。性别比是否平衡直接影响青壮年的结婚率和妇女生育率，从而影响人口生产的数量和速度。

2. 男女性别构成的变化，对劳动力资源量，对不同性别人口的就业安排，对生产发展都有重要影响。如重工业集中的城市男性从业人员需要量大，轻工业集中的城市女性从业人员需要量大。由于女性人口的生理特点和部分职业工种不适宜女性人口参与，以及女性人口在妊娠和生育时期不能正常参与或不能继续参与劳动，因此在符合劳动力资源人口中，实际劳动力资源要低于统计学上的劳动力资源量，从而影响社会与经济部门的正常运转。

3. 由于社会的历史原因、宗教教义的制约和社会、家庭经济发展水平等的影响，女性参与劳动的比重也会造成劳动力资源的失衡。

4. 由于战争、自然灾害等因素造成的人口性别迁移同样将影响劳动力资源的变异和失调。

二、人口的年龄结构

人口的年龄结构是指某一时点、某一地域的不同年龄组在该全体人口中所占的比重。通常以百分数来表示。研究人口的年龄结构在人口再生产过程与人口现象和社会经济发展的关联程度是人口学的基本任务。

(一) 人口的年龄分组

人口学者根据不同的研究目的和不同年龄人口在特定领域中所起的作用，将人口划分成不同的年龄组进行计量分析。目前常见的有以下4种计量组别：

1. 基本年龄组　基本年龄组是按岁逐年分析各年龄组在总人口中的比重的方法。

2. 常用年龄组　常用年龄组是指人口统计中常用的年龄组分距法。它是指5岁年龄组或10岁年龄组。

3. 国际通用年龄组（亦称生物学年龄分组计量法） 国际通用年龄组是按联合国标准进行分组。即把一定时点、一定地域的人口按少年儿童组（0～14岁）成年（劳动年龄组15～64岁）老年组（65岁以上）分成3组，并以此来分析人口再生产、社会物质资料生产、军事力量和社会负担等相关因素。

4. 特殊年龄组（亦称社会学年龄组） 特殊年龄组是根据人口的各种社会经济特征，进行年龄分组。即把一定时点、一定地域的人口按其社会经济特征进行分组。在人口分析中常用的有：

婴儿组 （0岁）

学龄前儿童组 （1～6岁）

少年学龄组 （7～12岁）

受教育年龄组（包括学龄前到小学、中学、大学……）

被抚养人口组（包括0～15岁少年儿童组和65岁以上或男60岁以上，女55岁以上）

（二）人口年龄结构的类型

划分人口年龄结构类型的标准大致有3种：

1. 国际通用标准 联合国人口学家建议并被国际普遍运用的划分人口年龄结构类型的标准是：年轻型人口、成年型人口和年老型人口3种年龄结构类型，而各类型又按4种数值标准进行分列：

表6-1 人口年龄结构类型数值标准

年龄结构类型	老年人口系数	儿童少年人口系数	老少比	年龄中位数
年轻型	5%以下	40%以上	15%以下	20岁以下
成年型	5%～10%	30%～40%	15%～30%	20～30岁
年老型	10%以上	30%以下	30%以上	30岁以上

资料来源：《世界人口趋势和政策》卷1联合国1979年版

老年人口系数是指老年人口在总人口中所占的比重（联合国规定老年人口的年龄起点为60或65岁，但国际上通常以65岁为老年人口的起点年龄）。

$$老年人口系数=\frac{60岁以上及人口数}{总人口数}\times 100\%$$

少年儿童系数是指14岁及以下的少年儿童人口在总人口中的比例。

$$少年儿童系数=\frac{0\sim 14岁人口数}{总人口数}\times 100\%$$

老少比（老化指标）是指人口中老年人口数与少年儿童人口数的比例。

$$老少比=\frac{65岁及以上人口数}{0\sim 14岁人口数}\times 100\%$$

年龄中位数是指全体人口按年龄大小排列，位于中间的那个人的年龄，也叫中位年龄，可用来代表整个人口的年龄水平。

中位数的计算公式为：

$$年龄中位数=\frac{中位数组的年龄下限制+\left(\frac{人口总数}{2}-中位数组之前各组人数累计\right)}{中位数值的人口数\times组距}$$

在1岁一组时，组距=1；在5岁一组时，组距=5；其他以此类推。

如某市，某一时点的人口为300万，按1岁组距分组如下：

年龄组	本组人口数	累计人数
0	62 450	62 450
1	64 360	126 810
…	…	…
…	…	…
22	72 270	1 497 900
23	71 100	1 543 860
…	…	…

$$年龄中位数=\frac{23+\left(\frac{3\ 000\ 000}{2}-1\ 497\ 900\right)}{71\ 100\times1}=23+0.02=23.02岁$$

年龄中位数计算方法简便准确。

2. 瑞典人口学家桑德巴尔划分人口年龄结构类型的标准是将人口分成增加、稳定和减少3种人口年龄结构类型，在每个类型中又按3种数值标准进行分列：

年龄结构类型	0～14岁（%）	15～49岁（%）	50岁以上（%）
增加型	40	50	10
稳定型	26.5	50.5	23
减少型	20	50	30

此方法是根据早期人口现象使用的分析方法，目前较少运用。

3. 人口金字塔分类标准　人口金字塔是表现人口年龄结构的一种特殊图形。其表示方法是将各年龄组的男性人口数和女性人口数（或百分数），分列在纵轴左右，画成并列的横条形，然后按年龄增长顺序自下而上分列。这种图形通常呈下宽上窄的的增型，故被学者命名人口金字塔。由于它表现为年龄和性别两种结构的综合形态，因此又被称为人口的年龄性别结构。

人口金字塔有3种类型：即山型、钟型和壶型。他与年轻型、成年型和年老型，以及增加型、稳定型和减少型的人口年龄结构类型分类法基本相对应。

根据人口发展变化规律，总的趋势是由年轻型向成年型、年老型变化或叫做由增加型向稳定型到减少型变化。

通过人口年龄结构类型的研究分析，可判断一定时点，一定地域的人口类型的性

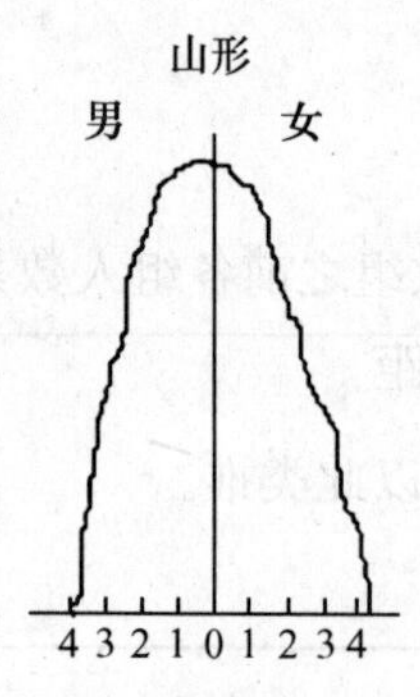

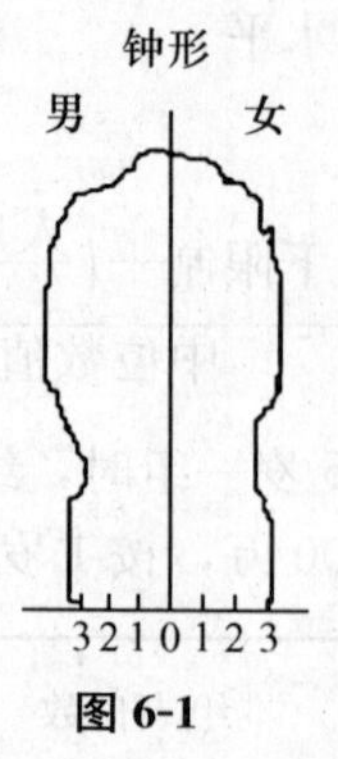

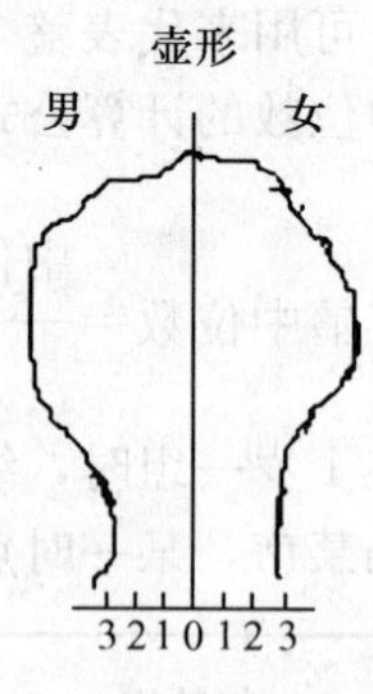

图 6-1

质，从而对现实人口中的诸多问题（青少年和老年抚养问题、教育问题、青年婚姻问题、适龄人口就业问题、社会保障问题…）和未来人口发展趋势做出科学判定、预测并采取相应的对策。

（三）人口年龄结构变异的成因

人口年龄结构的变异，主要受人口的出生、死亡、迁移和战争等因素所影响，其中人口出生为主要因素，人口死亡对人口年龄结构影响不大，而人口迁移影响则更小。

1. 出生人口变异的影响　出生人口率的高低，会造成某一地域 0～14 岁人口比例的大或小，继而形成年轻型人口结构或年老型人口结构。

2. 死亡人口变异的影响　一般情况下，死亡率都呈下降趋势。发达国家老年人口的死亡率下降情况高于婴儿死亡下降率，从而使 65 岁以上老年人口比例上升。发展中国家则相反，婴儿死亡率下降情况要高于老年人的死亡下降率，从而使 0～14 岁人口比例上升。而我国由于社会经济的持续高速发展，人口健康水平的不断提高，2000 年第 5 次全国人口普查时，65 岁以上人口为 8 811 万，占总人口的 6.96%，与 1990 年第 4 次全国人口普查数相比上升了 1.39 个百分点，我国已开始向年老型社会过渡。

3. 受迁移人口变异的影响　男性人口和青壮年人口是人口迁移的主要人口动向。由于青壮年出于就业、谋生等原因向某一国、某一地域进行人口迁移而造成青壮年人口比例变异造成性别比重和劳动力资源比例失调。

4. 战争对人口年龄结构变异的特殊影响　战争时期青年人的死亡率上升，青年结婚率下降，而使人口年龄结构向年老化剧变，而战后结婚率的急升又会急剧提高出生率，使青年人口比例急速上升。

上述 4 个人口年龄结构变异的成因除个别源于政治因素外，大部分是由于社会经济因素所造致。

（四）人口年龄结构对人口再生产和社会经济发展的影响

1. 不同的年龄结构将影响人口再生产的规模和速度　年轻型人口显示少年儿童比例高，未来育龄人口大，在出生率水平不变条件下，预示未来人口将高速度增长。年老型人口则表示老年人口比例增大，未来育龄人口缩小，在生育水平不变的条件下，未来人口增长速度就会降低，从而派生出许多婚姻问题，家庭问题，人口老龄化等问题。

2. 不同的年龄结构将对社会经济产生不同的影响　如果各结构间比例失调那么诸如非劳动人口抚养问题、计划生育问题、全社会资金累积问题、卫生保健问题、环境保护问题、教育人才计划问题、就业问题、人民生活改善问题、劳动力资源在国民经济中的比重问题、军事战斗力资源问题、社会物质生产流通和消费需求问题……都将相应失去平衡，直接影响经济的正常生产发展，并波及社会经济发展规划、策略、政策和措施等一系列问题。

三、中国人口自然结构演变的历史和未来趋势

（一）中国人口性别结构的发展简况与未来走向

由于人口性别结构受受胎率平衡规律的影响，使其结构处于比较稳定的平衡状态。而生育胎次与人口增长幅度对性别的平衡一般情况下不会有明显的影响。

我国解放前广大穷苦人民生活水平低下，又受重男轻女，溺弃女婴的社会恶习的影响，性别比极高。我国解放后，全国性别结构基本正常。我国五次全国人口普查资料显示，我国性别比1964年以前在105～107之间浮动，1982～2000年均在106左右，性别比稳定。见表6-2。

表6-2　全国五次人口普查性别比结果

时间	性别比	时间	性别比
1953.6	107.52	1990.7	106.6
1964.6	105.46	2000.11	106.74
1982.7	106.3		

但是根据1990年第4次全国人口普查资料显示，按5岁一组分组的各年龄段的性别比存在高性别比的现象。如0～4为110.22；5～9为108.23；15～29的4组内均在106左右；30～34为109.21；35～39为106.91；40～44为109.91；45～49为111.43；50～54为112.76；55～59为110.09；60～64为106.35；65以上各组呈逐组下降5个数据左右。这说明目前我国大多数年龄组人口的性别比都偏高，且性别比偏高主要集中在20世纪20～50年代和80年代以来出生的队列人口中。当今我国性别比偏高的人口组主要表现为出生婴儿性别持续走高：

1980年出生性别比为107.4

1990年出生性别比为111.3

1994年出生性别比为116.3

2000年第5次全国人口普查时更达到119.72

（二）中国人口年龄结构的发展简况与未来走向

1. 人口年龄结构的发展模型　人口年龄结构的变化发展，主要是由出生率和死亡率的变化所决定。高出生率、高死亡率、人口自然增长率极低，就会构成微增型人口发展型。如奴隶社会和封建社会初期。这是当时的社会经济形态决定的。

高出生率不变、死亡率急剧下降、人口自然增长率剧升，就会构成剧增型人口发展型，如封建社会中、后期及资本主义社会初期。这是由于医疗条件的改善和产业革新的结果。

出生率下降、死亡率继续下降、人口自然增长率比较平稳，就会构成正常型人口发展型。如资本主义社会中期，社会主义社会初期。这是社会经济水平提高所致。

死亡率基本稳定、出生率继续下降、人口自然增长率下降，就会构成减少型人口发展型。如资本主义社会后期和社会主义社会中期，这是由于生产技术水平空前提高，经济发达的结果。

出生率和死亡率都降到最低水平、人口自然增长率接近零增长，这是稳定型人口发展结构，也是人口年龄结构变化的总走向，总趋势。

2. 世界人口年龄结构发展概貌　从全球来看，存在两种不同的人口年龄结构发展趋势。一是发达国家由于生育率下降和平均寿命提高，导致老年人的增长，青少年人口下降，人口老龄化现象日趋严重。二是发展中国家由于经济、医疗、卫生状况的不断改善，持续的高出生率和死亡率，尤其是婴儿死亡率急剧下降，导致人口急剧增长，人口结构年轻化趋势越益显著。

3. 我国人口年龄结构发展简况和发展趋势　新中国成立前，人口平均寿命低，婴儿死亡率高，年轻人口比例高，人口年龄结构居于微增长的的原始型年轻人口发展型。建国后，自1949～1969年由于国家经济发展，人民生活水平不断提高，人口死亡率大大降低，出生率和生育率一直保持较高水平，从而使中国人口年龄结构处于高度年轻型。1970～1990年由于国家计划生育政策的实施，我国出生率明显下降，人口年龄结构向成年型转化。到2000年全国第5次人口普查时，中国老年人口迅速增长，中国开始进入老龄化社会（表6-3）。

表6-3　我国五次全国人口普查各年龄结构百分比变化情况

年代	少年儿童人口（%）（0～14岁）	成年人口（%）（15～64岁）	老年人口（%）（65岁及以上）
1953	36.28	59.31	4.41
1964	40.70	55.74	3.56
1982	33.59	61.50	4.91
1990	27.69	66.74	5.57
2000	22.90	70.00	7.10

资料来源：历次普查资料

从这5次人口普查结果来看：上世纪60年代之前，我国人口结构趋于年轻化，1964年时，我国人口年龄结构已是典型的年轻型年龄结构。而1982年呈成年偏年轻型年龄结构。到1990年我国人口年龄结构已是成年偏老年型年龄结构，而到2000年人口普查时，我国人口年龄结构已开始发展成老年型结构。

据人口学家预测我国2010～2035年期间出生于20世纪60年代的人口将步入老

年，2020～2035 年 60 岁以上人口比例平均每年上升 0.6 个百分点。据联合国预测，我国 2040 年将达到老龄化峰值年份。年龄中位数高达 39.4 岁，65 岁老年人口将占总人口的 18.3%。

由于我国人口出生率持续高速下降，而且还将长期发展下去。我国人口的发展模式已从过去的“高出生、高死亡、高增长”向“低出生、低死亡、低增长”转变，从而使我国人口年龄结构高速老化。目前，我国已经列入世界老龄化国家队列。

4. 我国人口老龄化的特征　与世界人口结构变化相比，我国人口老龄化的特点表现是：

（1）老龄化发展时速快：从 1982 年第 3 次全国人口普查到 1990 年第 4 次全国人口普查我国老年系数先后增加了 1.35 和 0.66 个百分点，而到 2000 年，我国第 5 次全国人口普查时，我国老年系数已达到 7.10%，又高速增加了 1.54 个百分点。而到 2040 年将高达 18%，40 年间增速番了三番，而发达国家达到这个数字则用了 80～100 年。据联合国编写的《2002 年人口老龄化报告》分析，到 2002 年中国越过 60 岁的老年人达 13 424.3 万，到 2050 年可达到 43 698 万，比 2002 年增加了 30%。

上述情况说明中国人的年龄结构演变速度快，而且还预示未来人口结构的老龄化仍将持续快速发展。

（2）地区性老龄化差异突出：据全国第 5 次人口普查资料反映，2000 年全国老年系数为 7.10%，等于和大于此比例的有 13 个省，市，自治区：它们是上海 11.46%，浙江 8.92%，北京 8.42%，天津 8.41%，山东 8.12%，重庆 8.01%，辽宁 7.88%，安徽 7.59%，四川 7.56%，湖南 7.47%，广西 7.30%，河南 7.10%。有 18 个省，自治区低于全国水平，它们是：河北 7.05%，海南 6.74%，福建 6.69%，湖北 6.42%，山西 6.33%，江西 6.27%，广东 6.17%，陕西 6.15%，云南 6.09%，吉林 6.04%，贵州 5.97%，黑龙江 5.56%，内蒙古 5.51%，甘肃 5.20%，西藏 4.75%，新疆 4.67%，青海 4.56%，宁夏 4.47%。

上述数据说明我国老龄化结构由我国东部向西北地区降低，这种年龄老化分布的情况，与我国各地区经济发展水平的发达程度呈正相关。

（3）城乡性老龄化差异突出：从 1982 年以来的 3 次全国人口普查中老年系数在城乡的分布情况见表 6-4。

表 6-4　人口普查中老年系数在城乡的分布

	市	县	镇
1982 年	4.68	5.00	4.20
1990 年	5.53	5.64	5.49
2000 年	6.67	7.50	5.99

每次普查结果虽然市、县、镇的老龄化程度都在增加，但是由于城市人口控制比

县镇严，又由于乡村中劳动年龄人口向城镇的大量迁移，而造成城乡间的老年系数的突出差异。中国人口老龄化总的趋势是农村快于城市。

再次老龄人口年寿延长化。我国第 3 次到第 4 次人口普查的 8 年中，80 岁以上的高龄人口平均年增长 5%，而自此之后到 2010 年估计年增长率仍将达到 4.1%。与世界高龄增长比例 3%仍甚突出。

(4) 人口老龄化发展和经济发展形成突出矛盾：我国人口老龄化的发展变化主要是由于人口控制所致，而世界发达国家的人口老龄化的形成主要是由于经济发展和人口转变形成的。发达国家在向老年型社会转变的同时人均国民总产值（GDP）为 5 千到 1 万美元，而我国进入 20 世纪时人均国民总产值大约只有 8 百到 1 千美元，到 2050 年，我国人口老龄化高峰值时，人均国民总产值估计也只能达到目前中等发达国家水平，这样由于人口老龄化变化速度超前于经济发展速度，对于由此给国家带来的沉重的退离休费、医疗卫生费、社会保障费负担和因为老年退出职业岗位，开始消耗自身积累的储蓄费，而使国家储蓄下降，更可能出现负储蓄，即只消费不储蓄，从而影响国民经济的投资率。但是从我国 3 次人口普查来看，中国劳动人口比重不断增长，总抚养比已由 62.61%下降为 42.86%，即由 1.5 个劳动人口负担 1 个非劳动人口变为由 2 个劳动人口负担 1 个非劳动人口，因此从另一方面来看也有利于储蓄率的提高。

中国人口老龄化的超前发展速度与我国经济发展速度形成了比较突出的矛盾。

我国人口年龄结构的老化，导致劳动年龄人口的减少，离退休人员保险福利费用负担加重，储蓄率的波动，从而减缓了人均国民总产值的发展速度。因此我国应通过坚持执行计划生育政策，积极开发老年产业和老年消费市场，改善老年保障模式和提高人均国民总产值的质量等措施来适应人口老龄化的发展趋势。

第三节　人口的社会经济结构

一、人口社会经济结构的基本概念及其构成

人口的社会经济结构，是指总人口在社会有机整体中的构成状况。它根据一定的社会标志和经济标志，将人口划分为各个组成部分而形成的各类人口结构。

人口的社会经济结构是人口的本质特征，是人口社会属性的反映，同时它又是当前社会经济发展水平在人口构成上的反映。

根据人们对人口结构研究的不同需要，人口的社会经济结构，可以分成许多不同的构成因素。其构成类别大致可分为：人口的阶级（阶层）构成、种族结构、民族结构、宗教结构、婚姻结构、家庭结构、教育结构（文化教育结构、智力结构）经济活动人口与非经济活动人口结构、劳动力资源结构、人口的在就业结构（或称从业结构或就业结构。它包括人口的产业、行业、职业结构）等等。

根据研究目的还可以派生出其他结构，如人口的收入分配结构、消费结构、投资结构等等。

从人口学发展来看，它所涉及的领域极其广泛，许多人口现象和人口过程与社会

学、经济学、心理学、生态学、民族学、地理学等学科相互渗透，并因此产生了许多交叉性的边缘学科，如人口社会学、人口经济学等。

本节拟重点研究人口的民族结构、宗教结构、教育结构和在业结构的构成与发展。

二、人口民族结构的构成与发展

人口的民族结构，反映了在一定历史时间，一定地域内各民族人数与它在总人口中的比重，民族结构是人口结构中最主要的划分形式之一。

民族是一个社会历史范畴，有其产生、发展和消亡的过程。它由民族、部落发展而来，并随着社会出现阶级与国家而产生。人口民族结构的形成和发展，随着社会生产和社会制度的形成发展而发展并受其制约。

资本主义时代是民族结构形成和发展的时代，社会主义时代是民族结构进一步发展的时代，未来共产主义在全世界实现之后，全世界人口融为一体时，随着民族的消亡而民族结构也随之消亡。

我国是全国各民族人民共同缔造的统一的多民族国家，由56个民族组成，其中汉族人口最多，其余55个民族人口相对比较少，因而被称为“少数民族”。2000年全国第5次人口普查结果显示，当代汉族人口为115 940万，占总人口的91.59%，而少数民族为10 643万，占总人口的8.41%。

新中国成立前，由于少数民族在政治上被歧视，经济上的被剥削，生活水平低下，人口再生产状况极不正常，长期处于高出生率、低自然增长率的状况。新中国成立之后，实行了平等，团结，共同繁荣的民族政策，少数民族人口从总体上看呈稳定增长趋势。在将近50年的人口发展中，汉族人口下降了2.35个百分点，而少数民族人口则上升了2个百分点（表6-5）。

表6-5　中国五次全国人口普查汉族与少数民族人口比较表

民族	指标 名称	单位	1953年	1964年	1982年	1990年	2000年
汉族	人口	万	54 728	65 456	94 088	104 248	115 940
	比重	%	93.94	94.24	93.32	91.96	91.59
少数民族	人口	万	3 532	4 002	6 730	9 120	10 643
	比重	%	6.06	5.76	6.68	8.04	8.41

资料来源：《中国人口年鉴》中国统计出版社 2003

与1990年第4次全国人口普查数相比，2000年少数民族总人口增加1 523万人，占全国总人口增加数13 215万人的11.5%，少数民族总人口增长16.7%，比全国总人口增长率高5.04个百分点，比汉族人口增长率高5.48个百分点。按各少数民族人口数量来看，“五普”数据显示：人口在1 000万以上的少数民族有壮族和满族2个民族，他们分别为1 617.88万和1 068.23万，合计为2 686万，占少数民族总人数的25.70%；人口在1 000万～500万之间的少数民族有7个（回族981.68万、苗族

894.01万、维吾尔族839.94万、土家族802.81万、彝族776.23万、蒙古族581.39万、藏族541.60万)，合计为5 418万人，占少数民族总人数的51.85%；人口在500～100万之间的少数民族有9个（布依族297.15万、侗族296.03万、瑶族263.74万、朝鲜族192.38万、白族185.81万、哈尼族143.97万、哈萨克族125.05万、黎族124.78万、傣族115.9万)，合计为1 745万，占少数民族总人数的15.70%；人口在100～50万之间的少数民族有4个（畲族70.96万、傈僳族63.49万、仡佬族57.94万、东乡族51.38万)，合计为244万人，占少数民族总人数的2.34%；人口在50～10万之间的少数民族有13个（拉祜族45.37万、水族40.69万、佤族39.66万、纳西族30.88万、羌族30.61万、土族24.12万、仫佬族20.74万、锡伯族18.88万、柯尔柯孜族16.08万、达斡尔族13.24万、景颇族13.21万、毛南族10.72万、撒拉族10.45万)，合计为315万人，占少数民族总人数的3.01%；人口在10万人以下的少数民族有20个（布朗族9.19万、塔吉克族4.10万、阿昌族3.39万、普米族3.36万、鄂温克族3.05万、怒族2.88万、京族2.25万、基诺族2.09万、德昂族1.79万、保安族1.65万、俄罗斯族1.56万、裕固族1.37万、乌孜别克族1.24万、门巴族0.89万、鄂伦春族0.82万、独龙族0.74万、塔塔尔族0.49万、赫哲族0.45万、高山族0.45万、珞巴族0.29万)，合计人口为42万人，占少数民族总人数的0.40%。

从各民族人口变化特点来看，人口增长率过高并在40%以上的有：高山族55.06%、羌族54.35%、毛南族48.08%、保安族41.27%、土家族40.23%。10年来零增长的是朝鲜族，增长率为0.03%，只增加了481人，而其女性比“四普”减少了4 156人。10年来负增长的民族是乌孜别克族和塔塔尔族，人口分别减少了2 393人和174人，增长率分别为-16.21%和-3.44%。

我国少数民族人口按地区分布状况是：在1 000万人以上的省区有广西1 721万、云南1 433万、贵州1 334万和新疆1 143万；在500～100万人之间的省区有辽宁678万、湖南658万；在500～100万人之间的省区有内蒙古493万、四川415万、河北291万、湖北262万、吉林246万、西藏246万、青海236万、甘肃223万、重庆198万、宁夏194万、黑龙江185万、海南136万、广东123万、河南113万；在100万人以下的省区有：山东62万、北京59万、福建58万、浙江40万、安徽38万、天津26万、江苏25万、陕西18万、江西11万、山西10万、上海10万。

按地区少数民族占该地区总人口的比重来看分别是：占总人口50%以上的省区有西藏94.07、新疆59.39；占总人口50%～10%的省区有青海45.51、广西38.34、贵州37.85、宁夏34.53、云南33.41、内蒙古20.76、海南17.29、辽宁16.02、湖南10.21；占总人口9%～1%的省区有吉林9.04、甘肃8.69、重庆6.42、黑龙江5.02、四川4.98、湖北4.34、河北4.31、北京4.26、天津2.64、福建1.67、广东1.42、河南1.22；占总人口1%以下的省区有浙江0.85、山东0.68、安徽0.63、上海0.60、陕西0.49、江苏0.33、山西0.29、江西0.27。

少数民族行政自治区划分在本章第三节人口的地区结构中作了分析，此处不再重述。综上所述，说明中国各民族在人口数量、构成、分布等方面都发生了很大的变化，出现了良性发展态势，它为21世纪在我国建设小康社会，实现各民族人口与经济，社会，资源等方面的和谐持续发展奠定了良好的基础。

三、人口教育结构的构成与发展

教育是培养人的一种社会活动，是传递生产经济和社会活动经验的必要手段。教育有广狭两义。广义泛指社会上一切影响人的思想品德，增进人的知识的活动，如学校教育、家庭教育、社会教育等。狭义专指学校教育，即教育者根据一定社会的要求，有目的、有计划、有组织地对受教育者的身心施加影响，把他们培养成一定社会所需要的人的活动。

教育结构是指教育总体系中各个部分之间的比例关系及其相互联系的结合方式。教育总体系是由各级各类学校构成的，包括扫盲教育、幼儿教育、学前教育、初等教育、中等教育、职业教育、高等教育、教师在职教育、干部教育、业余教育、职工教育、农民教育、少数民族教育、成人教育、函授教育、军事教育、特殊教育、盲聋哑教育、工读教育、劳动改造教育等方面。教育结构受社会生产关系，政治制度，文化传统、人口结构和经济结构等因素的制约和影响。

人口的教育结构是指在一定时点，一定区域内的总人口的社会经济活动中受不同程度教育的人口分布状况，通常以人口受大学，高中、初中和小学教育的比例来表示。

人口的教育结构是衡量一个国家或一个地区的人口素质、社会发展、物质与精神文明建设水平的主要标志之一。

教育是社会、经济发展的重要基础，教育结构中的各个组成部分都是开发人力资源，提高人口质量的重要动力，教育及其结构在农业社会只是为极少的人口服务，没有发挥应有的作用，在工业社会才开始发挥其独立作用，而在现代信息化社会则发挥着主导作用。能否有一个良好合理的教育结构，决定着是否会有一个高素质的适应社会经济发展的人口教育结构。

中国教育自1949年建国以来，取得了举世瞩目的伟大成就，早在世界银行1984年经济考察团来中国考察中国教育后就结论说:“1949年以来中国在教育方面所取得的成就是与收入相同的国家所不能相比的。正规的，非正规的初等和中等教育的入学率，无论按哪一种标准来衡量都是比较高的”“中国的自力更生办学方针比其他大部分国家成功”。

1949～1952年，中国在巩固和发展老解放区教育的同时，接受并改造了旧中国遗留下来的学校，恢复和发展了人民教育事业。1953年开始，国家执行发展国民经济的第一个5年计划，教育被列为国家建设的一个重要组成部分，并得到了积极发展，1957年2月，毛泽东主席提出:“我们的教育方针，应该使受教育者在德育，智力，体育几方面都得到发展，成为有社会主义觉悟的有文化的劳动者”。在这个方针指导下，中国逐渐建立和完善了社会主义教育体系，各级各类学校得到极大发展，人民的文化教育得到了快速提高，人口教育结构与社会经济结构日趋协调。

1949年，全国高等学校只有205所，学生117 000人，中等学校为5 216所，学生1268 000人，小学校为346 800所，学生24 391 000人，学龄儿童入学率为20%左右，全国人口80%以上是文盲。到1982年底，这种教育落后状况已有明显改变；

全国高等学校达715所，学生1 175 000人，另有1 172 000人在各种成人高等学校学习，各类中等学校达107 780所，学生47 027 300人，另有10 804 100人在各种成人中等学校学习，小学校达880 500所，学生139 720 400人，另有7 566 400人在成人初等学校学习，幼儿园1 221 00所，在园幼儿11 390 900人，全国学龄儿童入学率为93％，全国文盲，半文盲人口占人口的23.5％，全国15岁及以上人口平均教育年限为5.3年，到2005年我国教育得到了空前的发展。

2000年全国15岁及以上人口平均教育年限为8.3年，几乎接近高中教育程度。比1982年（5.3年）和1990年（6.4年），分别增加了3年和2年。人口教育水平高于世界平均水平（6.7年）和发展中国家（5.1年），但仍低于发达国家（9.8年）和转型国家（9.7年）。

2000年第5次全国人口普查显示，中国内地大专及以上教育程度的有4 571万人，占总人口的3.52％，高中（含中专）教育程度的有14 109万人，占总人口的10.89％，初中教育程度的有42 989万人，占总人口的33.18％，小学教育程度的有45 191万人，占总人口的34.88％，同1990年第4次全国人口普查数相比，每10万人中拥有大学教育程度的由1 442人上升为3 611人，提高150个百分点；具有高中教育程度的由8 039人上升为11 146人，提高38个百分点，具有初中教育程度的由23 344人上升为33 961人，上升了45.4个百分点，具有小学教育程度的由37 057人降为35 701人，降低了3.6个百分点。10年间全国人口的教育水平有了较大提高，而具有高等教育的人数增加了1倍半之多，但以占全国总人口的3.52％与世界高等教育平均水平（12.6％），与发达国家（28.1％）中等发达国家（20％）转型国家（13.9％）和发展中国家（8.8％）相比还相差很远，与美国（60％）日韩（30％）相比相差更远。

据教育部2000年和2005年教育事业发展统计公报的数字来看：高等教育在校生分别为909.73万和2 273万，比1980年的114.4万人分别高速增长了695.2％和1 886.8％，在20～25年间增长了近7—19倍。研究生教育也呈高速发展势态：2005年在学研究生总数已达97.86万人，比2000年的30.12万人，增加了2.24倍，其中在学博士研究生由2000年的6.73万增到19.13万，在学硕士生由2000年的23.39万人，猛增到78.73万人，5年内在学博士研究生、硕士研究生分别增加1.84倍和2.36倍。本专科在校平均人数从2000年的5 289人提高到7 666人，仅用5年就增加了2 377人，增幅达44.94％。

由于我国受教育人口大多追求高学历，许多人以考高中和大学为教育目标，因而人口教育结构失衡，我国整体教育发展不协调。尤其是中等职业教育在整体教育结构中占比重较小。国际上对中专、本科、研究生的教育结构比例一般为：15∶3∶1，而我国目前是10∶12∶1，本科生比重过大，专科生，尤其是接受职业教育学生偏少。我国高等职业教育、中等职业教育的发展有待进一步大力提升，从而使我国人才结构取向与社会经济相对应的人才需求，得到可靠和谐地发展。

我国义务教育发展一直得到持续稳定发展，小学在校生2000年为13 013.25万，适龄儿童入学率为99.1％，2005年在校生为10 864.07万，适龄儿童入学率为99.15％；初中在校生2000年为6 256.29万，毛入学率为88.6％，2005年在校生为

6 214.94 万，毛入学率为 95%。

高中阶段教育（包括普通高中、职业高中、中专、技工学校、成人高中、成人中专）2000 年在校生为 2 517.68 万，2005 年为 4 030.95 万，增加了六成。

幼儿园（包括学前教育）教育因为适龄人口的减少，所以教育人数也相应减少，2000 年在园幼儿为 2 244.18 万，2005 年为 2 179.03 万。

特殊教育 2000 年在校残疾儿童为 37.76 万，2005 年为 36.44 万。

2000 年全国文盲人口（15 岁及 15 岁以上不识字或识字很少的人）为 8 507 万人，文盲率由 1990 年的 15.88%下降为 6.72%，下降了 9.16%，与我国 1949 年建国初期全国文盲率达 80%相比，下降了近 74 个百分点。

我国的人口教育结构通过严格控制人口增长、大力扫除青壮年文盲、普及九年义务教育、积极发展高等教育等措施，已使我国经济发展和产业结构逐渐趋于一致，并正在促进经济的发展，经济的高速发展也为进一步推动人口教育结构的协调发展提供了有力保证。

但从全国第 5 次人口普查数据表明，我国人口教育结构存在三大突出问题，主要表现为：

1. 农村普及九年义务教育任务仍然艰巨　2000 年“普九”人口覆盖率已达 85%，而剩下的 15%的人口地区主要是在偏远和贫穷的农村地区。同时农村中小学教师据有关数字显示尚缺编达 50 多万人。而对 2 亿中小学生绝大部分在农村的现实和农村教育经费的不足等问题，我国农村“普九”任务仍是十分艰巨。

2. 地区的人口教育结构失衡，西部地区人口教育结构明显低于中部和东部地区 2000 年国家统计局数据显示：1998 年全国小学入学率平均水平为 99.09%，而我国中部和东部地区除湖南、黑龙江两省略低于这一水平外，其余都高于这个水平；而西部地区 12 个省、市、自治区中除内蒙、陕西、重庆三地区高于此水平外，其余九个地区都未达到此水平，而西藏地区的小学入学率只有 78%。

3. 教育结构与经济结构发展不平衡　高等教育的扩大招生和全国初中、小学的“普九”任务的基本实现，使高中阶段的教育相形见弱，而职业教育、专科教育更失平衡。全国专科毕业生就业率只有 30%～40%。高新技术产业的发展对相关的高级人才和高层经营管理人才需求矛盾更显突出。我国整体的人口教育结构面临新的全面的挑战。

四、人口在业结构的构成和与发展

人口在业结构中的人口概念，是特指适龄劳动人口中从事一定的社会劳动或经营活动，并取得劳动报酬或经营收入的那一部分人口。

人口作为一个社会经济范畴，是社会的基本生产力。人口作为社会基本生产力所生产的作用要受来自于两个方面的条件制约。一是受人口过程本身某些条件的制约（如自然生理条件—年龄、性别等），另一个是经济过程中某些条件的制约，特别是不同经济结构对不同素质的劳动人口的制约，包括国民经济和社会发展事业中各个产业结构、行业结构、职业结构、技术结构、企事业规模结构等等对在业人口素质相应要求的制约。人口结构和经济结构相适应是人口与经济相适应的重要内容。

人口的在业结构是指劳动人口在国民经济和社会发展事业的各产业、各行业、各职业中的分配比例和结构间的关系状况。它是衡量一个国家或一个地区的社会经济和科学技术发展水平的重要标志。

人口在业结构在1982年我国第3次全国人口普查时又分解为人口的行业结构和人口的职业结构。1985年后为和国际人口行业划分方法接轨，又将行业结构归为三个产业结构进行统计分析。

（一）在业人口的产业结构及其构成与发展

人口的产业结构理论是根据17世纪英国经济学家威廉·配第（Willam Petty）和后来的科林·格兰特·克拉克（Colin Grant Clark）在1940年的分析研究，先后论证了如下规律：经济的发展伴随着产业结构的变化，即随着人均国民收入水平的提高，改变了消费结构，产业结构由第一产业向第二产业移动，当国民收入水平进一步提高时，产业结构将向第三产业转移，与此同时劳动力的产业结构也相应变化。这就是产业结构变化论的“配第-克拉克定理”，之后美国经济学家库兹涅茨在克拉克的研究基础上，通过对57个国家的有关资料分析，对劳动力和国民收入在三次产业之间的分布进行了研究，进一步证实了“配第-克拉克定理”，而且得出了农业部门在国民中的比重不断下降，工业部门和服务部门比重不断上升的重要结论，之后国际和我国即以此理论进行人口的产业结构分析与研究。

目前国际和中国的人口产业结构的构成由第一、第二、第三产业3个部分构成。

第一产业：包括农业、畜牧业、游牧业、狩猎业、渔业、林业；

第二产业：包括制造业、采掘业、建筑业、运输业、通讯业、电力和煤气业等；

第三产业：包括商业、金融业、保险业、饮食业等公共服务业以及科学卫生、体育、文化、教育、政府等公共行政事业。

我国建国初期，国民经济十分落后，产业结构很不合理，农业比重很高，工业结构极不健全，属典型的农业国。1953年后，由于前苏联的经济援助和对农业、手工业、资本主义工商业的社会主义改造以及优先发展重工业等经济发展措施的实施，中国经济得到较快发展，产业结构开始发生变化，第一产业逐步减退，第二、三产业有了较明显上升。50年代后期全国约有3 000万农村劳动力流入大城市，就业人口结构急速转变。

70年代第一产业的国内生产总值继续下降，但仍处主体地位，第二产业比重显著上升，70年代后期第三产业上升较明显。

80年代中期，中国的产业结构发生了较大变化，由于采取了压缩基本建设、扶持轻工业，同时有力地发展纺织工业和耐久消费品工业，80年代中后期调整了轻、重工业的比重，通过产业结构重组，促进了第三产业中的高新技术产业和服务业的发展。

92年以后随着国民人均收入水平的提高和耐久消费品需求量的增加，推动了以家用电器为核心的机电工业的迅速发展，大量的基建投资和纺织业的发展又拉动了能源、原材料的基础工业的发展，加上外资和技术的引进，与工业制品的对外输出，尖端技术的不断涌现，全国产业结构进一步改善，第一产业的比重逐渐下降，第二、第三产业比重不断上升。

这一时期经济结构的变化，必然引起人口的产业结构的相应变化。第一产业在业人口比重持续下降，第二产业在业人口比重相对稳定，第三产业在业人口比重大幅上升。第一产业中退出的农业劳动人口大量转入第三产业。这种产业结构和人口产业结构的变化正是形成国家工业化的一般规律。

中国按三个产业划分的在业人口产业结构演变过程，可从表 6-8 中清晰反映出来。第一产业从 1952 年占全国各产业的 83.4％到 2001 年降低为 50％。下降了 33.5 个百分点，第二产业从 1952 年的 7.4％到 2001 年上升为占全国各产业的 22.3％。上升了 14.9 个百分点。而第三产业从 1952 年的 9.1％，到 2001 年上升为 27.7％，增加了 3 倍。

虽然我国经过 50 年的奋斗，特别是近 20 年的努力，3 个产业的在业人口结构和产业结构有了很大改变，但是仍然不适应经济发展。我国人口产业发展模式仍然较落后。

目前，人口学学术界公认的两个在业人口结构模式：一是传统式模式，这个模式的第一产业在业人口比重占 50％以上，第二产业在业人口比重占 25％左右，第三产业在业人口比重占 25％以下。二是现代型模式，这个模式的第一产业在业人口比重占 15％以下，第二产业在业人口比重占 35％，第三产业比重占 50％以上。从表 6-6 来看我国在业人口的产业结构仍属传统式模式，与下中等收入国家的泰国基本相似。而发达国家的产业人口分别达到：第一产业：美国 2.6％，英国 1.5％，法国 4.7％；第二产业：美国 23.2％，英国 25.91％，法国 26.5％；第三产业：美国 74.2％，英国 72.6％，法国 68.8％。而印度和巴基斯坦等低收入国家的在业人口产业结构比重也高于我国现状。

表 6-6 中国在业人口产业结构统计

年份	总数（万人）	在业人口（万人）			各产业构成比例（％）		
		第一产业	第二产业	第三产业	第一产业	第二产业	第三产业
1952	20 279	17 317	1 531	1 881	83.5	7.4	9.1
1957	23 771	19 309	2 142	2 320	81.2	9.0	9.8
1965	28 670	23 396	2 408	2 866	81.6	8.4	10.0
1970	34 432	27 811	3 518	3 103	80.6	10.2	9.0
1975	38 168	29 456	5 152	3 560	77.2	13.5	9.3
1978	40 152	28 318	6 945	4 890	70.5	17.3	12.2
1980	42 361	29 122	7 707	5 532	68.7	18.2	13.1
1985	49 873	31 130	10 384	8 359	62.4	20.8	16.8
1990	64 749	38 914	13 856	11 979	60.1	21.4	18.5
1995	68 065	35 530	15 655	16 880	52.2	23.0	24.8
2000	72 085	36 043	16 219	19 823	50.0	22.5	27.5
2001	73 025	36 513	16 284	20 228	50.0	22.3	27.7

资料来源：国家统计局编《中国统计年鉴》2002 年版，中国统计出版局

我国按行业划分在业人口的产业结构变化与整个产业结构变化基本同步，变化比较突出。尤其是十一届三中全会的召开和经济改革开放以来，随着商品经济的发展，科技的进步，新兴产业部门的出现，按行业划分人口产业结构得到积极发展和调整，我国行业分类分为 15 个大类，62 个中类，222 个小类，如表 6-7 所显示，从事农林牧渔的在业人口从 1978 年的 70.5%下降到 2000 年的 53.0%，建筑业的在业人口从 1978 年的 2.1%升到 2000 年的 5.6%，增加了 1.6 倍。交通、运输、仓储、邮电、通信业的在业人口从 1978 年的 1.9%升到 2000 年的 3.2%，幅度接近 1 倍，批发，零售，贸易，餐饮业在业人口从 1978 年的 2.8%到 2000 年升至 7.4%. 增加了 1.6 倍，金融保险业、社会服务业等也有一定提升。中国按行业划分人口产业结构与发达国家的现代型人口产业结构相比仍属传统型模式，其主要原因是中国经济基础薄弱，人口众多。长期重工业轻农业，重视物质生产轻视教育、科研、商业、服务行业等所致。

表 6-7　中国按行业划分在业人口的产业结构统计

产业(行业)	在业人口(万人)				构成(%)			
	1978	1985	1995	2000	1978	1985	1995	2000
农、林、牧、渔业	28 318	31 130	33 018	33 355	70.5	62.4	52.9	53.0
采掘业	652	795	932	597	1.6	1.6	1.5	0.9
制造业	5 332	7 412	9 803	8 043	13.3	14.8	15.7	12.8
电力、煤气及水的生产和供应业	107	142	258	284	0.3	0.3	0.4	0.5
建筑业	854	2 035	3 322	3 552	2.1	4.1	5.3	5.6
地质勘探业、水利管理业	178	197	135	110	0.4	0.4	0.2	0.2
交通、运输、仓储、邮电、通信业	750	1 279	1 942	2 029	1.9	2.6	3.1	3.2
批发、零售、贸易、餐饮业	1 140	2 306	4 292	4 686	2.8	4.6	6.9	7.4
金融、保险业	76	138	276	327	0.2	0.3	0.5	0.5
房地产业	31	36	80	100	0.1	0.1	0.1	0.1
社会服务业	179	401	703	921	0.5	0.8	1.1	1.4
卫生、体育、社会福利业	363	467	404	488	0.9	0.9	0.7	0.8
教育、文化艺术、广播电视业	1 093	1 273	1 476	1 565	2.7	2.6	2.4	2.5
科学研究、综合技术服务业	92	144	182	174	0.2	0.3	0.3	0.3
国家机关、政党机关、社会团体	467	799	1 042	1 104	1.2	1.6	1.7	1.8
其他	521	1 319	4 484	5 643	1.3	2.6	7.2	9.0

资料来源：国家统计局《中国统计年鉴》2001 版　中国统计出版社

（二）在业人口的职业结构及其构成与发展

在业人口的职业结构是指从事各种不同职业的人口在一个国家或一个地区的总人口中所占的比重。它是经济结构中的重要组成部分。它反映在业人口在经济结构中的数量关系，它对研究社会经济发展水平及对经济发展的作用有重要意义。

人口的职业是以个人所从事的工作性质来决定的。

我国人口职业的现行分类分为 8 个大类，64 个中类，301 个小类。8 个大类是：①各类专业技术人员；②国家机关、党群组织和企事业负责人；③办事人员和有关人员；④商业工作人员；⑤服务性工作人员；⑥农林牧渔劳动者；⑦生产工人、运输工人和有关人员；⑧不便分类的其他劳动者。前3类统称智力型职业，后5类统称为体力型职业。

从我国在业人口的职业结构来看，仍然成传统型结构模式，见表6-8，从1982年到2000年我国在业人口职业结构演变情况来看，从事体力型劳动人口大大高于从事智力型人口。到2000年两者比例为11∶1，同发达国家的1∶1或1.5∶1的结构模式相比相差太大。它反映了我国在业人口的文化素质偏低，科学技术水平还不发达。

表6-8 中国在业人口职业结构统计

在业人口的职业分布	在业人员（万人）			构成（%）		
	1982	1990	2000	1982	1990	2000
总计	52 152	56 740	70 196	100.00	100.00	100.00
各类专业技术人员	2 646	3 019	4 015	5.07	5.32	5.72
国家机关、党群组织和企事业负责人	813	1 004	1 174	1.56	1.77	1.67
办事人员和有关人员	679	953	2 180	1.30	1.68	3.11
智力型职业小计	4 138	4 976	7 369	7.93	8.77	10.50
商业工作人员	941	1 708	3 761	1.81	3.01	5.36
服务性工作人员	1 151	1 356	2 501	2.21	2.39	3.56
农林牧渔劳动者	37 538	40 070	45 377	71.98	70.62	64.64
生产工人、运输工人和有关人员	8 337	8 602	11 142	15.98	15.16	15.87
不便分类的其他劳动者	46	28	46	0.09	0.05	0.07
体力型职业小计	48 013	51 764	62 827	92.07	91.23	89.50

资料来源：第3、第4、第5次人口普查资料

从表6-8显示，我国农林牧渔劳动者到2000年占整个在业人员的64.64%，生产工人，运输工人和有关人员占15.87%，而商业工作人员只占5.36%，这种严重的结构失衡，说明我国生活水平极低。第三产业发展滞后，经济发展水平仍较落后。

综上所述，我国生产结构和人口在业结构的变化总体上还较迟缓，主要表现为：

1. 第一产业结构升级缓慢，农业基础薄弱，农产品技术较低下，农业对国民经济增长的有效作用只有5%左右。农业在业人口的综合素质偏低。

2. 第二产业尤其是工业所占比重虽然很高，但质量不高。机械工业、电子工业、石油工业、汽车工业等产业没有形成主导地位，基础工业和加工工业的增长不协调；第二产业中的在业人口比重过低。

3. 第三产业及其在业人口发展虽然较快。但仍然低于发达国家，而且差距很大。

今后应大力协调各产业结构和在业人口结构，优化运行体制，使我国早日向现代化模式转化。

（周 涌）

第七章 人口与可持续发展

人口的运动虽有其自身的独立性和规律性，但不能脱离自然、社会而孤立存在。人口是自然和社会中的一个重要元素，必然与其他要素存在着相互联系和相互影响的关系。研究人口与外部环境之间的关系，有助于我们从更广阔的领域去把握人口现象、人口问题的存在机理及其对其他非人口要素的影响。更为重要的是：将人口纳入自然、社会中去考察，可以警示人类社会以发展的眼光、从更长远的角度来调节人口自身的生产，实现人口与自然、人口与社会的可持续发展。

一、人口在社会发展中的作用

人口是社会存在的前提，也是社会生活的主体。人口的活动方式受生产方式的制约，但同时也反映生产方式的特征。

（一）人口是社会存在和发展的基础

人类社会五光十色，纷繁复杂，然而，它并不是一个混沌的多因素的简单组合体，而是一个由若干有内在联系的不同层次的子系统组成的有机统一体。该统一体的存在条件，可以从广义和狭义两方面进行考察。就广义而论，包括自然条件和社会条件两方面。所谓自然条件，泛指人类社会存在的自然环境，确切地说是指人类的生存空间；所谓社会条件，是指各种社会关系赖以存在的物质资料生产系统和人口系统。从狭义方面考察社会存在和发展的基础，就是指物质生产系统和人口系统。在此，我们不去研究人类社会赖以存在的物质生产系统，因为这是经济学研究的内容。

在社会存在和发展的基础中的人口系统，具有自然属性和社会属性，我们着重考察人口的社会属性。任何社会都必须以人口作为存在的基础和前提，不可能设想没有人口的社会。实际上，人口和社会是同时产生的。当类人猿开始制造和使用工具从事物质资料生产的时候，人类就产生了，人口群体也出现了，社会也就同时诞生了。这是同一过程的两个方面。也就是说，在社会存在的基础条件形成的同时，社会也就随之而出现了。不应当把社会存在的基础与社会本身割裂开来，也不应当把它们理解为先有谁后有谁的时序关系。

人口不仅是社会存在的基础，而且是社会生活的主体。社会生活，就是各类人口具体的现实的活动。绝不能设想有什么离开人口主体而存在的社会生活。人口在社会生活中的主体性，可以从以下几方面加以理解。

首先，人口的实际活动构成了社会生活的现实内容。社会生活是现实而具体的。在原始社会，都为着共同生活而互助合作，共同劳动，共同享受劳动成果，整个社会无等级和阶级之分，也无剥削和压迫可言。这就是作为原始社会主体的人口实际过着的社会生活。在私有制产生后的奴隶社会和封建社会，人口划分为阶级和等级，整个社会生活则是由阶级和等级的人口所形成的一个错综复杂的关系体系而现实地存在着。在资本主义社会，由资产阶级和无产阶级所构成的人口之间的相互关系则成了资本主义社会生活的现实的基本内容。

其次，人口作为社会生活的主体，表现在它的自觉的能动性上。人口的自觉的能动性在它的实践活动中表现出来。在社会生活的任何一项实践活动中，人口都把自己和自己的对象区别开来，使对象客体化。人口作为社会生活的主体，总是在社会实践中不断认识主体的对象，从而符合客观规律地自觉地理解和调整各种错综复杂的主客体关系。人类就是这样一步一步地从必然王国向自由王国迈进的。

人口主体的自觉能动性表现在认识世界和改造世界的有机统一。就具体过程而言，无非是制定计划、具体实施、总结经验的不断循环往复以至无穷。人口主体的这种自觉的能动性，是社会生活的生机和活力之所在，这是任何动物世界不可能具有的。

第三，人口作为社会生活的主体，还表现在实践活动的创造性上。人口在社会生活中，不仅具有能动性，而且还富有创造性。人类的社会生活，无非是物质生活和精神生活两大系统，在物质生活系统中，又有物质资料生产和再生产、人类自身生产和再生产两大体系。这两大体系的运动发展，都是人口能动地发挥其创造性的结果。在物质资料生产过程中，劳动本身就是积极的创造性的活动；在人类自身生产过程中，婚姻形式从群婚到对偶婚，再到一夫一妻制，都是创造过程；在生殖行为中，生殖生理学的运用，生殖工程学的发展，都是人口在活动中的创造性的体现。人类的精神生活也是由低级向高级不断演进的，这也是人力发挥其创造能力的结果。人口群体的这种创造能力，是人口本质特征的反映，是动物无法具备的。

第四，人口作为社会生活的主体，还表现在它的自主活动上。自主活动是指排除其附加的强制性条件的符合规律的活动。对自然来讲，人口要真正成为自然的主人，他们能通过自己的劳动自主地改变自然物质的存在形式，实现自己的预期目的；对社会来讲，人口主体的自主性就意味着人口不是被动地置于社会关系的统治之下，而是主动地活动于社会关系之中，并充分地利用它们为自身的生存和发展服务。

（二）人口在社会发展中的作用

马克思主义认为，物质资料制约着人类的自身生产，人类自身生产影响着物质资料的生产。人类自身生产不是社会发展的决定性力量，但是，人类自身生产在社会发展中有重要作用。

1. 人口作为生产力的第一要素，是社会发展的动力　在社会发展中，最积极最革命的要素是生产力。但是，生产力总是由具有一定生产经验技能的劳动力人口在生产过程中使用生产工具改造客观世界的一种总体能力。劳动者是生产过程中的主体，在生产力的诸因素中起着主导的作用。因为，劳动者是生产工具的创造者和使用者。无论何种物质要素都只有被人所掌握，只有和劳动人口结合才能形成为现实的生产力。劳动者不仅创造和使用生产工具，而且还凭借他们的生产经验、劳动技能和科学文化知识熟练地掌握和充分地发挥生产工具和技术设备的效能，并且改进劳动资料，推动技术革命和技术革新不断向前发展。由于劳动人口在社会生产力中的特殊地位和作用，决定了它对社会发展有重大影响。而劳动人口是人口总体中的基本组成部分，因此，人口对社会发展必然产生重要影响。这种影响是通过人口的数量、质量、迁移变动等表现出来。

2. 人口作为消费力，是社会发展的动因　生产力的发展是由人类的物质生产活动推动的。人类之所以必须从事物质生产活动，是由于他们有这种需要。人类满足需要的生活资料是人们在生产活动中创造的，而为了生产，就有扩大和完善生产手段的需要。从而形成了和动物根本不同的特殊历史活动。而且，人类对需要的追求是一个无极限的过程，具有广阔的范围，无论在物质需要上，还是精神需要上，均如此。人类的需要包括生存需要、享受需要和发展需要，这三者之间是递进层次关系，与此相对应，需要的对象也分为生存资料、享受资料和发展资料。人类的需要由低级向高级的演进过程，是和人类的实践活动紧密联系在一起的，是随生产手段的进步而发展的。而满足需要的手段的发展，则标志着劳动的发展、生产的发展、社会实践的发展、人类社会的发展。

3. 人口数量及其变动在社会发展中的作用　总的来讲，如果人口数量与当时当地的社会条件、自然条件相适应，就会促进社会的发展，反之，则会阻碍或延缓社会的发展。人口可划分为生产者和消费者，作为生产者的劳动人口，必须与生产资料的数量相适应，否则，就会造成劳动力或生产资料的浪费，不利于生产的发展，从而影响社会进步。作为全体消费者的数量也要与生活资料的数量相适应，才能促进生产力的发展，推动社会的进步。众所周知，在生产力水平一定的条件下，社会所能提供的生活资料数量也必然是一定的。因为生活资料是一定生产力水平下的劳动产品。一定的生活资料量，无疑就为全体人口设定了一个数量界限，超过这个界限，不仅会影响人口的消费水平，而且必然会由于消费需求量过大而挤占社会积累基金，从而影响社会的基础设施建设和生产的扩大、技术的改进等，不利于生产力的发展，阻碍社会进步。

4. 人口质量在社会发展中的作用　不仅人口数量影响社会的发展，人口质量及其变动也会影响社会发展。随着科学技术的进步，人口质量对社会发展的影响作用越来越明显。当代人口学界大多把人口质量分为 3 个要素：人口身体素质、人口科学文化素质、人口思想道德素质。鉴于人口的科学文化素质在社会发展中具有重要作用，我们仅以之作为分析对象。

人口科学文化素质，是随着人类社会实践的不断深入，随着科学文化教育事业的不断发展而提高的。在当代，随着科学、文化、教育事业的迅猛发展，人口的科学文化素质有迅速提高的趋势。不断地迅速提高的人口科学文化素质，对社会发展起着极其巨大的推动作用。因为，掌握了现代科学文化技术的人口，作为生产力中最革命最积极的因素，通过对生产过程各个环节的作用，可以转化成“直接的生产力”。一切生产工具，实际上也是劳动人口科学技术素质的“物化”和体现，同时，科学技术还不断地渗透到劳动对象中去，不断开拓新的劳动领域，引导和推动人们向生产的深度和广度进军。科学转化为生产力的直接后果是人类改造自然的力量的增强，是劳动生产率的提高。人口质量的提高，科学技术向生产力的转化，同时也就构成了推动社会变革的最活跃、最革命的因素。

5. 人口的迁移变动在社会发展中的作用　人口的迁移变动是人口变动的一种重要形式，进入现代社会，人口的迁移变动更频繁，空间距离更远，对社会经济发展的影响也更明显。人口的迁移变动实质上是生产力和消费力的移动，从而形成新的生产力布局和新的消费格局。从历史发展的角度考察，人口的迁移变动对社会发展的影响，依具体条件而变化。最根本的条件仍然是当时当地的生产力发展水平。在一定地区，当“人口压迫生产力”的时候，对外的人口迁移，则有利于减轻人口压力，保护和推进已经取得的生产力。当然，人口的迁移变动对一些国家的社会经济发展也会产生不利影响，如当代国际人口迁移主要是由发展中国家流向发达国家，从而导致发展中国家人才的流失，这对作为迁出国的发展中国家的社会经济发展极为不利。

6. 人口不能决定社会发展　马克思主义认为，社会发展的最基本的决定力量是生产力与生产关系的矛盾运动。因此，无论是生产力的进步，还是生产关系的变革，都制约着人口的发展，既制约人口数量的变化，也制约人口素质的提高以及人口迁移流动的方向与规模，从而影响人口结构的变化。虽然人口是社会中的主要元素，但人口内在的变化不能决定社会发展的方向，也不能决定社会的性质，它只能对社会发展起加速或延缓作用。一方面承认物质资料生产方式决定人口发展，另一方面，又承认人口发展反作用于物质资料生产，影响社会发展，这正是马克思主义唯物辩证法的具体体现。决定社会发展的终极力量只能是生产力与生产关系的矛盾运动。

二、人口与自然资源的关系上的几种观点

（一）人口与自然资源的一般关系

任何自然资源都是在为人们所认识和利用之后，才真正对人类有价值。人类对自然资源的认识和利用是随着人类社会科学技术的进步及认知能力的增强而不断扩大的，但利用的程度则取决于生产力的发展水平。人口与自然资源的结合状况将影响到社会的发展速度，只有当人口与自然资源有较好的结合，才能加速社会的发展，因为丰富的资源有利于生产的发展、劳动生产率的提高和建立完整的国民经济体系，也有利于通过贸易交换其他物质和技术。通常都是用人口和资源的对比来说明人口和自然资源的关系及其变化。由于自然资源纷繁复杂，千差万别，性质各不相同，因而不可能用一个统一的指标来衡量各国拥有的自然资源的多寡，而只能用人均拥有某一种资源作为衡量各国人口拥有该资源的丰欠程度。由于资源的开发、利用情况各国差异很大，在研究各国人口和资源对比关系时必须考虑到各国资源的蕴藏情况、开发和利用的能力以及自然资源的未来前景。从人类生产发展的历史看，自然资源具有不断被发现，被开拓的情况。在人类远古时代，生产力十分低

下，更谈不上科学技术的任何发展，人们仅仅凭借极其简单的生产工具和生产经验，从事生产劳动。世界上蕴藏着极其丰富的自然资源，对于那时的人类来说完全是无用的东西，随着生产力的发展，人们才在生产经验的长期积累中，逐渐地发现了自然界物体的许多新的有用的属性，才使这些蕴藏真正成为人类可利用的资源。以能源为例，远古人类发现了火之后，人类开始了靠燃烧柴草作为使用的能源。随着经验的积累，人们又开始运用风能、水能。后来，又发现了煤炭、石油和天然气等燃料的作用。现代科学技术的发展，人们又发现并开始运用原子能、太阳能、潮汐、地热等新的能源。科学技术的进步帮助人类不断扩大利用资源的范围。当然，自然资源作为自然界赋予人类的自然财富，一般来说是比较稳定的，但是它的开发利用，在很大程度上要受到科学技术的发展、生产力发展的限制。自然资源对于人类来讲，既是广阔的，又是有限的。这就要求人口的发展必须要与自然资源相适应，也就是说不能使自然资源超负荷。特别是近代工业和科学技术的发展，人们生活水平的提高，开采自然资源的能力大大增强，使人类对自然资源的开采量大幅度增长。所以，如何控制人口，使人口和自然资源相适应，求得二者之间的平衡，对人类自身的生存和发展是十分必要的。

人口多、增长快，势必造成人均资源水平迅速下降。但是，人口多并不是资源耗损的唯一原因，因为其他社会条件对自然资源的破坏与耗损常常比人口增长这个因素强烈得多，有时人口多甚至是开发、利用自然资源的条件。历史上一些国家和地区由于人口过少，无力充分利用和开发其自然资源。在科学技术发达的今天，大量人口并不是开发利用自然资源的前提，但是一定的人口仍然是开发利用自然资源的必要条件。自然资源属于地理环境的范畴，不能决定社会的发展，因而也不是人口发展的决定力量。但是，在一定生产力水平下，自然资源的蕴藏、开发、利用对人口的规模、增长和人口分布仍有相当大的影响。历史上形成的各地区人口的规模和分布，同自然资源有密切关系。例如，历史上耕地多、土地肥沃、水流充足的地区，形成密集的人口。矿产资源丰富和开发得充分的地区，往往吸引大量人口迁入，一个地区的资源比较丰富，对吸引人口迁入有一定的作用。

（二）人口增长与自然资源开发、利用和保护

世界人口已达到63亿，中国人口已超过13亿。历史堆积而成的如此庞大的人口规模无疑会给自然资源带来巨大压力，特别是人类生产与生活所必需的主要资源的消耗速度加快，对社会经济的可持续发展构成极大威胁。本节就人口与几种主要的自然资源的开发、利用和保护进行简要分析。

1. 与土地资源　土地是地球陆地表层各种自然因素的综合体。土地是人类生活和生产的基本场地，是一种不可替代的重要资源，它直接关系到人类的吃、穿、用、住、行等日常生产和生活需要。

地球表面积约为5.1亿平方公里，其中海洋面积为3.61亿平方公里，占地球总面积的71%，陆地面积约为1.49亿平方公里，占地球总面积的29%。地球陆地有20%是沙漠和干旱地区，20%被冰川和永久冻土、草原所占据，20%是不能开垦的山地，还有10%的陆地由于土壤性质不好，任何作物都不能生长，只有不到1/3的陆地可供耕种。

世界上耕地面积约为225亿亩，约占地球总面积的10%，人均可耕地约为5.1亩，我国现有耕地面积为19.2亿亩，人均耕地面积为1.59亩，不到世界人均耕地的三分之一。我国是世界上典型的人多地少的国家之一，新中国建立50多年来，也开垦了不少荒地，但用于发展的耕地恰好与开垦的几亿亩耕地相抵消。据估算，可供开垦的荒地只剩下5亿亩，即使全面开垦出来，还要扣除新增人口所需要的住房、交通和工业用地等，余下的可谓所剩无几。从地形来看，我国山地占33%，高原占26%，丘陵占10%，盆地占19%，真正的平原只占12%，沙漠、冰川、湖泊、居民点、道路水渠等，大约占去全国总面积的30%，剩下70%才能供农、林、牧利用。人类为了自身的生存和发展，在人口不断增加的情况下，必须合理而集约地利用和保护土地，使有限的土地资源能够持续地满足人类不断提高的需要。因此合理开发利用并保护土地资源十分必要。

土地的使用是随着人类发展不断增长而发展变化的，目前，全球土地资源利用中的主要问题是：①人均耕地面积下降。由于人口的增长，城市的扩建，工厂的兴建和交通道路的开辟，每年约有0.1亿公顷农用耕地被占用；②土地资源退化严重。人均耕地资源趋于减少，而粮食需求随着人口的增加不断提高，为了解决这一矛盾，人们往往是千方百计提高复种指数，但对土地缺乏养护：毁林开荒，导致水土流失；加强灌溉，增施化肥、农药，掠夺性经营土地，使土地资源日趋恶化，如沙漠化、土地质量退化等。

土地面积是固定不变的，土地资源的作用具有不可替代性，而人口却在不断增加，如何缓解耕地、粮食和人口的矛盾已关系到人们的生存和发展，关系到国家安危和人民生活水平状况。要解决这个矛盾，首先要珍惜现有的每一寸土地，充分发挥土地的潜力。其次是依靠科技进步，提高单位面积产量。最后还必须控制人口增长，减轻对耕地的压力。

2. 与淡水资源　自然界中，水的用途十分广泛，而且具有不可替代性。水不仅是人类生活所必需，也是工农业生产所不可缺少的物质基础。随着人口的增长和生产发展，地球上水的需求量也在不断增长。一个人每天要从各种食物和饮料中摄取2升以上的水，生产1吨纸需要200～400吨水，1亩小麦生长期用水345～506立方米。换取1公斤牛肉，需要消耗水31.5吨。人口增长对水资源的压力已越来越大。

地球上淡水资源少，且分布不平均，全球水资源约有15亿立方公里，其中海水占97.47%，淡水仅占2.53%，而2.23%的淡水中，有难以利用的冰川，深层地下水约占2.19%，能够被人们利用的河水、湖泊水、浅层地下水仅占0.34%。淡水资源虽然都可借助于水的全球循环得到更新，但可利用的淡水资源的总量可以说是相当稳定的，这意味着随着人口增长、生产的发展、淡水需求量的不断增长，地球上淡水资源的短缺日趋严重，普遍存在区域性水源短缺，约有5 000万平方公里的陆地缺少淡水资源，非洲约有83%的面积属于干旱地区，目前世界上有11亿人口处于缺水状况。

我国江河年径流总量为26 400亿立方米，在世界上居第5位，但按人口平均则居第84位。加上我国水量地区和季节分布不均，北方地区淡水十分紧张。北京市缺水的警报在20世纪70年代就已拉响。早在1981年夏天，国务院就召开了京津用水紧急会议。上海市区1963年以前每年开采地下水1亿吨左右，结果引起了严重的地面沉降，有些地方因“陆沉”引起了房屋倾斜，机器设备的错位，严重危及人民的生命财产安全。天津市早在20世纪70～80年代，淡水不足扰得人心不安，“引滦入津”之后才有所缓解。我国正在实施的“南水北调”工程，就是为了解决北方的缺水问题。

当前，世界性的水源污染、水质恶化，更加剧了淡水资源的短缺。而且，水质恶化直接威胁着人类的生命安全，同样也影响着工农业生产。据世界卫生组织的调查，在发展中国家每5人中就有3人缺乏干净的用水，每年大约有1 000万人死于引水不干净而引起的各种疾病。水质恶化还严重影响到海洋生物和动植物的生长，引起海洋捕捞量减少，海产量下降。

要使人口增长和用水之间保持平衡，一方面要重视淡水资源的利用和开发，加强水质的保护和净化，另一方面还要控制人口增长，做到人口和生产力的布局合理，实现人口发展和淡水资源利用的平衡。

3. 与森林资源　森林资源是人类宝贵的自然资源，它包括用材林、经济林、果树、竹林、防护林以及灌木丛等等。森林不仅可为人类提供大量木材、多种原料、多种食品和多种饲料，而且还具有净化空气、涵养水分、保持土壤、防止风沙、调节气候、减弱噪声、美化环境等重要作用。有人称森林为自然环境中的“天然屏障”、“空气的肺叶”。森林资源是一种可再生资源，只要不受外力破坏和超负荷开发使用，森林资源可供人类永续使用。但森林资源的更新期或生长期较长，人工林一般为10～40年，天然林达100～200年。所以，森林的经营往往是多年积累，一次性消耗利用，但也可以轮伐。森林资源破坏容易，恢复难。

人类诞生时，地球上有2/3的陆地为森林所覆盖，总面积达到76亿公顷。随着人口增长和砍伐森林，19世纪森林已减少到55亿公顷，1967年减少到38亿公顷，1978年减少到25.6亿公顷。世界森林大约有75%是在20世纪人口高速增长时期损失的。

森林被大量砍伐，使生态平衡遭受严重破坏，各种自然灾害，如气候变暖、水土流失、土地荒漠化、水旱灾频繁出现，都与此有关，并使许多珍稀动植物资源绝种。世界上目前森林覆盖率为22%，共有森林22亿公顷。我国森林覆盖率仅为12.7%，森林面积只有18亿多亩。世界人均森林面积为16亩，而我国不到1.8亩，我国人均森林面积在全世界180多个国家和地区中位居120位。

森林破坏、草原退化、沙漠扩展，加剧了水土流失。我国长江上游由于森林植被破坏，流入的泥沙每年达6亿吨，黄河流入泥沙达到5亿吨。1991年中期统计，我国水土流失的面积有22.5亿亩，占国土面积的15.6%，全国草场，退化面积达7.7亿亩。每年春夏之交，我国北方大面积出现沙尘暴，严重影响到人民群众的生活质量。2000年3月4日，由于蒙古高原的草场大面积沙化，造成了包括北京、天津、石家庄等地大面积出现沙尘暴，天空布满黄沙，加上大风天气，沙尘暴顺风南下，甚至影响到我国江淮地区、上海市上空都出现了沙尘。

造成上述情况的原因很多，但其中人口增长，人为破坏生态环境是主要原因。要缓解人口与森林的矛盾，第一是要保护和发展森林资源，积极造林；第二是要节约木材，合理砍伐，综合利用，边采伐、边植树；第三是要控制人口增长，减轻人口对森林的压力。

近年来我国开始在长江、黄河上游设置生态林保护区，鼓励农民退耕还林还草。国家有关部门还制定了许多具体措施，例如对农民退耕还林的家庭，每亩耕地长江上游地区补贴粮食每年300斤，黄河上游200斤，并对每年每亩退耕地补贴现金20元，国家无偿提供种苗50元，实行个体承包，谁造林、谁管护、谁受益。我们相信，通过开发性治理和保护生态环境相结合，广泛植树造林种草，我国人口与森林资源的良性循环一定会实现。

4. 与矿产资源　矿产资源是一种有限资源，其中石油、煤等矿产资源更是如此。矿物在自然生态系统中往往并不占重要地位，而在人力生态系统中是不可缺少的重要组成部分。人类区别于动物就表现在人类能够制造工具，从事劳动。而制造工具的材料大多是矿物，特别是在近代，每当一种新的矿产资源的开采利用，总会导致人类社会的进步；同时，人类劳动的对象越来越多的是矿产资源。随着工业化的发展，人类将在更深更广的程度上开发利用自然资源。

随着经济发展和人口增加，人口对能源的无限需要和有限的石油、煤储量之间的矛盾越来越突出，从20世纪70年代开始就爆发了世界石油危机，近年来世界石油价格不断攀升，客观地反映了矿产资源供给紧张的这一现象。

我国矿产资源丰富，矿产几乎应有尽有，已经勘探查明的有140多种。我国矿产储量名列世界第1位的有钨、锑、钛、稀土矿等；名列世界第2位的有锌、硫铁矿；名列第3位的有钼、钒、煤；铂位居第5位；铁、金银居第6位；石油居第10位。我国矿产资源总储量不少，但由于人口众多人均储量就偏低，消费量就更低，在世界上处于落后地位。

由于矿产资源的特殊性，开采矿产资源一靠资金，二靠技术。我国矿产资源虽丰富，许多资源尚待开发利用，但由于人口增长和经济发展都需要大量资金，再加上矿产储量丰富的地方大多位于我国中西部地区，地理条件恶劣、交通不便、许多资源还不能大规模开采。因此必须切实控制人口增长，促进资金积累和技术发展，这样才有可能充分开发利用我国的矿产资源，为社会主义现代化建设服务。

（三）人口与自然资源关系上的不同观点

从自然资源的角度讨论人类的未来，为众多学者所重视，也是理论界一直争论不休的问题。归纳起来，主要有以下几种观点：

1. 悲观论　自英国牧师马尔萨斯开始，就有许多人士对人口未来持悲观态度。特别是第二次世界大战以来，由于人口的快速增长以及工业生产的迅猛发展，人口与资源的矛盾愈益突出，导致一些人对人类的未来产生严重的悲观情绪，产生了一些悲观论调。悲观论认为，世界人口增长快，实际上是发达国家的人口增长快，这种迅速增长的人口，将会使粮食匮乏、能源短缺、资源枯竭、环境污染进一步加剧，从而导致“世界末日”，人类将“最终灭亡”的悲惨景地。悲观论中影响比较大的是人口危机论和零增长理论。

人口危机论：以美国的皮尔逊和哈帕著《世界的饥饿》（1945年）和美国的福格

特著《生存之路》（1948 年）为代表。他们认为，世界人口如按原有的增长速度增加下去，势必造成粮食饥荒，自然资源枯竭，甚至使人类面临“世界末日”。福格特认为，人口增加、人类滥用土地，许多土地生产力已大大下降，适宜耕种的土地不断减少。人口增长和土地负载能力下降的矛盾日益尖锐。唯一的“生存之路”只有减少人口。

零增长理论：其代表人物是美国的麦多斯等人著的《增长的极限》（1972 年）。书中虚构了一个世界动态模型，认为人口增长、粮食供给、资本投资、环境污染和资源耗竭都是指数增长，如果这种增长恶性循环下去，必将导致世界经济体系崩溃和世界末日来临。为此他们提出解决问题的唯一出路是实现人口零增长和工业生产零增长。麦多斯的零增长理论对世界前途作了十分悲观的估计，此理论出台后受到包括西方学者在内的各方面批判。

悲观论的错误在于，第一，把人口增长带来的悲剧统统归罪于发展中国家，而实际上世界资源消耗大国都是经济发达的资本主义国家。当今世界大多数发展中国家已认识到，人口增长带来的许多社会经济及资源环境问题，并实行了控制人口增长的政策，人口问题是能够解决的。第二、悲观论把人口增长看成是无限的，把自然资源看成是有限的，这种结论是荒谬的。第三，悲观论忽视社会生产力发展，忽视科学技术进步对自然资源开发利用的重大影响。因此是一种错误观点。

2. 盲目乐观论　盲目乐观论认为，人口增长不是一个问题，因为自然资源是无限的，科学技术总是不断向前发展、进步的，科学技术的进步可以解决人口与自然资源之间的一切矛盾。其主要代表人物是 20 世纪 70 年代末到 80 年代初，美国经济学家朱利安.L. 西蒙等，他在 1977 年发表《人口增长经济学》、1981 年出版《最终的资源》中表现了对人口和社会经济发展的乐观主义思想。

西蒙等人认为，人口增长的影响总是积极的和有利的，人口适度增长是推动经济增长和经济发展的动力。他们驳斥了人口增长导致资源短缺的观点，认为人口增长，主要是人们知识存量的增长，足以克服可能出现的资源短缺。如果真有资源短缺的危险，则会通过自由市场的价格机制的调节，对短缺资源需求的增加，会导致人们去创造和发现新的资源或替代资源。西蒙的观点是建立在对人口与经济关系长期变化如 120～180 年时间基础上，在短期内，他认为人口增长对经济发展起负作用，不利于经济增长和人均收入水平提高。

盲目乐观论的片面性表现在：第一，如何看待第二次世界大战后的人口高速增长问题，对大多数发展中国家来说，人口增长带来的弊大于利，而盲目乐观论没有正视这个问题。第二次世界大战以来，发展中国家人口增长迅猛，而生产力水平提高缓慢，为了获得必需的能量和物质，势必造成毁林垦荒、围湖造田、围草开荒、掠夺式经营土地等极端行为，从而加剧了环境污染、水土流失、草原退化、土地沙化、生态失衡等后果，已严重影响到人与自然的和谐发展，这是不争的事实；第二，科学技术发展是无限的，但在短期内不能够使整个人类生存环境发生根本性变化，因为科学技术的发展需要一定的条件和积累，不可能在短期内取得明显改观；而人口过快增长对社会经济、资源和环境的需求都会不断增加，同时也会反过来限制对科学技术发展的投入；第三，人口增长总会有一定限度，人类只有一个地球，地球承载人口的负荷是有限的。人类生存的最终目的是不断满足和提高自身的物质、文化生活水平，人口增长不是人类的唯一目的。从人口增长与社会、经济、自然环境的内在关系上讲，人口数量也要与当时的生产力相适应，超越这个限度，势必导致许多社会问题。而且，在地球的总面积尤其是耕地面积有限的情况下，人类也不能无限制地增加，不能超过地球对生物的承载极限。

3. 辨证地认识人口与资源的关系　马克思主义的历史唯物主义和辨证唯物主义方法论是处理人口与自然资源关系的理论依据。在看待和处理人口与自然资源关系上，我们既不能盲目悲观，把人类的前景看得过于灰暗、渺茫，也不能盲目乐观，过高估计人类的创造能力而忽视了已经暴露出的且必须加以正视和解决的问题。

自然资源开发具有广阔性。地球上的自然资源，总是在人类生产过程中才被逐步认识和利用后才感觉存在的。例如，人类最早发现的能源是植物秸杆、木材等燃料，随后发现并利用风车，即风力和水磨，即水力。以后又逐步发现煤炭、石油、天燃气等石化能源。现代新技术又发现和开始利用原子能、太阳能、地热、潮汐等新能源。从人类发现、利用能源的历史可以看出，现代科技进步，使人类能够发现新能源来取代日益枯竭的自然资源。人类总是在认识自然、改造自然、利用自然中不断进步的，因此我们认为自然资源开发前景是广阔的。

自然资源还是相对有限的。在一定生产力发展水平之下，人类认识并利用自然资源的能力是有限的，因而可以利用的自然资源的数量也是有限的。从更广泛的意义上看，人类只有一个地球，地球上的土地、淡水、森林、矿藏资源等等都是有限的。在人口与自然资源已经存在比较突出的矛盾的情况下，人类必须反省并节制自己的一切行为，尤其是生育行为，为资源的永续利用留下一定空间。人口发展与自然资源消耗保持相对平衡有重要的意义。自然资源的广阔性和有限性的矛盾，使人口增长必须与自然资源的开发利用保持相对平衡，否则就会导致掠夺式开发自然资源，最终导致人口、粮食、资源、环境进入恶性循环之中，加剧环境污染、水土流失、草原退化、土地沙化、生态失衡、物种灭绝等情况发生。因此，进一步控制人口数量来缓解人口对自然资源的压力，以及合理开发利用自然资源对保持人口与自然资源的相对平衡都十分必要的，也具有重大的现实意义和深远的历史意义。

（四）人口增长率与资本需求的增长率

20世纪30年代，在西方主要发达国家发生了严重的经济危机，凯恩斯、汉森从人口角度分析了经济危机爆发的原因以及走出危机困境的措施，这就是著名的“停滞理论”。“停滞理论”的主要观点是：人口增长减慢是经济发展的阻力，人口增长是经济发展的刺激因素和动力。凯恩斯认为，资本和资本形成速度是经济增长的基本决定因素之一，经济危机发生的主要原因是“有效需求不足”，而资本有效需求的决定因素是人口增长和生活水平的提高。当人口增长从上升转变到下降或静止时，如果人口的生活水平没有足够大的提高，就会导致对资本的有效需求减少，引致有效需求不足。而且若人口减少长期延续下去，会使经济处于长期停滞的状态。因此，人口增长的下降是“有效需求”不足和投资动力下降的主要原因，刺激有效需求的途径是快速增长的人口而不是慢速增长的人口。同时凯恩斯强调，虽然人口增长趋于减少或静态可以逃避“马尔萨斯的恶魔 P”（过剩人口魔鬼）的威胁，但是由于人口增长的下降所带来的有效需求不足，导致失业和长期停滞，所以又遭遇到“马尔萨斯的魔鬼 U”（失业的魔鬼），而且后者比前者威胁更大。凯恩斯针对当时人口增长缩减的趋势指出：由于人口增长趋于静态或减少，可以免除马尔萨斯的过剩人口魔鬼的威胁，或者说把马尔萨斯魔鬼 P 锁起来了。但是，人口增长缩减趋势却带来了有效需求不足，导致慢性失业和长期停滞，因而又遭到马尔萨斯失业魔鬼的威胁，并且这种威胁有日渐严重之势。他呼吁采取措施防止人口减少，并且采取强有力措施去减轻人口减少的威胁，以解决有效需求不足的问题。随后，美国经济学家汉森将凯恩斯的思想发展为长期停滞论。汉森认为，经济进步的因素有 3 个：发明、新领土和新资源的发现和开发、人口增长。人口增长的减慢是导致经济停滞的重要原因，一个不断下降的人口或停滞的人口，使人口趋于老龄化，这样对个人劳务需求增多而对密集型投资的产品需求较少，从而会以各种方式减少对投资的刺激，如消费支出减少，更新资本的需求下降，资本的边际效用率低等。而人口增长能刺激消费和投资，促使资本形成。凯恩斯和汉森的分析表明，在劳动力和资本闲置的情况下，资本的需求上升将对整个经济起刺激作用，并促进收入的提高，人口快速增长比缓慢增长更能刺激资本的需求。在经济萧条时期高度工业化国家只要投资的预期利润上升，就会提高对闲置的劳动力和资本的利用，从而提高平均产出。凯恩斯和汉森的主要贡献就在于分析了人口减少的经济后果。

三、人口与可持续发展

自 20 世纪 80 年代以来，有关发展特别是人口与发展的讨论从纯经济范围扩大到经济-生态-社会领域，其总体目标在于保持经济和生态系统的平衡，而不是仅仅追求单一的经济增长目标。因此，怎样保持全球、地区、国家和区域各级经济增长的持久性，即可持续发展问题，是理论界不得不思考的一个迫切的现实问题。

（一）可持续发展的概念及提出的背景

1. 可持续发展的概念　世界环境与发展委员会（WCED）于 1987 年在《我们共同的未来》中提出的可持续发展定义是：“既满足当代人的需要，又不对后代人满足其需要的能力构成危害的发展”。一般地理解主要包括两个层次的内容：一是代内公正，即当代人在对自然资源与环境的利用时，必须均衡地分配，不能造成对资源的浪费和环境的破坏；二是代际公正，即当代人不能只顾满足自身需要，而必须为后代人的需要的满足创造必要的条件。要做到可持续发展就必须坚持公平、持续、和谐的原则，而持续是最基本的原则，它要求生态系统在受干扰时能持续地保持自身的生产能力。该定义至今仍是可持续发展的权威定义。但是，在国际上，人们从不同的角度对可持续发展概念进行了不同的表达，据不完全统计，目前至少多达 100 多种。现将有代表性的几种定义简述如下：

第一，从生态属性定义的可持续发展。1991 年，国际生态学联合会（INTECOL）和国际生物科学联合会（IUBS）联合举行的关于可持续发展问题的专题研讨会，在会上，将可持续发展定义为“保护和加强环境系统的生产和更新能力”，也就是说，可持续发展是不超过环境系统更新能力的发展。R. Forman 从整个人类生存的生物圈的立场出发，从生态学属性来定义可持续发展，他认为：可持续发展是寻求一种最佳的生态系统以支持生态的完整性和人类整体生存生活愿望的实现，并使人类的生存环境得以持续。

第二，从社会属性定义的可持续发展。1991 年，世界自然保护同盟（INCN）和世界野生生物基金会（WWF）共同发布《保护地球——可持续生存战略》，将可持续发展定义为:"在生存于不超出生态系统涵容能力的情况下，改善人类社会的生活品质"，并提出了可持续发展的 9 条基本原则，其中强调了人类的生产方式与生活方式要与地球承载力保持平衡，要保护地球的生命力和生物多样性，提出了人类可持续发展的价值观和 130 个行动方案，着重强调了可持续发展的最终落脚点是人类社会，即改善人类社会的生活品质，创造美好的生活环境。

第三，从经济属性定义的可持续发展。不少人认为可持续发展的核心是经济发展。如 E. B. Barbier 在其著作《经济、自然资源、稀缺和发展》中，把可持续发展定义为:"在保持自然资源的质量和其所提供的服务的前提下，使经济发展的净利益增加到最大限度"。英国环境经济学家皮尔斯等用经济学语言表达为"在发展能够保证当代人的福利增加的同时，也不会使后代人的福利减少"。

第四，从科学技术属性定义的可持续发展。J. G. Spath 认为"可持续发展就是转向更清洁、更有效的技术——尽可能接近'零排放'或'密闭式'工艺方法——尽可能减少能源和其他自然资源的消耗"。也有学者认为"可持续发展就是建立极少产生废料和污染物的工艺或技术系统"。很多科学家认为，应在全球范围内开发更有效的矿物能源的使用技术，提供安全、经济的可再生能源技术来限制导致全球气候变暖的二氧化碳的排放，通过恰当的技术选择，停止某些化学品的生产和使用，以保护包括臭氧层在内的生物生活圈，逐步解决全球的生态环境问题，实现全人类的可持续发展。

2. 可持续发展提出的背景　可持续发展是人类社会实践和科学高度发展的产物，也是人类在 20 世纪取得的重要认识成果。人类对自然的认识、利用和改造经历了一个漫长的不断深化的过程。在工业发达的今天，当人们欣赏着现代化带来的高度物质文明的同时，也惊奇地发现这些文明是付出了惨痛的代价或高昂的成本，人口的急剧增长，工农业生产的粗放式经营，对生态环境掠夺式的开发，资源的快速消耗，环境的污染等，已严重破坏了生态环境的性能，危及着当代人的生存，更威胁着后代子孙的发展。

20 世纪 50 年代，当世界性的生存危机日益显现之时，人类对人口、资源、环境之间相互关系的认识，也就进入一个崭新的阶段。1965 年联合国教科文组织首次发起并推动了"国际生物学研究计划（IBP）"，开始对维持地球生命的环境系统及其基本运动过程进行研究，并试图找出控制环境生态系统运行的机制。在 20 世纪 60 年代和 70 年代，人们对人口与资源、环境问题的研究进入高潮，国际人口学会在多次世界性人口会议中，把人口与资源、环境问题作为重要议题加以讨论。1972 年联合国在瑞典首都斯德哥尔摩召开了"人类环境会议"，会上明确提出了"只有一个地球"的口号，并通过《人类环境宣言》提出:"人类环境的维持与改善是一项影响人类福利与经济发展的重要课题，是全世界人民的迫切愿望，也是所有政府肩负的责任。"《宣言》认为“人类业已到了必须全世界一致行动共同对环境问题采取更审慎处理的历史转折点。由于无知或漠视会对与生态及福利相关的地球，造成重大而无法挽救的危害，反之，借助于较充实的知识与明智的行动，就可以为自己以及子孙后代，开创一个比需要与希望优良的环境，实现更为美好的生活”。

人类社会挽救生态环境的一致行动，便是寻求一种全新的可持续发展战略。1987 年，联合国世界环境与发展会员会以《我们共同的未来》为题发表的专题报告，标志着可持续发展理论的最终形成。1992 年 6 月，为了让可持续发展理论作为一种全球性的发展战略思想，为世界各国所共同接受，联合国又在巴西的里约热内卢召开可各国政府首脑出现的“环境与发展大会”，会上，各国首脑共同签署了《联合国生物多样性公约》、《联合国气候变化框架公约》、《关于森林问题的原则申明》，并发表了《环境与发展的里约热内卢宣言》、《21 世纪议程》等，正式确定了可持续发展不仅是 20 世纪、21 世纪的发展战略，而且也是人类未来的长期发展战略。

经过几十年的研究与讨论，目前，可持续发展的思想已受到各国有识之士的广泛认同，纳入了联合国组织的一系列文件和国际协议，很多国家也制定了可持续发展的行动纲领。

3. 可持续发展的内容

根据国际社会有关会议的精神，可持续发展概念应包括以下内容：

第一，可持续发展应实现消除贫困和适度的经济增长。从人类社会的发展来分析，在人们食不裹腹、衣不蔽体的境况下，让人们为子孙后代着想是不现实的，只有在人们消除贫困、基本上实现小康的大环境下提出并实施可持续发展才是客观的，符合人们实际的。因此，实现可持续发展即意味着通过适度的经济增长，实现消除贫困，持续的提高人们的生活质量。

第二，实现可持续发展必须控制人口增长和开发人力资源。自上个世纪以来，世界人口的增长速度不断加快，高速的人口增长对社会经济发展，对资源和环境带来了巨大的压力，甚至是巨大的破坏，要实现可持续发展控制人口增长实在势在必行。同时，必须大力开发人力资源，提高人口的科技文化知识，将人口数量优势转化为人力资源的优势，并推动经济发展。

第三，实现可持续发展应合理开发利用自然资源。自然资源虽然种类繁多，但许多资源是不可再生的，即使是可再生资源，但由于人为的破坏后也会失去再生的能力（如森林和草原等植被），因此实现可持续发展应合理开发利用自然资源。

第四，实现可持续发展应保护环境和维护生态平衡。生态系统具有一定的自净和自我恢复平衡的能力，但生态系统又是十分脆弱的，一旦生态系统遭到破坏，生态平衡被打破，恢复起来十分困难。在发展经济时，必须摈弃先污染后治理，先破坏后恢复的不正确观念，使发展经济、保护环境和维护生态平衡并重。

第五，实现可持续发展应满足就业和生活的基本需求。可持续发展的目的是要不断满足人们不断增长的物质文化需要，为当代人和子孙后代创造一个良好的环境。满足就业和生活的基本需求是改善人们生活条件的前提和基础，也是我们社会经济发展追求的目标。

第六，实现可持续发展还要推动技术进步和对危险的有效控制。通过技术进步实现最小的经济和自然资源投入，获得最大的经济产出，提高劳动生产率提供更多的就业岗位，并有效控制危险的出现，以真正实现人口、经济、社会、资源、环境的协调发展和可持续发展。

（二）适度人口与可持续发展

适度人口的思想可谓源远流长，在西方，柏拉图的《理想国》首开适度人口思想的先声，其后马尔萨斯、马克思、坎南，直到“罗马俱乐部”的《增长的极限》，关于适度人口的探索和研究一直没有停止；在中国，适度人口思想的火花也不断在人口思想史中闪现，从韩非、商鞅到马寅初、孙文本，再到田雪原等当代人口学家，都在为适度人口的研究做着积极的工作。虽然中西方的各种理论的出发点和研究目的不尽相同，但把适度人口纳入到可持续发展的框架下来时，借鉴意义显而易见。

从理论上讲，每一个国家都有它的适度人口：即当一个国家的劳动力恰好能够最充分地利用本国可获得的资源时，或者，当一个国家在一定条件下达到最高生活水平时的人口。但是这一高度平衡并不是一成不变的。当资源增加（提高土壤肥力、发现新矿藏。利用能源、增加资本储备、改进技术）时，就可能容许或需要增加劳动力，随之适度人口的水平也将提高。

经济学家们在谈到人口“适度”时，通常是指这样几种情况：

一是指使人均收入或人均产出最大化的人口规模。达到人均产量最大化的条件是，人均边际产量应等于产量的平均值。如果新增人口的边际产量高于这个平均值，平均产量就可能由于人口扩展而提高。反之，在新增人口的边际产量低于这个平均值时，人口的进一步增长就将使平均产量下降，人口数量就超过了这一适度水平。在没有储蓄的条件下，由于人均消费将处于最大限度状态，人均产量的最大化也就意味着人均福利的最大化。需要指出这种适度定义基本上是以人口作为生产者（或者说是就业人口）为出发点的。

二是指使总福利达到最大化的人口规模。在这种情况下，适度人口的条件是：由人口增加引起的满足程度提高，恰好被由人口增加引起的现有人口的福利降低所抵消。为此必须假定收入的边际效用随收入的提高而下降。这样，富人从边际收入提高中所得到的边际满足就要比穷人少，而随着人口增长和收入再分配，总福利可同时增加，在所有人的收入都与最低福利水平相等时，人口就达到了最适度。这个适度人口定义基本上以收入水平作为判断标准的。

三是指现有资源所能供养的最大人口量，即不突破环境资源承载能力的最大人口量。在这种条件下，适度人口可用产出的纯生计水平（维持生存的最低产出水平）来解释，即假定总产量按人口平均分配，当人口数量超过了产出的纯生计水平时，平均产量就会降到生活所需的产出水平之下。这个定义基本上是以环境和资源的承载力来限定的。

总的来说，产出或收入的最大化、福利的最大化、不超越环境资源的承载能力、人口密度的合理分布和充分的就业等，或许可以统一视为是一种适度人口的标志。这些标准，基本上是奠基在经济学的均衡和最大化的理论前提之上的。事实上，适度依据的是各种因素而不仅仅是经济因素，这些因素包括国家的大小、它的实际和潜在的资源、它的技术、它的交通运输网的质量以及社会结构等。

可持续发展的研究则方兴未艾。在众多的理论中，中国学者在马克思“两种生产”理论基础上提出的“三种生产”理论对认识我国的可持续发展更具指导意义。这一理论认为，世界系统是物质生产、人口生产和环境生产三种生产系统交互作用下发展的，可持续发展是人口、经济、环境三大系统的协调发展。纵观历史，无论是西方还是中国，战争和灾荒总在不自觉地调节着人口数量，使得人口数量围绕着适度人口上下波动。随着人类进入现代社会，长时期的和平和社会福利事业的发展使得“人口自动调节器”的作用日渐式微，基本退出了历史舞台。因此，政府必须以“有所为”的思想对待人口问题，通过人口政策来调节人口规模，以实现可持续发展。就一些西方发达国家而言，现实人口数量小于适度人口数量，所以它们实行了鼓励生育的政策，而中国的人口数量远远大于适度人口，计划生育这一基本国策就成了通往可持续发展之路的题中应有之义。

（三）中国可持续发展的意义与道路

1. 中国实施可持续发展战略的意义　可持续发展理论的产生为人类世界的发展指出了一条环境与发展相结合的道路，为环境保护与人类社会的协调发展提供了一个创新的思想模式。可持续发展观要求在发展中积极地解决环境问题，既要推进人类发展，又要促进自然和谐。因此，它既有别于不计自然成本的传统经济增长观念，又不同于消极保护自然环境的零增长观念。贯彻可持续发展理论将会导致人类文明的新的更替。如果说1万年以前的农业革命实现了从原始渔猎文明到农业文明的转换，二百年以前的工业革命实现了从农业文明到工业文明的转换，那么实施可持续发展将呼吁人类社会从当前的工业文明走向未来的生态文明。完整地说，可持续发展观与工业革命延续下来的传统发展观念的区别，主要表现在：从以单纯经济增长为目标的发展转向经济、社会、生态的综合发展，从以物为本位的发展转向以人为本位（发展的目的是满足人的基本需求、提高人的生活质量）的发展，从注重眼前利益、局部利益的发展转向长期利益、整体利益的发展，从物质资源推动型的发展转向非物质资源或信息资源（科技与知识）推动型的发展。正是在这些方面，可持续发展战略的提出，标志了工业革命以来人类发展观念的重大革命，标志了它是一个有利于人类健康地走向21世纪的新的发展理念和行动纲领。我们可以期望，可持续的生态文明将会成为21世纪人类社会发展的主旋律。

实施可持续发展战略对21世纪我国控制人口数量，提高人口素质，保持社会经济持续、快速、健康的发展，保护资源和环境具有十分重大的现实意义。具体表现在以下3个方面：

第一，实施可持续发展战略，有利于改善我国人口环境。通过实行计划生育，控制人口数量，提高人口素质，可以缓解我国人口增长的势头，减轻庞大的人口数量对经济、社会、资源、环境的巨大压力。同时人口素质的提高将有助于整个社会经济和生态环境的建设。

第二，实施可持续发展战略，有利于合理利用资源，保护社会生态环境。我国社会主义建国50多年来，社会经济取得了极大进步，其成就举世瞩目，但在发展过程中也一定程度上破坏了大自然的生态平衡，我国长江流域的曾经爆发的大洪水，以及我国北方春秋两季频发的沙尘暴，即是大自然生态环境破坏后对人类的报复。因此，实施可持续发展战略，正确处理好资源开发利用，环境保护与社会经济全面发展的关系具有十分重大的战略意义。

第三，实施可持续发展战，有利于促进我国社会物质文明和精神文明的建设，促进社会全面进步。实施可持续发展战略，保证了我国人口、经济、社会、资源和环境协调发展，即保证了社会物质文明的持续、快速、健康，这为我国精神文明建设提供了物质的基础和保证，进而为人们追求最美好的精神生活提供了条件。

我国是一个拥有悠久历史的文明古国，在新世纪正爆发出勃勃的生机，随着可持续发展战略的实施，在21世纪，中国人民将为世界和平与发展作出更大的贡献。

2. 中国可持续发展的道路　中国政府在1994年颁布了《中国21世纪议程》，全面、系统的阐明了中国未来的发展前景，确立了中国的可持续发展战略。

《中国21世纪议程》指出："…人口剧增、资源过度消耗、环境污染、生态破坏和南北差距扩大等日益突出，成为全球性的重大问题，严重的阻碍着经济发展和人民生活质量的提高，继而威胁着全人类未来生存和发展。在这种严峻的形势下，人类不得不重新审视自己的社会经济行为和走过的历程，认识到通过高消耗追求经济数量增长和'先污染后治理'的传统发展模式已不在适应当今和未来的发展要求，而必须努力寻求一条人口、经济、社会、环境和资源相互协调的、既能满足当代人的需求而又不对满足后代人需求的能力构成危害的可持续发展的道路。"①《中国21世纪议程》的主要内容包括三个方面：

第一，可持续发展对于发达国家和发展中国家同样是必要的战略选择，对中国这样的发展中大国，可持续发展首先意味着社会经济的持续、稳定和健康发展，同时也意味着人口与资源、环境的协调发展。自改革开放20多年来，中国经济长期保持了高增长，年均增长率高达9.5%，经济高增长在极大的程度上消除了贫困，提高了人们的生活水平，为实现人口与资源、环境的协调发展打下了坚实的基础。

第二，中国的可持续发展战略力图达到社会的全面可持续发展。在人口发展方面，国家实行计划生育，控制人口数量，提高人口素质和改善人口的结构，提倡晚婚、晚育、优生、优育，使人口的发展和经济、社会、资源、环境相适应；在经济发展方面，在经济快速发展的同时，不断提高经济发展质量、优化结构、增进效益，在分配领域建立以按劳分配为主体，兼顾其它分配方式，实现效率优先，兼顾公平的收入分配制度；在社会发展方面，发扬中华民族优良的思想文化传统，同时致力于文化创新，发扬社会主义制度的优越性，不断改善政治和社会环境，大力发展文化教育事业，提高全民族素质，促进全社会公民积极参与可持续发展的建设。

第三，中国的可持续发展谋求人口、经济、社会、资源和环境相互协调发展。中国地大物博，但由于人口众多，人均占有的资源相对不足，我国人均土地资源只有世

① 《中国21世纪人口、环境与发展白皮书》，中国环境科学出版社，1994.

界平均水平的三分之一，人均水资源只有世界平均水平的四分之一，人均占有资源相对不足使我国人口对社会生态环境的压力十分巨大。怎样保护整个生命系统的完整性和生态系统的完整性，解决水土流失和草原荒漠化的问题，以及保护自然环境和自然资源，防止破坏和污染环境，逐步使人口、经济、社会、资源和环境协调发展，将是我国新世纪需要解决的重大战略课题。人口、经济、社会、资源和环境相互协调发展。

（唐贵忠）

第八章 人口政策与计划

第一节 人口政策

一、人口政策的性质

人口政策是一个国家或地区为影响和干预人口发展过程而做出的具有法令性的规定。它是一定的人口理论在人口领域中的具体体现和实际运用。

人口政策是一个国家或地区的社会政策的重要内容，属于上层建筑范畴，集中表达了某一个国家或地区在一定时期内为维护其根本利益，对人口发展的规模、速度、结构和目标所提出的要求。它通过政府的各种行为表现出来，既包括制定影响人口发展进程的各种法律、法规，又包括为实现人口发展目标而采取的各种控制和激励手段。

人口政策要在实践中取得预期效果，必须符合客观实际和人口发展规律。一个国家和地区，在一定时期内，到底采取哪种人口政策，应该根据当时该国家或该地区的社会经济发展水平和人口实际状况而定。

人口政策具有历史性。人口政策作为社会政策的一部分，它伴随着人类对人口再生产规律认识的不断深化而产生和发展。它的制定和实施，反映了一定历史阶段下的人类需求和人类的自我认识能力。

人口政策的制定、实施和评价主体是一国政府。政府站在宏观角度行使管理公共事务的权利，通过制定和实施人口政策影响人口的数量和结构、提高人口的素质，从而使国家和社会的整体利益达到最大化。这是其他任何社会组织和社会集团所无法做到的。

人口政策的实施必须有相配套的社会经济政策和相适宜的社会环境。一个国家或地区的人口发展受到多种因素的制约，同样，一个国家或地区的人口政策也受到多种因素制约，如政治制度，宗教习俗，传统文化，经济政策和社会保障及社会福利政策等。如果没有适宜的社会环境和相配套的社会经济政策，人口政策的实施就不可能取得预期成效。

人口政策是普遍性和特殊性的统一。从特殊性的角度讲，表现为不同的国家由于不同的社会实际和人口状况，在人口政策取向上存在着明显差异，如有的采取政策控制或限制人口增长，有的采取政策促进人口增长，还有的倾向于维持人口数量现状。从普遍性的角度讲，世界各个国家和地区，不管是成文的还是不成文的，隐性的还是显性的，都在实施一定的人口政策，只是政策内容不同而已。

二、人口政策的种类

（一）根据人口政策的实施方式，分为狭义人口政策和广义人口政策

狭义人口政策是指影响和干预人口自身生产和再生产过程的人口政策，直接作用于人口的出生、死亡和婚姻等，直接调节人口的数量和质量，包括生育政策、公共健康和安全政策、婚姻家庭政策和优生政策等。其中生育政策是以家庭为单位要求夫妻有意识地安排生育数量和生育间隔的措施以及相关的服务政策，如有关避孕节育的政策等，是狭义人口政策的主导和核心；公共健康和安全政策的直接目的是为了减少死亡率，使更多的人可以活得更健康、更长久；婚姻家庭是人口再生产的基础，是人口生产和再生产得以进行的原始单位，因此婚姻家庭政策是狭义人口政策的重要内容。

广义人口政策既包括影响人口自身的生产和再生产的人口政策，也包括影响人口的空间分布和移动的人口政策，还包括影响人口是社会变动如部门分布、职业分布和就业培训的政策等。广义人口政策的作用范围较狭义人口政策广得多，广义人口政策除了包含狭义人口政策的内容以外，还包括人口迁移政策、人口行政分布政策、就业政策、户籍管理政策、教育培训政策、社会保障政策和民族人口政策等。

（二）根据人口政策的实施目标，分为内部人口政策和外部人口政策

内部人口政策是一个国家或地区制定的影响本国或本地区人口的政策。如一国内部的家庭生育计划政策对该国居民具有效力；外部人口政策是一个国家制定的影响其他国家或群体的人口的政策。如一个国家制定的对于其他国家灾荒或饥荒的援助措施会影响受援助国家死亡率。外部人口政策常常在国际政策领域发挥作用。

（三）根据人口政策的内容，分为限制人口增长的政策和鼓励人口增长的政策

自从人类社会产生阶级和国家后，在很长一段时期内采取的是鼓励人口增殖的人口政策。尤其是在奴隶社会和封建社会，低下的生产力水平对劳动力人口数量要求较大，统治阶级也将劳动力人口视为主要的税源和兵源，加之当时科学技术落后，医疗卫生条件差，人口死亡率高，人口增长相当缓慢，因此，在这两种社会形态下，普遍采取的是鼓励人口增殖的人口政策。在早期的资本主义社会，生产的发展仍然需要大量的劳动力，从维护资产阶级利益出发，资本主义国家政府也主张鼓励人口增殖。19世纪70年代资本主义发展到垄断阶段后，生产力水平显著提高，科学技术日新月异，物质财富的增加主要靠劳动力的质量，而劳动力数量的需求相对减少，客观上促成人口出生率下降。另一方面，科学的避孕方法的发明与使用，人们生活观念的更新，也使人口出生率下降。人口出生率的下降与20世纪初尤其是30年代资本主义国家对外扩张的矛盾愈益突出，所以，资产阶级国家政府仍然主张鼓励人口增殖。第二次世界大战后，特别是70年代以来，人口问题日益成为世界各国普遍性的问题，大部分国家已认识到了人口问题的严重性，并将它同本国的社会经济发展等各方面结合起来考虑，采取了积极的干预人口增长的政策。许多发展中国家已制定各自的人口发展计划和人口政策。1988年，131个发展中国家中有68个国家决定不对生育率进行干预；有61个国家制定了降低生育率的人口政策；有24个国家决定增加或维持现有的生育率①。

三、人口政策的制定

制定人口政策的目的是调节人口发展，解决所存在人口问题。在制定人口政策时，既要考虑人口与经济、资源、环境的协调发展状况，又要考虑到社会需要、社会心理和社会文化对人口问题的制约和要求。

（一）人口与经济发展的关系

生产方式决定社会发展及人口发展。生产方式中最主要的是生产力发展水平，生产力发展水平的高低决定了社会发展程度及人口发展状况。因此，在制定人口政策时，必须从当时的生产力水平及经济发展状况出发。到底采取怎样的人口政策，不能把人口政策与生产力水平及经济发展状况简单挂钩，而要根据各个国家或地区人口与经济的具体结合状况来定。有的国家，生产力水平很低，而人口增长缓慢，人口与经济结合的这种状况，客观上就要求鼓励人口增长，以满足社会经济发展对劳动力的要求；有的国家，生产力发展水平很低，但人口增长过快，人口与经济结合的这种状况往往要求采取有力措施控制人口的过快增长；同样是经济发达国家，有的国家人口再生产较早进入“低、低、低”的阶段，人口出现零增长甚至负增长状态，人口增长的不足已严重影响到劳动力资源和兵源。而有的发达国家人口再生产类型仍处于“高、低、高”的阶段，人口增长给社会发展带来了巨大压力。这两种不同的人口与经济的结合状况，必然要求采取不同的人口政策。

（二）人口与资源环境的协调状况

人是自然界长期发展的产物，人总是生活在一定的自然环境之中，“只要有人存在，自然史和人类史就必然相互制约”② 人类的生存和发展须臾离不开自然环境，人类的生产活动同样离不开各种资源，如耕地、牧地、林地、煤、石油、天然气、水力、风力等。自然环境的优劣和自然资源的丰富与否对人口发展会产生很大影响。耕地辽阔、土质肥沃、气候适宜、水源充足、矿藏丰富的地区，人口容量就大，反之，人口容量就小。因此，在制定人口政策时，必须考虑本国或本地区的资源和环境状况。需要指出的是，不能简单地说，资源和环境条件越好，人口发展的余地相对越大，就鼓励人口增长，反之，就限制人口增长。而要在综合考虑其他因素的基础上，充分考虑本国或本地区人口与资源和环境的结合状况。

现在，已经有越来越多的国家认识到了人口过快增长对自然环境带来的破坏和对自然资源的过度开发，把控制人口增长作为保护资源和环境的重要手段，以实现人口与资源和环境的协调和可持续发展。

（三）人口发展的客观状况

制定人口政策最重要的依据是本国或本地区人口发展的实际状况。只有对本国或

---

① ［丹麦］卡塔琳娜．托马瑟斯基，《人口政策中的人权问题》，中国社会科学出版社，1998年版，14页

② 《马克思恩格斯全集》第5卷，人民出版社，1960年，20页。

本地区的人口数量、人口结构、人口分布、人口素质和迁移情况有了科学全面的了解，才能制定出符合本国或本地区实际的人口政策。

除上述因素外，一个国家和地区的社会文化、社会心理因素和宗教习俗，民族利益需要和军事需要等等，都是在制定人口政策时必须充分考虑的重要依据。

四、人口政策与人权

作为既涉及国家权利也涉及个人利益的人口政策常常引发各种有关人权的争论。1989 年，联合国人口署指出："世界人口行动计划的两个重要支柱是：夫妻和个人自由负责地解决其子女的人数和生育间隔的权利和社会实施人口政策的权利。在有些情况下，这两种权利可能会发生矛盾。如果发生这种情况，政府应该创造必要条件使个人和家庭所期望生育的子女数与社会认为恰当的生育率相一致，并以此来调节个人权利和社会权利之间的矛盾。" 联合国《1974 年世界人口行动计划》指出："许多并且越来越多的国家都毫无保留地认为人口的变化是应该受到政府的直接干预的。"① 有关计划生育和人权的关系主要有 4 种观点：一种人权主义的观点认为，政府有意识地控制人口出生的政策违背了基本的人权和伦理法则。因为生育是个人的事，生育的多少和时间间隔应当是个人或家庭的权利，国家不应以法律、法规或政策的形式加以干涉；另一种多元化的观点认为，计划生育政策涉及不同的价值观念，各国的情况不同，人们的意见很难取得一致，是个难有定论的问题；再一种国家主义的观点认为，在国家与个人的关系上，国家要求和个人愿望之间的矛盾长期且普遍存在，政府的功能之一就是在社会要求和个人的利益之间进行有机的调节，这是各主权国家都在做的事。各国家政府有权制定和实行自己所需要的人口政策，这是各国的内政，他国无权也不应该进行干涉；第四种女权主义的观点认为，计划生育造成的代价在性别之间的分布是不均衡的，妇女几乎担负了计划生育的全部代价。生育是妇女的权利，妇女有权自主决定，而不应受国家的控制。

计划生育的确与人权问题有关，因为它将隐私的个人生育行为置于政府的直接干预下，使个人生殖权的选择自由与国家的政府行为相并列。但这一点也恰恰说明了人类生育行为所具有的双重性——生物属性和双重属性。生育行为是个体行为，但其行为结果具有社会意义，都必然地受到社会制度和社会规范的制约。生育规范在任何社会都是客观存在的，只是规范的内容和强制程度有所差别。一方面，个体要对自己的生育行为负责，国家的人口控制计划应在人权框架下进行；另一方面，一国政府有权制定和执行有利于社会整体发展和人民福利水平提高的人口政策，因为人口政策的实施结果将有利于整个人民生活水平的提高。

计划生育与人权问题的争议主要集中在两个方面，一是是否应当实行计划生育；二是妇女是否应当得到基本的生殖权利。这种争议反映了发达国家和发展中国家之间的不同立场，甚至是不同的意识形态，也反映了国家内部不同性别和不同阶层的人民为争取平等的生殖权利而进行的斗争。

① ［丹麦］卡塔琳娜．托马瑟斯基，《人口政策中的人权问题》，中国社会科学出版社 1998 年版，13-16 页。

（一）要不要实行计划生育或家庭计划

它本质上反映了发展中国家和发达国家在意识形态上的争议。1984年，墨西哥世界人口大会上，以里根为首的美国政府代表团极力反对人工流产合法化等人口控制政策，认为政府对经济和人口发展的干预有违人权；主张发展中国家走西方自由市场经济的道路来实现经济发展和人口转变。这种观点源自于西方占主导地位的人口转变理论，这一理论强调西方的经验，只要经济发展了人口会自然的降下来，根本就不用搞计划生育；实现了现代化就可以完成人口转变。而发展中国家面临的是巨大的人口压力，在这种人口压力下不可能自然地实现现代化，发展中国家必然走一条与发达国家不同的道路，必须自觉地寻找适合于本国实际的发展道路。那么，是否要实行计划生育，是否控制人口成为发达国家和发展中国家在政治和意识形态方面的矛盾和对立，一方是美国政府用自己的权利来干涉别国的发展战略和政策；另一方是发展中国家强调人口转变理论不足以解决本国的发展问题，反对西方国家对其人口问题的干涉。这一争议反映了国际关系中干涉与反干涉、控制与反控制的矛盾和斗争。对此有几个问题需要回答：1.“发展是最好的避孕药”是否具有普遍性？现代化进程会在什么样的条件下自发地引起人口出生率的下降？2.以计划生育为主要内容的人口控制在降低人口生育率方面是否有副作用？这种作用对国家的发展和人民福利水平的提高是否效果显著？3.在发展中国家推行西方发达国家的人口转变理论是否带有种族中心主义的色彩？4.推行计划生育政策到底是保护人权还是违反人权？

（二）如何实现妇女的生殖权和健康权

这一争议主要围绕着人工流产的合法化而开展的。有关生殖权和人工流产权的争议由来已久，由于缺乏足够的生育知识，可以想见人类历史上存在了多少无法计算的不情愿生育以及由此产生的各种形式的堕胎和非法堕胎所具有的风险，在历史的长河中，不知有多少女性为此付出了生命的代价。从大量的文献资料发现，有许多妇女因为被剥夺了获得计划生育服务的权利而失去生命的记录。以罗马尼亚为例，1998年避孕和人工流产在罗马尼亚是非法行为，此时产妇死亡率是159/10万；其中86%是由不安全的人工流产引起的并发症所造成的。在避孕和人工流产合法化之后，虽然由于缺乏避孕知识和避孕药品，人工流产的频率仍然很高，但1990年的死亡率比1998年降低了50%[①]。60～70年代，妇女争取人工流产合法化的斗争风起云涌，成为女权主义运动中重要的组成部分。首先，人工流产权之争以围绕着胎儿权利和妇女权利的关系而展开。一种观点认为，胎儿在出生前只有他的母亲对他具有决定权。另一种观点认为，胎儿自一诞生时起就是一个生命，就具有了人的一切权利，人工流产损害了胎儿的人权，应当制止。持第一种观点的人认为，如果当事母亲并不想生育胎儿，也没有能力生育胎儿，那么不允许人工流产而导致的生育违背了母亲的愿望，是对母亲人权的践踏。妇女运动强调妇女是生育的主体，历史上无视妇女权益，以牺牲妇女意愿和健康为前提的反人工流产政策实质上违反妇女人权。正是妇女不懈的斗争，使妇女的人工流产权在许多国家得以

① ［丹麦］卡塔琳娜．托马瑟斯基，《人口政策中的人权问题》，中国社会科学出版社1998年版，54页。

通过。

1984年墨西哥世界人口大会通过了《墨西哥城人口与发展宣言》，肯定了各国在家庭计划方面以较低的费用取得的降低生育率的成果，并再次要求一切确认其人口增长率妨碍发展计划的国家都应当实施适当的人口政策和方案，及时采取行动以避免加剧诸如人口过剩、失业、粮食短缺和环境退化等问题。现代化的确能够带来人口的转变，但是相对于发展中国家不断增长的人口，如果不加以控制，人口增长就会掩盖掉经济发展带来的好处，而使国家难以实现现代化，在许多发展中国家，人口增长与经济社会发展出现了很大的矛盾，人口的迅速增长已成为制约发展的因素，甚至构成现代发展的“颈瓶”。如果不控制人口，现代化导致的人口转变的条件就根本无法实现。因此人口控制政策是发展中国家谋求发展时必须选择的手段。如果政府只是等待人口转变的到来，那么很有可能错失发展的重要机会。发展中国家的人口控制也有利于整个世界的发展和环境。对于发展中国家的人民来讲，生存权和发展权是最大的人权。在人口和计划生育领域，正确的人权观应体现为国家整体利益、长远利益与公民个人利益、具体利益的统一，公民享有合法权益与履行义务的统一。个人生育权的行使，应与夫妻应承担的社会责任和对现有子女及未来子女的责任紧密联系起来。

第二节　中国的计划生育政策

一、中国的计划生育道路

新中国人口和计划生育工作的历史，可以大致划分为降低生育水平和稳定低生育水平两个时期。

（一）降低生育水平时期

从新中国成立到20世纪60年代末，大约20年的时间，人口由新中国成立初期的5.4亿增长到8亿，净增了近2.6亿。虽然党和政府也几次提出要重视人口问题，开展计划生育，并在城市等一些地区进行了试点，但由于种种因素的影响，计划生育并没有真正开展起来，人口基本保持快速增长的态势。从70年代开始一直到20世纪末，大约30年的时间，计划生育工作全面展开，主要任务是控制过高的人口出生率，控制人口过快增长。这段时期由于全党全社会广泛动员，真抓实干，使人口过快增长的势头得到有效地控制，少生了3亿多人，实现了人口再生产类型的历史性转变。这一时期大致可以分为6个阶段。

1. 人口快速增长阶段（1949～1953年）　新中国成立后，社会趋于稳定，经济得到恢复，卫生条件逐步改善，人口死亡率迅速下降，出生率则继续保持较高水平。人口自然增长率由1949年的16‰猛增至1953年的23‰，出现了第一次人口增长高峰。从关心育龄妇女健康出发，政府有关部门颁布了限制人工流产的规定，严格控制避孕药具的进口与销售。1953年全国总人口接近6亿，比1949年净增6000万。在短短3到4年时间里，人口再生产类型迅速由高出生、高死亡、低增长向高出生、低死亡、高增长转变。

2. 提出计划生育阶段（1953～1961年） 过快的人口增长引起了党和政府的关注，毛泽东、周恩来、刘少奇、邓小平等领导人多次指出，人口要有计划增长。1953年的《农业发展纲要》首次写入计划生育内容，计划生育工作开始在一些地区进行试点。以马寅初为代表的社会有识之士积极主张实行计划生育。但由于“左”倾思想的干扰，计划生育受到冲击，人口继续以较高的速度增长。从1959年开始，出现了三年严重自然灾害，出生率急剧下降，死亡率大幅上升，1960年首次出现了不正常人口负增长，出生率为20.86‰，死亡率为25.43‰，增长率为-4.57‰，计划生育工作自然被搁置。

3. 计划生育困难阶段（1962～1970年） 从1962年开始我国进入了持续8年之久的第二次人口生育高峰。1964出第二次人口普查，全国总人口达到7亿。党中央、国务院发布了《关于认真提倡计划生育的指示》。在毛泽东提议下，计划生育工作在城市逐步开展。但由于“文化大革命”的严重干扰和破坏，这个阶段的计划生育工作阻力很大、步履维艰。并且，由于广大农村没有实行计划生育，全国人口过快增长的势头没有得到有效控制。1970年全国总人口超过8亿，人口出生率为33.43‰，自然增长率为25.83‰，总和生育率为5.8。

4. 计划生育全面展开、艰苦爬坡阶段（1971～1978年） 在周恩来主持下，国家把控制人口增长的指标首次纳入国民经济发展计划。毛泽东在国家计委《关于一九七五年国民经济计划的报告》上批示：人口非控制不行。国家制定了“晚、稀、少”和“提倡一对夫妇生育子女数量最好一个，最多两个”的生育政策。计划生育工作开始在全国城乡全面开展，特别是在农村收到明显成效。人口出生率迅速由1970年的33.43‰下降到1978年的18.25‰，妇女总和生育率由1970年的5.8下降到1978年的2.72。

5. 计划生育走出困境阶段（1979～1990年） 以邓小平为核心的党中央第二代领导集体，高度重视人口和计划生育工作。1980年中共中央发出《关于控制我国人口增长问题致全体共产党员共青团员的公开信》，提倡一对夫妇生育一个孩子。1981年全国人大五届四次会议提出“控制人口数量，提高人口素质”的人口政策。1982年党的十二大把实行计划生育确定为基本国策，并写入新修改的《宪法》。由于国家重视，领导得力，计划生育工作稳步推进。这个阶段，人口平均自然增长率降至14.6‰，妇女总和生育率由1979年的2.75下降到1990年的2.17，接近更替水平。

6. 计划生育健康发展阶段（1991～2000年） 90年代，我国进入了第三次人口生育高峰。面对复杂的人口形势，以江泽民为核心的党中央第三代表领导集体，进一步加强对人口和计划生育工作的领导，1991年作出了《关于加强计划生育工作严格控制人口增长的决定》，人口和计划生育工作进入了历史上最好的发展时期。第五次全国人口普查结果表明，10年间人口年均自然增长率为10.7‰，比80年代下降了近4个千分点，实现了我国既定的到20世纪末把人口控制在13亿以内的奋斗目标。

（二）稳定低生育水平时期

从新世纪开始，我国人口和计划生育工作进入了稳定低生育水平，提高出生人口素质。同时要认真研究并积极应对老龄人口、流动人口、就业人口增多带来的问题，为全面建设小康社会创造良好的人口环境。大致可以分为3个阶段：

1. 稳定低生育水平的关键期（2000～2010年）《中共中央国务院关于加强人口与计划生育水平的决定》明确指出，未来10年，是稳定低生育水平的关键时期。我国目前的低生育水平并不稳定，受人口增长的惯性的影响，未来十几年，我国人口仍以年均净增1 000万左右的速度持续增长。同时，人口和计划生育工作的发展很不平衡，在农村和西部地区的生育水平还比较高，少数地方没有摆脱越生越穷、越穷越生的循环。因此，稳定低生育水平的任务还十分艰巨。中央要求，"十五"期间，生育水平稳定在更替水平以下，人口年均自然增长率不超过9‰。到2010年，全国总人口控制在14亿以内，年均人口出生率不超过15‰。

2. 为全面建设小康社会创造良好的人口环境（2010～2020年）到2020年，将全国总人口控制在15亿以内，出生人口素质显著提高，基本解决出生婴儿性别比偏高的问题；育龄群众享有更加优质的计划生育/生殖健康服务，全面实现避孕节育措施的"知情选择"；在全社会形成科学文明的婚育观念、生育文化和人口文化，使计划生育正成为群众的自觉行为；建立完备的人口和计划生育政策法律体系，建立有利于人口和计划生育的社会保障制度和高效的工作运行机制。

3. 实现人口的零增长（2020至21世纪中叶）在21世纪中叶，力争把人口总量控制在16亿以内，实现人口的零增长，并使之开始缓慢下降。

二、计划生育政策的内容

（一）计划生育政策的概念

计划生育是对生育进行有意识的安排和设计，实现人类自身生产的计划化。计划生育一词最早由中国正式提出，代表了在计划经济条件下由政府推动和实施的家庭计划类型。1982年《中华人民共和国宪法》第四十九条规定："夫妻双方有实行计划生育的义务"。

计划生育政策，就是指政府根据经济社会发展和提高人口素质的需要，在公民中实行有计划地生育，实现人类自身生产的有效控制。从政府角度讲，就是有计划地控制人口数量、提高人口质量、改善人口结构，使人类自身生产在数量、质量、结构等方面适应社会发展的要求；从家庭角度讲，就是夫妻双方实行晚婚、晚育、少生、优生和优育，为社会和家庭培养健康的后代。

计划生育政策的核心是生育政策，是对全社会生育过程进行有计划的调节而制定的生育行为的准则和规范。计划生育各项方针、政策、措施，在很大程度上都是围绕贯彻落实生育政策而制定的。

（二）人口政策与计划生育政策的关系

人口政策与计划生育政策具有密切关系，计划生育政策实际上是狭义人口政策中的生育政策。生育政策是狭义人口政策和计划生育政策的核心，也是人口政策的具体表现。计划生育政策的制定，必须以人口政策中的生育政策为基础，必须符合人口政策发展方向。计划生育政策受人口政策的制约。

2001年12月29日通过的《人口与计划生育法》，设专门章节对编制和制定人口发展规划，以及根据人口发展规划制定并落实计划生育实施方案作出了具体规定，这些规定充分反映了人口政策与计划生育政策的关系，也为制定和推行计划生育政策提供了依据。

（三）计划生育政策的内容

为了实现党和国家的战略目标，我国确定了全国人口控制目标，制定了现阶段的计划生育政策，内容是：提倡晚婚晚育，少生优生；提倡国家干部和职工、城镇居民除特殊情况经过批准外，一对夫妇只生育一个孩子；农村也要提倡一对夫妇只生育一个孩子，某些群众确有实际困难，经过批准可以间隔几年后生第二个孩子；在少数民族中也要实行计划生育，具体要求和做法由自治区或所在省决定。

我国现阶段计划生育的核心问题仍然是严格控制人口增长，稳定低生育水平，因此，必须贯彻执行和保证落实这一基本政策。

1.调节生育率的政策　根据我国国情，特别是人口过多的现状，提倡少生，降低妇女生育率是我国现阶段生育政策的核心。

在现阶段，国家干部和职工、城市居民，除特殊情况经过批准外，一对夫妇只生育一个孩子，在广大的农村也提倡一对夫妇只生育一个孩子，只不过照顾生两个孩子的面稍宽一些。我们应该认识到，提倡一对夫妇只生育一个孩子，是我国在相当长的时期内必须坚持实行的人口生育政策，在这样一个特定的历史阶段，提倡一对夫妇只生育一个孩子是非常必要的。

对照顾生育第二个孩子要严格控制。目前，我国还不能完全照顾育龄夫妇生育第二个孩子，对某些确有实际困难的群众，按照规定的条件，经过批准可以间隔几年生第二个孩子，但这个规定必须严格控制。虽然我国绝大多数农民希望生两个孩子，而且希望有男孩，但现阶段这种愿望还不能全部满足。农村独女户、城市中有实际困难的家庭是否能够生育第二个孩子，应由各省、自治区、直辖市根据本地实际情况确定。

在少数民族中也要实行计划生育。我国少数民族地区，由于历史原因和其他原因，大多数经济文化比较落后，而少数民族人口的过快增长，又给少数民族地区经济、文化的发展带来很大的压力。在少数民族地区实行计划生育，合理控制人口增长，有利于少数民族的全面发展，只要政策制定的合情合理，少数民族育龄夫妇也是愿意实行计划生育的。在55个少数民族中，人口数量、经济发展、文化水平差异很大。因此，不能采用统一的生育政策，具体的生育政策要根据民族的实际情况制定。

2.调整婚龄、育龄和生育间隔的政策　我国《婚姻法》规定："结婚年龄男不得早于22周岁，女不得早于20周岁。晚婚晚育应予鼓励。"这里讲的是法定婚龄的最低限，而不是指最合适、最理想的婚龄。低于法定年龄结婚是违反《婚姻法》的行为，必须予以制止。

计划生育政策规定：按法定的最低年龄推迟3年以上结婚（指初婚）为晚婚，妇女24周岁以上生育为晚育。晚婚晚育可以缩短妇女生育周期，拉大两代人的年龄间隔，这对控制人口数量具有十分重要的意义。晚婚晚育还有利于母婴健康，提高人口素质。为了减缓人口增长速度和有利于母婴健康，生育第二个孩子与生育第一个孩子之间要有一定的间隔，各地实际掌握的生育间隔为3～4年，5～6年或更长时间。

3.提倡优生的政策　优生就是生育智力和体质都优秀的下一代。在生好、养好、育好这3个阶段中，生好是前提，是先天性的因素，它取决于父母亲的遗传基因。优生的政策就是要避免有害的遗传基因，保证繁衍优秀的后代。国家禁止近亲结婚，对患有医学上认为不应当结婚的疾病患者禁止结婚，防止有先天性疾病的婴儿出生。在我国实行控制人口增长的前提下，要提高全民族的素质，必须把优生列为计划生育政策不可缺少的组成部分。

4. 奖励和限制的政策　计划生育政策要通过广大育龄群众的婚姻、生育行为来落实，虽然计划生育政策与国家利益和全社会人民群众利益根本利益相一致，但与部分家庭、个人的现实利益和具体利益还存在一定的矛盾。为了协调个人利益与国家利益的矛盾，在采取教育和引导的前提下，还要与各种奖励、限制措施相结合，积极协调国家与每个家庭的关系，保证计划生育政策的贯彻执行。国家各级政府制定了一系列的奖励和限制政策，对执行计划生育政策和违反计划生育政策的行为做出了具体的奖罚规定，主要有以下方面。

（1）对执行计划生育政策的奖励规定：

①进行精神奖励和授予各种荣誉的规定。

②延长婚假、产假或给予其他福利待遇的规定。

③向独生子女父母发放奖励费和提高退休金的规定。

④独生子女在入托、入学、就医等方面予以优惠的规定。

⑤对独生子女家庭在分配承包地、自留地、宅基地和城市住宅方面予以优待的规定。

⑥制定有利于计划生育导向的作法，建立计划生育养老保险、生育保险、社会福利保障制度等。

（2）对不执行计划生育政策的处罚规定：

①对计划外生育夫妇征收社会抚养费的规定。

②对计划外生育夫妇给予行政、组织处分和其他经济罚款的规定。

以上与计划生育政策相配套的各项规定，各地的做法不尽相同，各地各级政府可根据国家政策、法律、法规和本地实际情况做一些补充规定。

三、计划生育政策的制定

（一）制定计划生育政策的依据

由于影响和制约人口发展的因素很多而且复杂，特别是在我国这样一个人口众多、地域辽阔、经济欠发达的发展中国家，制定计划生育政策是一项非常复杂的系统工程。根据我国几十年来开展计划生育的工作实践，制定计划生育政策的主要依据有以下几方面。

1. 马克思主义人口理论　作为指导和制定我国计划生育政策理论基础的马克思主义人口理论，是马克思、恩格斯创立，并由毛泽东、邓小平等丰富和发展的科学的人口理论。马克思主义人口理论运用唯物论的方法，把人口现象、人口生产及人口运动的整个过程放到生产力与生产关系、经济基础与上层建筑的矛盾运动中加以考察，从而科学地揭示了人口自身的发展规律，也阐明了人口与经济、人口与社会的发展规律。马克思主义人口理论为制定符合中国国情的计划生育政策提供了思想理论基础，也为全国人民在人口问题上统一思想认识提供了有力的理论支持。

2. 中国的国情　我国的基本国情是：我国正处于社会主义初级阶段，经济较落后；是世界上第一人口大国，人口基数大，素质偏低；人均收入大大低于世界平均水平，基础设施和社会福利人均水平处于世界平均水平以下，人均资源占有量属于世界最低行列；国土辽阔，但适宜人类生存的环境相对紧张，环境的人口承载能力已经接近饱和。

我国的经济、社会、资源、环境已经承受了人口快速增长的巨大压力，如何根据我国的客观实际情况解决问题，实现可持续发展，落实科学发展观，缓解人口与社会各方面的矛盾是我国很长时期的基本任务。由此可见，我国国情的现状和未来发展趋势是制定我国计划生育政策的客观依据。

3. 社会心理、社会传统、文化习俗和生育观念　我国有着几千年的传统文化和生活习俗，而且经济不发达，科学文化比较落后，人口素质偏低，生育观念落后，特别是"多子多福"、"养儿防老"等观念至今对边远和经济不发达地区的人口生育有着重要影响。这些旧观念的影响不可能在短时期内得到根本改变和克服，再加上我国的社会福利水平不高等实际问题，给执行计划生育政策增加了难度。

由于生育观念受社会、经济、文化、宗教、传统、家庭关系等因素的影响，而推广计划生育，就必须改变旧的生育观念。因此，在制定计划生育政策时，要从群众的实际需要和思想观念出发，采取多种措施促进广大群众生育观的改变，提高对计划生育政策的理解和承受能力，使计划生育政策得到大多数人的拥护。

（二）制定计划生育政策的原则

由于我国幅员辽阔，人口分布和经济发展情况复杂，不可能用一个通用的办法来解决全部问题。计划生育具体政策由各级政府根据当地的实际情况和特殊性，按照国家计划生育政策的总要求制定。制定计划生育政策的具体原则有以下几方面。

1. 坚定性和可行性相统一的原则　制定计划生育具体政策，必须服从国家的基本国策和人口控制目标，这是制定计划生育具体政策的重要指导思想和基本原则。我国执行计划生育政策，目的就是使人口增长与社会发展相适应，国家只能实行从严从紧控制人口增长的基本方针。在这种情况下，具体的计划生育政策制定也要从严从紧，各级政府要从全国的大局和整体出发，保证计划生育政策的坚定性。

但执行计划生育政策的坚定性必须建立在切实可行的基础上。要从实际出发，考虑到群众的实际情况和承受能力，在充分宣传教育的基础上，使计划生育政策能够为大多数群众所接受，得到他们的理解和支持。具体政策的宽严不能超越客观实际、脱离现实，应当宽严适度，以利贯彻执行，使计划生育政策能够长期开展。

2. 国情与民意相统一的原则　我国从基本国情出发，制定了计划生育政策，确定了人口控制目标，而育龄群众根据自己的家庭生活、生产的需要，形成了个人的生育意愿。目前，我国农村群众大多数生育意愿是生 2 或 3 个孩子，最好有男孩，城市居民生育意愿是生 1 个或 2 个孩子。因此，个人的生育意愿与国家的政策、眼前利益与长远利益还存在着矛盾。应当正确面对和分析这些矛盾，兼顾矛盾的各方面，积极寻求解决问题的较好途径。虽然我国的国家利益和广大群众的根本利益是一致的，国家制定的计划生育政策代表了大多数家庭及其子孙后代的长远利益，但也要看到农民群众对提倡生育一个孩子政策的接受程度，要看到部分确有困难的群众对生育第二个孩子的要求。因此，在制定生育具体政策时，要把国情与民意结合起来，兼顾国家、集体和家庭的利益，对确有困难的群众给予适当的照顾，把计划生育具体政策建立在合情合理、群众能够接受的基础上。

3. 区别对待的原则　我国幅员辽阔，情况千差万别，在制定计划生育具体政策时，应当区别城市与农村、汉族与少数民族、一般家庭与有特殊困难家庭、农村独男户与独女户等不同情况，坚持实事求是，实行分类指导、区别对待的原则，不能搞一刀切。

4. 通盘考虑、全面衡量的原则　制定计划生育政策，不能孤立的仅就人口自身来考虑问题，要通盘考虑与人口发展相关联的环境资源、经济发展、文化教育水平、家庭生活方式、本地区人口现状等因素。同时，计划生育政策与国家其他方面的政策也有着密不可分的联系，从整个国家或地区的社会发展和社会管理角度来看，制定计划生育具体政策时，必须全面衡量各项相关政策的协调性，使计划生育政策能得到有效执行和落实。

5. 保持政策的稳定性和连续性的原则　制定计划生育政策，要充分考虑到人口生产具有一定的周期性和惯性的特点，还要考虑国家和本地区当前的条件和以后发展趋势，使计划生育具体政策具有较长时期的稳定性，并注意不要因各级政府的换届选举或领导人的变动而发生变化，要使计划生育政策能够坚持下去。

四、中国计划生育的特点

1. 中国计划生育工作的目标紧紧围绕着控制人口数量和提高人口质量而进行，行为主体主要是国家。计划生育工作的启动时期中国还是个典型的计划经济的社会主义国家，这使计划生育带有明显的计划经济的特点，政府直接领导各级计划生育工作。从中央到地方各级政府都建立了专门的计划生育机构，党政第一把手亲自抓，并对计划生育负总责。计划生育工作的好坏成为衡量各地一届政府政绩的考核标准。这种国家的控制和以行政手段实施的计划生育在世界上是少见的，效率极高。

2. 计划生育工作实施了广泛的社会动员。在计划生育工作中，党组织、团组织、工会组织、妇女组织以及各级居委会、村委会都积极参与宣传计划生育工作的有效组织。例如，1980 年中共中央发表了《关于控制我国人口增长问题致全体共产党员、共青团员的公开信》，向全国发出了“一对夫妇只生一个孩子”的号召，要求共产党员、共青团员带头响应一对夫妇只生一个孩子的号召。这种中国特色的社会动员方式起到了使计划生育思想深入到日常生活的作用。

3. 由于人口压力大和行政手段的操作方法，导致了某些地区计划生育干部和群众关系的冲突和紧张。90 年代适当地调整了计划生育目标，考虑到了人口自身的发展规律和生产力发展水平，情况有所好转。

4. 在经济体制改革和社会转型的过程中，计划生育从单纯的政府控制向经济手段控制转变。80 年代后，国家实行了一系列的奖惩措施，奖励一胎化家庭，处罚超生家庭。在城市，一胎化家庭可申请独生子女证，并提供夫妇每个月养育子女的津贴直到 14 岁。在农村，一胎化家庭可以与多子女家庭享有一样的耕地面积。

5. 伴随着计划生育工作，出现了一些社会问题比如老龄化问题和独生子女问题等。

五、计划生育的成就

1. 人口再生产类型实现了历史性转变。从 1989～2001 年，我国人口出生率从21‰下降到 14.6‰，人口自然增长率从 14‰下降到 6.95‰，妇女总和生育率从 2.4下降到 1.8 左右。第 5 次全国人口普查统计数据表明，90 年代我国年平均人口自然增长率为 10.07‰，人均预期寿命达 71.3 岁，实现了到 20 世纪末把全国总人口控制在 13 亿以内的目标。

2. 从 70 年代起开始实施计划生育以来，全国少出生了 3 亿人，取得了显著的人口效益。这种人口效益可以通过计量方法加以估算，一是计算因实行计划生育而少出生的人数；二是计算 0～14 岁人口的家庭和社会抚养费用，由此计算少生的人口为社会节省了多少抚养费用。著名的莫尔丁-贝雷尔森多变量分析方法目的在于解决这一问题，此项研究方法是建立在对 1965～1975 年间世界上 94 个发展中国家的社会经济因素（非人口控制因素）和家庭计划方案因素（人口控制因素）对出生率的下降（人口效益）定量分析。他们认为：一个国家出生率的下降与他的社会经济发展状况和家庭计划方案的努力都有密切的关系，两者具有不可替代的作用；在社会经济发展水平大体相近的国家中，家庭计划方案活动搞得好的，其出生率下降的幅度就大，反之则小；在家庭计划方案努力程度大体相近的国家中，社会经济发展水平越高的，出生率的下降越明显，反之则较缓慢。总之，最佳的人口效益依赖于计划生育的推行和社会经济的发展。

3. 计划生育工作取得了巨大的经济效益。人口效益带来经济效益，新增人口的减少意味着个人、家庭和国家节省了大量的生育、抚育和教育费用，减轻了国家在生产和生活领域中的重负，有利于资源利用和资源保护。计划生育工作在这方面的贡献，怎样评价都不过分。

4. 计划生育工作增进了群众健康，提高了人口素质。计划生育工作通过避孕、节育等措施减少了生育，提高了妇女的健康水平，尤其是减少了高胎次生育带来的孕产妇死亡率；拉长生育间隔降低了婴儿死亡率；优生优育工作的开展有效地提高了出生人口素质和健康水平。

第三节　人口与计划生育法

一、《人口与计划生育法》颁布实施的重要意义

人口和计划生育国家立法工作始于 70 年代末，前后历经 20 余载。邓小平早在 1979 年就提出“人口增长要控制，应该立法”。1982 年，党的十二大确立了计划生育是我国的基本政策。我国宪法也明确规定:“国家推行计划生育，使人口的增长同经济和社会发展计划相适应。”1988 年底，九届全国人大常委会将《人口与计划生育法》列入立法规划。2000 年中共中央、国务院下发《关于加强人口与计划生育工作稳定低生育水平的决定》，提出要加强人口和计划生育工作的法制建设，加快人口和计划生育国家立法进程，逐步建立健全人口和计划生育法制体系。国务院于 2001 年 3 月

审议并通过《人口与计划生育法》草案，提请全国人大常委会审议。经过全国人大常委会三次审议，同年12月29日，全国人大常委会通过了《人口与计划生育法》。同日，江泽民发布第63号主席令予以公布，于2002年9月1日起施行。《人口与计划生育法》是我国第一部人口与计划生育工作领域的基本法律。这部法律的颁布实施，是我国人口和计划生育事业发展史上的一个重要里程碑，具有重大的现实意义和深远的历史意义。

(一)《人口与计划生育法》的颁布实施，首次以国家法律的形式确立了计划生育基本国策的地位

它将具有中国特色综合治理人口问题的成功经验上升为国家的法律制度，把国家推行人口和计划生育工作的基本方针、政策、措施用法律形式固定下来，结束了人口与计划生育工作长期以来主要依靠政策和地方法规调整的历史，标志着我国人口与计划生育工作开始全面纳入法治化的轨道，为进一步做好人口和计划生育工作，综合治理人口问题，为地方人口和计划生育立法提供了法律依据。

(二)《人口与计划生育法》的颁布实施，顺应了我国建立社会主义市场经济体制、加强社会主义民主法制建设的客观要求

通过依法规范国家机关及其工作人员的行政行为，明确规定公民实行计划生育的权利和义务，为构建具有中国特色的人口和计划生育法律制度体系框架奠定了坚实基础，为依法治理人口和计划生育，稳定低生育水平，维护、实现和发展广大群众计划生育、生殖保健的合法权益开辟了广阔的道路。借鉴了国际人口和计划生育领域的成功经验，认真履行国际文件和国际公约，有利于树立我国人口和计划生育工作的良好国际形象，有利于争取国际社会的理解和支持。

(三)《人口与计划生育法》的颁布实施，充分体现了“三个代表”重要思想和认真落实科学发展观的要求

坚持以人为本，把依法管理人口和计划生育工作与维护公民的合法权益、约束政府行政行为与规范公民生育行为，以及公民实行计划生育的权利和义务有机统一起来，进一步强化了人民群众在人口和计划生育工作中的主人地位，使人口和计划生育工作更加符合人民群众的根本利益，充分调动广大群众的参与热情和积极性，为促进家庭幸福、民族繁荣和社会进步，促进人口与计划生育事业稳定、健康、持续发展提供了不竭动力。《人口与计划生育法》既是对公民生育行为的法律约束，也是对国家机关及其工作人员行政行为的法律规范，对国家机关及其工作人员依法行政、正确执法、文明执法提出了更高的要求，从而增强法制观念和自我约束意识，尽快改变主要依靠社会制约手段推行计划生育工作的局面，认真履行法定职责，坚决纠正不依法行政、不按法律程序办事、甚至损害育龄群众合法权益的做法，把人口与计划生育工作全面纳入法制轨道。

二、《人口与计划生育法》的立法指导思想和主要特点

《人口与计划生育法》的立法指导思想是：有利于控制人口增长，提高人口素质，有利于保障公民的生存权、发展权和增进家庭的文明幸福，体现以人的全面发展为中心，体现人口与经济社会的协调发展与可持续发展。

《人口与计划生育法》突出体现了以下特点：

（一）体现协调发展与可持续发展思想

该法总则第1条即明确本法的立法宗旨之一是“为了实现人口与经济、社会、资源、环境的协调发展”，并将“人口发展规划的制定与实施”设立专章予以规定，明确提出国务院及县以上各级人民政府编制人口发展计划，并将其纳入国民经济和社会发民总体规划。

（二）强调综合治理人口问题

该法明确规定国家采取综合措施，对人口与发展问题实施综合决策，规定了各级党委、政府、人口与计划生育部门及相关部门做好人口和计划生育工作的职责，以及机关、部队、社会团体、企业事业组织、村（居）民委员会和公民等应当协助政府做好人口和计划生育工作的义务，人口和计划生育工作与经济、科技、教育和提高妇女地位、促进社会进步等项工作有机结合。

（三）强调稳定现行生育政策

该法把80年代以来形成的现行生育政策法律化、制度化，既没有收紧、也没有放宽，并规定了计划生育工作必要的管理、服务和制约措施，对保证国家计划生育政策的稳定性和连续性，积极推动人口和计划生育工作顺利开展，有重要的规范和保障作用。

（四）体现公民实行计划生育权利与义务的统一

该法不仅规定了公民有实行计划生育的义务，还规定了公民实行计划生育应享有的合法权益，包括享有生殖保健、男女平等、避孕方法的知情选择、健康与安全保障的权利等；规定了国家行政机关及其工作人员、计划生育技术服务机构为保障公民充分享有和行使这些权益应承担的责任；明确了公民维护自身合法权益的方式和途径。

（五）强调严格依法行政

该法明确规定各级人民政府在推行人口和计划生育工作中应当严格依法行政，文明执法，不得侵犯公民的合法权益。规定了各级政府、计划生育部门应履行的管理与服务的职责，规定了行政机关及其工作人员不履行法定职责，以及侵犯公民合法权益应追究的法律责任。同时，也明确规定了人口和计划生育行政部门及其工作人员依法执行公务受法律保护，对拒绝、阻碍人口和计划生育工作人员依法执行公务的行为追究法律责任。

（六）坚持区别对待、分类指导

由于各地人口发展状况、计划生育工作水平不同，加之人口和计划生育地方立法先于国家立法，且已实施多年，国家立法只对涉及全局的重大问题作出原则规定，为地方制定人口和计划生育法规提供法律依据，基层计划生育管理与服务的具体制度与措施，则主要由地方性法规作出规定。

（七）借鉴国际社会的有益经验

《人口与计划生育法》体现的人口与发展综合决策、实施可持续发展战略、计划生育与提高妇女地位结合、在人口和计划生育领域引入生殖健康服务、实行避孕节育措施知情选择等内容，反映了中国政府认真履行有关国际公约和开罗人口与发展大会行动纲领和政治承诺。

三、《人口与计划生育法》的立法基本精神

《人口与计划生育法》共7章47条，范围涉及计划生育以及与计划生育有关的人口工作。全面、正确理解《人口与计划生育法》，必须准确把握该法的基本精神。概括起来，《人口与计划生育》的立法基本精神主要体现在以下4个方面：

（一）立足于本国国情，坚持实行计划生育基本国策，强调稳定现行生育政策，推动人口和计划生育工作的稳定、健康、持续发展

由于我国人口基数大，人口与经济社会资源环境之间的矛盾依然尖锐，这一国情决定了必须长期坚持较为严格的生育政策。目前，在广大农村特别是中西部农村地区，由于受生产力发展水平和传统生育观念的影响，社会保障制度还不完善，群众实行计划生育后一些实际困难还没有得到很好解决，开展计划生育工作仍有相当的难度，群众的生育意愿与国家的生育政策之产的矛盾在短时间内还不可能根本解决。因此，必须采取切实有效措施推行人口和计划生育工作，坚持计划生育基本国策不放松。

实践证明，我国现行生育政策切合实际，已经被广大干部和群众所接受，现在既没有进一步收紧的必要，也不具备放宽的条件。为此，《人口与计划生育法》强调要稳定现行生育政策。各地在修订地方立法时，必须严格按照稳定现行生育政策的要求，既不收紧，也不放宽，个别地方根据本地实际情况确实需要作微调的，一定要经过认真论证，作出科学的人口预测，确保完成既定的人口计划。

（二）体现公民实行计划生育的权利与义务相统一原则，把国家的长远利益、根本利益与公民的现实利益、实际利益结合起来

对于广大发展中国家来说，人权首先是公民的生存权、发展权。国家推行计划生育，正是为了保护、实现和发展公民的生存权、发展权，维护公民享有更高生活质量的权利。同时，生育又是公民的一项基本权利，公民依法生育应该得到尊重和保护。国家应当为公民充分享有和行使依法生育及生殖健康的合法权益，创造良好的法制环境和社会经济条件。在人口和计划生育领域，正确的人权观应体现为国家整体利益、长远利益与公民个人利益、具体利益的统一，公民享有合法权益与履行义务的统一。个人生育权的行使，要与夫妻应承担的社会责任、对现有子女和未来子女的责任紧密联系起来。

《人口与计划生育法》规定，“公民有生育的权利，也有依法实行计划生育的义务，夫妻双方在实行计划生育中负有共同责任”。具体说来，公民在实行计划生育中应享有的权利主要有：1. 依法生育的权利；2. 实行计划生育男女平等的权利；3. 获得计划生育、生殖健康信息和教育的权利；4. 获得避孕节育技术和生殖保健服务的权利；5. 获得知情选择安全、有效、适宜的避孕节育措施服务的权利；6. 获得法律、法规和政府规章规定的奖励、优待、社会保障的权利和平等发展的权利；7. 公民实行计划生育，其人身权、财产权不受侵害的权利；8. 公民有获得法律救济的权利等。公民实行计划生育的义务主要有：1. 公民有实行计划生育的义务；2. 公民有按照法律、法规规定的条件依法规范生育的义务；3. 夫妻双方在实行计划生育中负有共同的责任；4. 公民有自觉落实避孕节育措施，接受计划生育技术服务指导的义务；

5. 公民有协助政府开展人口和计划生育工作的义务；6. 违反法律法规规定生育子女的公民，有依法缴纳社会抚养费的义务等。

（三）以人为本，建立有效的管理与服务制度，寓管理于服务之中

《人口与计划生育法》既肯定了以往工作中加强管理与服务的行之有效的经验和做法，又体现了计划生育管理与服务的改革发展方向。在宏观管理的层面上，规定了运用法律的、经济的、计划的、教育的、技术的以及行政的综合手段进行宏观调控；在直接面对广大群众实施具体管理的层面上，主要从6个方面做了规定：

1. 宣传教育　动员社会各方面力量，通过开展全民性人口和计划生育宣传教育工作，采取有效的教育、交流、咨询、服务措施和办法，帮助群众理解和执行计划生育基本国策，依据法律法规规范个人生育行为，自觉履行实行计划生育的义务。

2. 生育政策管理　把国家的生育政策用法律的形式固定下来，公民有义务依照法律法规的规定安排生育计划，计划生育部门通过发放生育服务证、生殖保健服务证和建立必要的许可、登记制度，维护正常的计划生育管理秩序。

3. 孕前管理　建立经常性的、有效的孕情检查和随访服务制度，把工作做在妇女怀孕之前，预防和减少不符合法定条件的怀孕及生育，指导育龄夫妇知情选择以长效为主的避孕节育措施，对不符合法定条件的怀孕及时采取补救措施。

4. 奖励优待和社会保障　广大群众为控制我国人口过快增长做出了贡献，《人口与计划生育法》通过建立计划生育利益导向和激励机制，落实各项计划生育奖励与优惠措施，在鼓励公民建立少子女家庭的同时，帮助他们解决生产、生活中存在的实际困难，增加经济收入，提高社会经济地位；要求在建立健全社会保障制度时应有利于人口和计划生育工作，把有关计划生育奖励优待措施纳入社会保障体制中。

5. 必要的社会制约和经济限制措施　我国社会生产力还不发达，社会保障制度尚不完善，群众的生育意愿与现行的生育政策之间还有的差距，在计划生育工作中要有一定的社会制约和经济限制措施。如对不符合法定条件生育子女的公民征收一定数额的社会抚养费，对不履行避孕节育义务、不接受计划生育技术服务指导的公民，可通过实行计划生育村民自治、制定计划生育乡规民约、签定计划生育协议或合同、追究违约责任等形式，制定必要的社会制约和经济限制措施。

6. 法律责任追究　法律规定对不符合法定条件生育子女的公民征收社会抚养费，既是一种经济限制措施，也是其承担的一种法律责任。同时，对他们中是国家干部、职工的，还要给予行政处分或纪律处分。为了维护人口和计划生育工作正常管理秩序，《人口与计划法》对国家机关及其工作人员、计划生育技术服务机构及其技术服务人员、负有协助管理义务的公民、法人和其他组织违反法定要求的行为分别规定了民事的、行政的、刑事的法律责任。

（四）坚持行政机关行使权力与承担责任相一致的原则，规范人口和计划生育行政行为，严格依法行政

《人口与计划生育法》坚持了依法行政的原则，体现了行政机关权责一致的思想。既规定了计划生育行政部门拥有的法定职权，包括行政创制、行政决定、行政许可、行政命令、行政执法、行政监督的权力，人口和计划生育部门依法执行公务受法律保护；又规定了各级政府及其工作人员在推行人口和计划生育工作中必须严格依法行政，文明执法，不得侵犯公民的合法权益，明确了各级政府、人口和计划生育行政部门、计划生育技术服务机构应承担的责任和义务，包括依靠宣传教育、科学管理、综合服务，利益导向和激励机制开展计划生育工作。既赋予行政机关法定职权，保护人口与计划生育行政部门依法履行职责，又严格规范了人口和计划生育部门及其工作人员的行政行为，对玩忽职守、滥用职权、不履行法定职权、侵犯公民人身权、财产权和其他合法公益的规定了责任追究。可以说，这是对人口和计划生育行政部门及其工作人员提出了新的更高的要求。

坚持公民权利与义务相统一、行政机关权力与责任相一致的原则，对于人口与计划生育部门尤为重要。由于历史的原因，在以往的人口与计划生育工作中，确实存在着对公民要求履行义务多、维护其合法权益少，对行政机关规定行政权力多、明确法定责任少，硬性管理多、提供服务少的倾向。造成公民权利与义务、政府权力与责任的脱节、错位和失衡，有此做法甚至还损害了群众利益，导致党群关系、干群关系紧张。当前，国家依法治国基本方略与人口与计划生育工作形势的变化，迫切要求我们必须坚持依法行政，依法管理，优质服务，切实尊重、保护和实现公民实行计划生育的合法权益。

四、《人口与计划生育法》的若干授权性规定

所谓授权性规定，是指授权立法的规定，即《人口与计划生育法》授权其他国家机关制定执行性的规范性法律文件。

《人口与计划生育法》作出授权性规定，有着特殊的客观原因和历史原因，是从我国国情出发，实事求是地做出的重要规定。由于我国幅员广阔，各地经济社会发展不平衡，现行人口和计划生育管理的各项具体政策，如生育政策、奖励政策及限制政策等都是由各省、自治区、直辖市结合本地实际情况，通过地方立法确定的，难以在《人口与计划生育法》中规定全国统一模式。因此有必要继续由各地方就这些具体问题根据《人口与计划生育法》的原则做出因地制宜的规定，待时机和条件成熟后再统一规范到《人口与计划生育法》中。

人口和计划生育国家立法的主要目的是在国家基本法律的层次上为人口和计划生育事业提供法律保障，为地方制定人口和计划生育法规提供法律依据。由于各地经济、社会发展水平和人口状况差异，人口和计划生育工作基础不同，国家立法只能就涉及全局的重大问题作出原则规定，基层管理与服务的具体制度和措施，则需要授权地方立法作出规定。《人口与计划生育法》及与之相配套的法律、法规、规章一起，共同构建了一个完整的人口和计划生育法律制度体系框架。

（一）《人口与计划生育法》授权的主要内容

《人口与计划生育法》明确授权立法的主要内容有 7 个方面，体现在 5 条法律条文中：

1. 第 18 条第 1 款生育调节的办法，授权省、自治区、直辖市人民代表大会或其常务委员会制定。

2. 第 18 条第 2 款少数民族实行计划生育的办法，授权省、自治区、直辖市人民代表大会或者其常务委员会制定。

3. 第 29 条计划生育奖励措施，授权省、自治区、直辖市和较大的市的人民代表大会及其常务委员会或者人民政府制定。

4. 第 45 条流动人口计划生育工作具体管理办法、计划生育技术服务的具体管理办法和社会抚养费的征收管理办法，授权国务院制定。

5. 第 46 条中国人民解放军执行《人口与计划生育法》的具体办法，授权中央军事委员会制定。

应当明确的是，《人口与计划生育法》有明确授权的，被授权机关必须认真行使立法权限；法律虽然没有作出明确授权规定，但根据地方立法权限，地方人民代表大会或政府可以依据法律、行政法规的规定，结合本地区实际情况制定具体实施法律法规的办法。

（二）实施授权立法应注意的问题。在执行《人口与计划生育法》授权立法规定时，应注意以下几个问题：

1. 被授权机关在立法时，应严格按照《人口与计划生育法》授权的目的和范围行使该项权力，决不允许将授权范围随意扩张。例如：《人口与计划生育法》第 16 条第 1 款对地方国家立法机关可以根据当地经济、文化发展水平和人口状况制定生育政策的具体规定，是在“国家提倡公民晚婚晚育，一对夫妻生育一个子女；根据具体情况，可以依法合理安排生育第二个子女”的前提下授权的，也就是说，地方立法只能就如何“依法合理安排生育第二个子女”作出具体规定，决不是各省（区、市）可以自行制定生育政策。

2. 被授权机关不得将该项权力转授其他机关，这包括：国务院不得将被授权力转授给国务院所属部门、地方权力机关和地方政府；地方人大及其常委会不得以任何方式将被授权力转授给同级人民政府，以及它的下级权力机关或者人民政府。

3. 经过实践检验，制定法律的条件成熟时，应及时将授权事项上升制定为法律。待人口和计划生育工作进一步深入发展，人们的生育观念发生根本性转变，《人口与计划生育法》有关授权立法的事项，应由全国人民代表大会及其常务委员会及时制定全国统一的相关政策，使之上升为法律，充实到《人口与计划生育法》当中。

第四节　人口计划

一、人口计划的概念

人口计划是在社会主义条件下，根椐人口发展的客观规律及人口发展要与经济和社会发展相适应的要求，运用科学方法制订的一定地区、一定时期的人口发展规模、发展速度的目标及其相应措施的计划方案。我国实行人口计划的目的在于有计划控制人口增长，合理配置劳动力资源，使人口数量、质量、结构与社会、经济、资源、环境协调发展，以适应社会主义现代化建设事业发展的需要。

人口计划是国民经济发展计划的重要组成部分。人口计划指标，如人口数、人口的性别年龄构成、文化构成、职业构成及人口的地区分布等是编制国民经济计划及部门计划，如工农业生产计划，劳动力分配计划，文教卫生事业发展计划，交通及市政建设计划等的重要依据。人口计划构成社会经济发展计划的基础，离开人口计划，其他计划也就失去了依据和目标，人口计划是一切计划的出发点。

人口计划是社会经济和科技进步发展到一定阶段的产物。在人类社会未能进入社会化大生产阶段，人们对物质的生产缺乏计划调节或科学安排意识时，人口计划无从谈起。同时，在科学技术水平未能达到对人口出生及死亡进行有效干预和控制时，人口计划也无法实施。

二、人口计划的特点

人口计划同国民经济和社会发展的其他各项事业计划相比，既有共性，也有个性，其特点主要有 5 个方面：

（一）人口计划为国家的总任务、总目标服务

人口计划是国民经济发展计划中十分重要的组成部分。人口计划制定得是否科学、合理直接关系到国家发展总目标、总任务是否能顺利实现。我国政府历来把人口计划与国家发展的总任务总目标紧密联在一起。80 年代初，为实现 20 世纪末国民生产总值翻两番的奋斗目标，我国政府制定了严格控制人口数量增长、人口总量控制在 13 亿以内的人口目标以及相应的人口计划；进入 21 世纪，为实现本世纪中叶达到中等发达国家水平，国家人口计划的制定将更加缜密。

（二）人口计划同人口政策一致

人口计划和人口政策都是为国家的总任务、总目标服务的，都是实现人口有计划发展的手段，因此二者是互相联系，互相制约，互相依存的。当二者矛盾的时候，不是计划不能实现，就是政策不能贯彻。因此，必须把计划和政策摆在相辅相成的位置。

（三）人口计划在人口预测的基础上产生

目标和计划都是对未来人口发展规划的方案，是在对人口本身及其同国民经济和社会发展的关系的全面、充分、准确分析的基础上，把必要性和可行性统一起来进行科学预测的结果。如果目标和计划订得过高，偏离了实际可能达到的目标，硬着头皮去干，会损害干部和群众的利益，挫伤积极性，结果是适得其反。同时，如果目标和计划订得太低，同样达不到合理发展人口的目的。

（四）人口计划有明确的时期限度

人口计划分为长期、中期、短期的计划，无论哪一种，都有明确的执行计划的期限，计划期限终了，都要进行检查和评估。不同期限的人口计划，经过执行期间的努力，是完成了、部分完成了、还是未完成，都要有个交代，都要总结经验和教训，以便更好地制定和执行下一个时期的人口计划。

（五）人口计划是可以考核评估的

计划确定的指标（如人口总数、人口出生率、自然增长率、计划生育率、劳动就业率、人口迁移和城市化水平等），都是定量的，可以根据执行结果直接加以考核。

三、人口计划的作用

（一）为制定国民经济和经济和社会发展计划提供依据

人口计划在社会经济发展计划中居于非常重要的地位。消费品生产计划和生产资

料生产计划，以及国民收入的分配和使用计划，都与人口计划有直接的依存关系。每年吃、穿、用等日用消费品的生产计划，生产多少粮食、肉、蛋、奶、布匹、煤炭、电力等，首先要考虑人口发展的需要。另外，劳动就业计划，教育发展计划，以及住宅建设、城市规划、交通设施等各项计划的制定，都要考虑到人口的发展情况，包括人口总数的变化，年龄构成的变化等。

（二）为贯彻人口政策和计划生育政策提供保证

人口计划是控制人口增长的重要手段。从中国人口发展历史来看，人口计划对人口年龄结构与人口再生产类型有重大的调节作用。在50年代和60年代，我国人口中的0～14岁人口数占40%左右，人口结构明显属于年轻型，人口再生产类型属于增殖型，表明我国当时人口增长速度较快。经过70年代和80年代，计划生育得到较好的落实，全国育龄妇女生育水平迅速下降，出生人口数量明显减少，人口年龄结构类型发生巨大转变。人口中0～14岁人口所占比重已降到6%左右，人口结构类型已明显处于成年型。进入90年代以后，由于继续深入持久地实行人口计划管理，出生人口数量和人口过快增长势头得到有效控制，人口结构类型已接近老年型，人口再生产类型已进入稳定型或趋势减少型。

（三）为指导做好人口与计划生育工作提供方向和标准

人口计划含有多项具体发展指标，除人口数量发展指标外，还有人口出生素质指标，如新生婴儿出生缺陷发生率，新生婴儿性别比等。另外，劳动就业计划中城镇人口失业率、城市化发展计划中城市人口迁移率，婚姻管理中的晚婚率、离婚率等，都对各方面的人口工作提出带有导向性的发展标准。

（四）为实现人口发展战略提供阶段目标和步骤

人口发展战略目标的实现需要科学严密的人口计划尤其是年度人口计划和5年计划。例如，我国提出21世纪中叶人口达到16亿左右时实现人口零增长的战略目标。这一总目标的阶段性目标——20世纪末人口控制在13亿以内，正是通过近30年从未间断的人口计划实现的，人口发展战略目标的最终实现仍将以未来的人口计划作保证。

四、人口计划的编制

（一）人口计划的编制依据

为提高人口计划的科学性和可行性，编制人口计划必须以人口规律、人口政策、人口目标与人口现状为依据，并遵循编制人口计划的基本原则。

人口规律。人口规律是人口发展过程中各主要因素之间的本质联系及其发展变化的必然趋势。人口规律包括人口经济规律、人口再生产规律、人口社会变动规律及人口有计划发展规律等。其中人口再生产规律及人口有计划发展规律，对人口计划的编制有直接影响，是人口计划编制必须认真遵循的基本规律。

人口目标。未来人口控制目标，是在人口发展趋势预测基础上，根据国民经济发展总体目标的需要和可能所确定的，是人口发展战略的重要组成部分。它对年度人口计划和中长期人口发展规划的制定，具有重要的指导作用。所以，人口计划的编制，必须紧紧围绕未来人口目标的实现来进行，出生和迁移人口的控制，都必须服从实现人口发展总目标的需要。

人口政策。人口政策是国家直接调节和影响人们生育行为和人口分布的法令和措施的总和。人口政策的制定，是从一个国家具体的人口、经济、文化等情况出发并与社会经济发展总目标相联系的，是为实现国家的人口发展总目标服务的。人口政策的内容很多，主要包括婚姻、生育、节育、就业、迁移等方面。

人口与计划生育现状。人口与计划生育现状，包括人口性别构成、民族构成、年龄构成、育龄妇女生育水平、生育的计划程度及人口劳动力的地区分布等。这在不同地区有较大的差异。如果在编制人口计划时，不考虑各地的人口特征与计划生育工作基础，编制出的人口计划在实际工作中就难以实施。

（二）人口计划的编制原则

编制人口计划要求严肃、认真、细致、缜密，力求使人口计划符合党和政府的有关方针、政策，并把人口计划作为控制人口数量、提高人口素质、合理配置人力资源的一种宏观调控手段。

1. 人口计划应体现计划生育基本国策的根本要求　实行计划生育是我国的一项基本国策，其目的是要使人口发展同国民经济和社会发展相适应，同资源利用、环境保护相协调。因此，在编制人口计划时，必须始终着眼于计划生育基本国策的贯彻落实，控制人口数量，提高人口素质。

2. 人口计划应与国民经济计划平衡　主要包括：①总人口与主要消费品、供应量、消费基金的平衡，包括按不同人口年龄性别分组的人数和消费构成的特点安排各类消费品的生产和分配，以及按不同年龄组人口的需要安排托儿所、学校、医院、住宅、公用事业和养老院等非生产性建设和社会福利事业的发展，保证全体人口消费水平的逐步提高。②劳动适龄人口与生产资料生产和积累基金的平衡，以保证适龄劳动力就业所需要的生产资料和全社会各类劳动者装备水平的提高。③各部门扩大生产、技术改造和经济发展对各类专门人才和熟练劳动力的需求与这些人才培养计划的平衡。

3. 人口计划应同国家人口政策相统一　编制人口计划要根据党和国家在不同时期的人口政策要求统筹考虑，全面安排。不同时期，不同地方，由于经济、文化、民族结构、城镇化水平与工作基础不同，人口政策也有所不同。因此，不同时期，不同地区的人口计划也要有所区别。例如，随着我国社会主义市场经济和城市化发展需要，国家及地区人口迁移政策都做了较大调整，鼓励和吸纳科技人才和有资金、有专长的各类人员进城发展，或到大西部发展，这时与迁移人口相关的地区，其区域人口发展计划编制都要随人口迁移政策的变动作相应调整。

4. 人口计划应实行分类指导　实事求是，区别对待，分类指导是我国编制人口计划的重要原则。我国幅员辽阔、民族众多，各地经济、文化发展不平衡，人口构成情况和计划生育工作水平不一样。因此，对各地的人口计划指标要求不能“一刀切”。在编制人口计划时，主要是区别城市和乡村，汉族和少数民族，山区和平原，人口稠密地区和人口稀少地区，提出不同的要求。人口计划既要体现严格控制人口的要求，又要留有余地。要对计划的可行性进行科学论证，使人口计划既是积极的，又是经过最大努力有可能实现的；既要防止无所作为的消极情绪，把指标订得过低，也不应脱离实际，把指标订得过高。

5. 国家、地区、基层的人口计划之间，长期、中期、年度的人口计划之间应相互协调　全国人口计划是制定地区人口计划和基层人口计划的主要依据，全国人口计划的实现又有赖于地区人口计划和基层人口计划的实现。因此编制地区和基层的人口计划要遵循全国人口计划的规定和要求。同样，长期人口计划是制定中期和年度人口计划的主要依据，年度人口计划是实现中期和长期人口计划的基础。所以，全国、地区、基层的人口计划之间，长期、中期、年度的人口计划之间，是互相联系、互相依存、互相制约、相辅相成的。

（三）人口计划的编制程序

人口计划编制工作，是一项综合性很强的工作，它需要集中领导、各业务部门及下级计划编制部门的意见，依据人口目标，人口政策、人口预测及人口与计划生育工作现状等，经过反复测算，综合平衡后才能最终确定。

按照政府职能部门的职责分工，人口计划由各级计划和计划生育部门共同编制。全国人口计划由国家人口和计划生育委员会编制，国家发改委进行综合平衡后，报国务院、全国人民代表大会批准下达。省、地、县各级地区人口计划由计划部门和计划生育委员会共同编制，报同级政府批准下达。县级人口计划，根据下级上报的符合生育政策的人数，对各乡（镇）只下达出生人数，不下达出生率、自然增长率等相对指标。乡（镇、街道）主要是根据县（区）下达的人口计划，结合本地情况抓好落实。人口计划编制的基本程序可分为以下几个方面：

1. 了解和收集有关情况和数据　主要包括：全国或本地区国民经济和社会发展计划；自然资源的分布与开发利用；过去和当前的人口出去、死亡、迁入、迁出情况；计划生育工作现状及对发展趋势的预测；计划生育政策规定和群众执行政策情况；有关的社会经济政策。对上述各种情况和数据，进行综合分析，作为进行人口预测、编制人口计划、论证人口计划方案的依据。

2. 进行人口预测　人口预测是根据人口现状以及对影响人口发展各种因素的假设，对未来人口规模、水平及其发展趋势所做的测算。在草拟人口计划前，根据人口现状、计划生育政策要求、计划生育工作水平和社会经济发展水平，预测未来人口发展趋势。预测方案往往有多个，从中选择最优的和最有可能实现的方案。预测前要对预测参数和预测方法进行详细论证，以防计划出现大的偏差。

人口预测是人口计划管理的重要内容，是人口计划编制的必要前提条件和首要程序。离开人口预测，人口计划就无法编制和缺少科学依据。

人口预测的内容很多，主要有人口总数、出生人数、死亡人数、结婚人数和分年龄、性别、城乡、民族等人口数以及相应的出生率、死亡率、自然增长率、年龄、性别、城乡、民族构成等。

3. 选取最佳方案　结合经济和社会发展计划进行分析、比较，确定人口计划指标，力争使人口计划指标符合实际，既考虑妇女生育率可能调整的限度，又考虑到人口发展过程和人口性别、年龄结构的特点，还要同国民经济和社会发展计划相协调。

4. 制定保障措施　保障措施包括行政的、经济的、组织的、技术的、宣传和物质条件等措施。

5. 进行多方论证和修订　征求有关部门意见，进行多方论证和必要的修订，最后报请相应的权力机关审查批准后实施。

人口计划不同于一般的物质生产计划，它不仅受各种社会经济因素的影响较多，而且自身的变化因素也较多。因此，在计划执行一段时间后，常常需要进行修订和调整。特别是随着对生育影响较大的一些社会因素的变动，更需要及时调整，以利人口计划的贯彻落实。

五、人口计划的分类

（一）时期人口计划

人口计划按计划期限长短不同，分为长期计划（10 年或 10 年以上），中期计划（一般为 5 年）和年度计划。

长期人口计划是根据经济和社会发展战略目标和人口预测来确定人口问题规模。长期人口计划具有战略性质，主要是确定长期、远景的人口发展目标。比如 1980 年开始制定的到 20 世纪末的人口计划，主要根据 20 年内国民生产总值翻两番，人民生活达到小康水平的奋斗目标和人口预测确定的；到 21 世纪中叶的人口发展设想是根据达到中等发达国家水平的奋斗目标和人口预测提出来的。

中期人口计划主要是指 5 年计划，是人口发展的近期目标。它以长期计划为依据，但比长期计划明确、具体，其中还有分年度的具体指标。80 年代以前的 5 年人口计划比较简单:“三五”计划提出的是计划期末总人口达到的规模，“四五”和“五五”计划提出的是计划期末人口自然增长率达到的水平。80 年代的“六五”计划，内容比较详细、明确，包括了计划期间的基本任务、各种比例关系、完成计划的相应对策和措施要求等各个方面。

年度人口计划是计划生育工作的具体行动计划，内容比中期计划更为具体。它和 5 年计划一样，是中国人口计划的主要形式。为了切实落实年度人口计划，不仅有实施计划的具体措施，而且有落实措施的实际行动，保证计划任务的完成。我国从 1973 年以来，基本上每年都制定年度人口计划，1983 年以后制定的人口计划更为详细，并由国家计划部门随同国民经济和社会发展计划一起下达。

（二）区域人口计划

人口计划按所计划的范围不同，又可分为全国人口计划，地区人口计划和基层人口计划。

全国人口计划是整个国家在不同历史条件下人口发展的计划，包括全国人口有计划增长的控制指标。它是编制全国国民经济和社会发展计划的依据之一，也是下达地区人口计划指标的依据。

地区人口计划是指省、自治区、直辖市及其所属地、市、县的人口计划。它是根据全国人口计划的目标和本地实际情况制定的。同时，它的制定也是为本地区未来人口发展信息，可作为进一步安排本地区生产建设和各项事业发展计划的依据，也是安排本地区计划生育工作的依据。

基层人口计划是指农村的乡、村民委员会，城市的街道、居民委员会以及机关、工厂、商店、学校等单位的人口计划。基层人口计划直接根据育龄夫妇的具体情况制定。它是实现全国人口计划和地区人口计划的保证。基层人口计划的制定、执行过程，也就是落实党的人口政策的过程，宣传和推行计划生育的过程。

（三）特定人群人口计划

特定人群人口计划主要指不同活动领域人口发展计划，如劳动就业领域劳动计划和人力资源开发计划，城市化发展过程中的人口迁移计划，区域开发中的区域人口规划，国际劳务市场的劳务输出计划等。

劳动就业领域的劳动计划主要包括：核算社会劳动力资源，调配一、二、三产业及不同行业部门劳动力配置比例，包括不同地区劳动力配置比例，提出期内职工人数计划、劳动定额、工资总额等。劳动就业领域的人力资源开发计划包括：在职人员培训计划、后备劳动者岗前技术培训计划，劳动生产率计划，以及专门人才培养和引进计划等。

城市化发展过程中人口迁移和人口布局规划包括：确定城市基本人口、服务人口、被抚养人口数量及城市总人口数；研究城市功能分区及功能区人口发展规划。即根据城市性质、职能、规模和地理条件，从城市总体出发，分别规划功能区的占地面积、人口规模等，如工业区、生活区、商业区、文化区、行政管理区、绿化区（带）等；根据城市中长期发展规划及城市功能，确定年度及中期城市人口迁移计划。

区域开发中的区域人口规划主要是指国家针对特定的地区，开发区域资源需进行人口再分布的规划。如 50 年代我国有重点进行东北和西北边疆开发，60 年代三峡水电站建设等，都需要配合区域开发进行区域人口发展规划。

六、人口计划的组织实施

（一）人口计划的下达

我国人口计划的编制，采取自上而下，自下而上，上下结合的办法，这是民主集中制原则在人口计划工作中的具体运用。计划编制完成以后，要经过相应的权力机关审批，通过一定的组织程序下达。

下达年度人口计划的时间，全国人口计划在年底年初，省、地、县、基层在接到上一级下达的人口计划以后，结合本地实际情况，对原上报的计划指标进行对照、研究、调整和修改，并按程序逐级审批下达。

（二）人口计划的执行

人口计划的执行，是贯彻落实人口政策和各项计划实现的关键环节。由于这个过程涉及人口再生产的各个领域，因而它是一个巨大的系统过程。其执行过程是：

人口计划的逐级下达与分解。各地上报的人口计划（包括人口出生计划），经过上级部门审核、平衡之后，通常要有一定变动。因此，需要进行调整分解，并通过计划部门逐级下达。

各项保证措施的落实。为了确保当年和下一年度人口计划的完成，计划下达后，要狠抓各项计划保证措施落实，防止计划编制与计划实现发生脱节。保证措施主要包括五个环节：

1. 加强领导　人口计划能否顺利落实，关键在领导。各级政府与计划生育部门领导应高度重视人口计划的落实工作，切实按照计划所确定的措施进行逐项落实。对所涉及的有关部门，提出执行计划和安排，以便领导监督和检查。对基层或有关部门，提出执行计划和安排，以便领导监督和检查。对基层或有关部门难以解决的问题，政府或计划生育部门应想方设法予以解决，千方百计地保证人口计划的顺利实施。

2. 各部门齐抓共管，实行综合治理 人口问题涉及到千家万户乃至诸多社会部门，所以，实现人口计划、是全社会的工作，需要社会各个部门增强齐抓共管，实行综合治理。因此，各级政府应明确各部门的职责范围，以充分发挥各部门的职能作用，督促他们尽职尽责。人口与计划生育部门应主动与其他部门沟通，协商、合作，各负其责，各尽其职。

3. 建立健全岗位责任制，强化人口计划管理 建立健全人口与计划生育岗位责任制，强化人口计划管理，是确保人口计划完成的重要措施。近年来各地普遍实行的计划生育目标管理责任制，就是在计划生育工作实践中涌现出来的一种强化人口计划管理的新形式。

4. 提供必要的人财物保证 各级政府及其计划、财政、人事、物资等部门，应为确保人口计划的完成提供必要的人财物保证，使人员机构配备等都与人口发展形势相适应。

5. 加强宣传教育和节育技术服务 宣传教育与技术服务是保证人口计划顺利实施的重要环节，是促进广大人民群众改变旧的传统观念，树立新的大人口观念，树立新的大人口观念、整体观念、计划观念的一项重要的基础工作。

（三）人口计划的检查

1. 时间安排 对人口出生计划，国家和省、自治区、直辖市在每年年中和年初各进行一次人口计划执行情况的检查。7～8 月检查上半年出生人数、计划生育比例、避孕节育、女性初婚与晚婚、领取独生子女证等情况，对全年人口计划完成情况做出预测，并针对上半年人口计划执行中的问题提出加强下半年工作的措施与要求，以推动全年人口计划的完成。年初对上一年度的人口计划执行情况进行检查，并做出评价。中期人口计划和长期人口计划则定期和不定期进行检查，对检查结果进行分析研究，提出改进与加强计划管理的措施，同时作为修订中期和长期人口计划的依据。

基层年度人口计划一般每月检查 1 次，检查的内容有：生育者的姓名、胎次、是否有生育指标；新婚者、新采取避孕节育措施者、避孕失败者、领取独生子女证者的姓名等情况。检查在每月的月初进行，年初对上一年的全年人口计划执行情况进行检查，做出评价。实行人口和计划生育目标管理责任制的地方，还要根据检查结果兑现奖、罚。

2. 检查方法 一种是检查计划生育统计报表，一种是进行质量抽查和抽样调查。计划生育统计报表是从基层到全国都要执行的指令性工作，对于检查人口计划和生育政策执行情况，评价计划生育工作是一种重要的手段和依据。但是由于种种客观和主观原因，计划生育统计报表的数据在不同地区、不同项目存在不同程度的误差。因此，完全依靠报表来评价人口计划执行结果和评价计划生育工作就有失偏颇。这就需要采取第二种检查方法，即抽样检查的方法。在基层，由县计生委组织，对每个乡（镇）随时抽取 2～3 个村，对抽取中的全部农民，逐户逐人登记，将登记结果同报表对照，确定报表数字的误差，即代表整个乡（镇）统计报表的误差，并以此来评价人口计划执行结果。全国人口计划的检查，除了国家计生委和公安部的统计报表之外，还要根据国家统计局每年组织的人口变动抽样调查结果，并以此做出评价。

对检查后的数量指标要进行汇总，并计算可比指标，如出生漏报率、生育指标差错率、出生计划误差率等，再以百分或千分制方式，对各项工作打出具体分数，以总分数排列名次，以此作为奖惩兑现的依据。

人口计划中的其他一些计划的检查，其检查时间，内容和方法往往根据其计划的待定内容确定检查时间和方法。如劳动就业中再就业计划的检查，往往是在某个特定阶段中特定时间进行检查。而区域开发中区域人口计划的检查，往往是在几年或更长一段时期的特定时间进行检查，检查方法或是统计报表汇总，或是其他一些评估方法。

（刘均民）

主要参考文献

1. 佟新，主编．人口社会学．北京大学出版社，2000 年．
2. 张维庆，主编．新时期人口和计划生育读本．中国人口出版社，2003 年．
3. 王秀银，鹿立，主编．现代人口管理学．济南：山东人民出版社，2001 年．
4. 唐贵忠，冉云霞，主编．计划生育管理．重庆大学出版社，2006 年．
5. 邬沧萍，主编．改革开放中出现的最新人口问题．高等教育出版社，1996 年．
6. 战捷，主编．人口与社会发展研究．中国人口出版社，1998 年．
7. 李竞能．人口理论新编．中国人口出版社，2001 年版．
8. 联合国人口基金．2005 世界人口状况．
9. 胡焕庸，张善余，主编．世界人口地理，华东师范大学出版社，1982 年．
10. 刘铮．人口理论新编．中国人民大学出版社，1985 年．
11. 盛朗．人口与城市化．辽宁人民出版社，1987 年．
12. 顾宝昌，编著，社会人口学的视野．商务印书馆，1994 年．
13. 刘洪康，吴忠观，主编．人口理论，成西南财经大学出版社，1991 年．
14. 杨云彦，主编．人口、资源与环境经济学，中国经济出版社，1999 年．
15. 吴忠观，主编．人口学．重庆大学出版社，2005 年．
16. 彭松建，编著．西方人口经济学概论．北京大学出版社，1987 年．
17. 唐贵忠，主编．人口学．北京：中国人口出版社，2003 年．
18. 马洪，孙尚清．中国人口结构研究，中国社会科学出版社，1986 年．
19. 曹明国．理论人口学．吉林大学出版社，1989 年．
20. （美）威廉・彼得逊．人口学基础，甘肃人民出版社，1984 年．
21. 张纯元．人口经济学．北京大学出版社，1983 年．
22. 李仲生．中国的人口与经济发展．北京大学出版社，2004 年．
23. 高春燕．中国人口管理现代化研究．科学出版社，2005 年．
24. Louis G Pol（美）．健康人口学．第 2 版．北京大学出版社，2005 年．
25. 王树新．人口社会学．中国劳动社会保障出版社，2005 年．
26. 汤兆云．当代中国人口政策研究．知识产权出版社，2005 年．
27. 全国人口普查统计公报（1954～2005）．国家统计局．